TENEA

Juristische Reihe TENEA / www.juraweit.com Bd. 87

Tenea (ἡ Τενέα), Dorf im Gebiet von Korinth an einem der Wege in die → Argolis, etwas s. des h. Chiliomodi. Sehr geringe Reste. Kult des Apollon Teneates. T. galt im Alt. sprichwörtl. als glücklich, wohl wegen der Kleinheit [...]
Aus: K. Ziegler, W. Sontheimer u. H. Gärtner (eds.): *Der Kleine Pauly.* Lexikon der Antike. Bd. 5, Sp. 585. München (Deutscher Taschenbuch Verlag), 1979.

CHRISTIAN BÜRGER

Die erhebliche Behinderung wirksamen Wettbewerbs in Art. 2 der Verordnung Nr. 4064/89 und in Art. 2 der Verordnung Nr. 139/2004

TENEA
BRISTOL BERLIN

Christian Bürger

Die erhebliche Behinderung wirksamen Wettbewerbs in Art. 2 der Verordnung Nr. 4064/89 und in Art. 2 der Verordnung Nr. 139/2004

Dekan:	Prof. Dr. Andreas Voßkuhle
Erstberichterstatter:	Prof. Dr. Alexander Riesenkampff
Zweitberichterstatter:	Prof. Dr. Uwe Blaurock
Ort der mündlichen Prüfung:	Freiburg im Breisgau und Frankfurt / Main
Tag der mündlichen Prüfung:	7. und 8. Februar 2005

(Juristische Reihe TENEA/www.jurawelt.com; Bd. 87)

Zugleich Albert-Ludwigs-Universität zu Freiburg im Breisgau
Dissertation 2005

Gedruckt auf holzfreiem, säurefreiem, alterungsbeständigem Papier

Digitaldruck und Bindung:
SDZ GmbH · 01159 Dresden
TENEA-Graphik: Walter Raabe, Berlin
Printed in Germany 2005

ISBN 3-86504-122-1

Vorwort

Die vorliegende Arbeit wurde im Wintersemester 2004/2005 von der Rechtswissenschaftlichen Fakultät der Albert-Ludwig-Universität in Freiburg im Breisgau als Dissertation angenommen.

Meinem Doktorvater Herrn Professor Dr. Riesenkampff gilt mein ganz besonderer Dank. Über die fachliche Betreuung der Arbeit hinaus, hat er meine Zeit in Frankfurt am Main in vielen persönlichen und fachlichen Gesprächen bereichert.

Herrn Professor Dr. Blaurock danke ich für die schnelle Erstellung des Zweitgutachtens, die wesentlich zu dem zügigen Ablauf der Promotion beigetragen hat.

Inhaltsverzeichnis

1. Kapitel: Einleitung.. 6
I. Grund für die Arbeit.. 6
II. Gang der Untersuchung.. 9

I. Teil: Grundlagen.. 10

2. Kapitel: Wettbewerbskonzeptionen.. 10
I. Das klassische Konzept des dynamischen Wettbewerbs........................ 10
II. Das statische Konzept der vollkommenen Konkurrenz........................ 11
III. Das Konzept der ordoliberalen Schule........................ 12
IV. Das Konzept der workable competition........................ 12
1. Anfänge.. 12
2. Weitere Entwicklung.. 13
V. Konzept der Wettbewerbsfreiheit.. 13
VI. Chicago School.. 14
VII. Wettbewerbstheoretische Grundansätze........................ 15
3. Kapitel: Wettbewerbsfunktionen.. 15
I. Wirtschaftliche Handlungsfreiheit.. 16
II. Anpassungsflexibilität.. 17
III. Allokationsfunktion.. 17
IV. Funktionale Einkommensverteilung.. 17
V. Technischer Fortschritt.. 17
VI. Konflikte.. 18
VII. Zusammenfassung.. 19

II. Teil: Der alte Test nach Art. 2 Abs. 3 Verordnung Nr. 4064/89........ 20

4. Kapitel: Einzelmarktbeherrschung.. 20
I. Relevanter Markt.. 21
1. Sachliche Marktabgrenzung.. 21
2. Räumliche Marktabgrenzung.. 22
II. Beherrschende Stellung.. 22
1. Begriff der beherrschenden Stellung.. 22
2. Kriterien zur Ermittlung der Marktbeherrschung........................ 24
a) Marktstellung.. 24
b) Wirtschaftliche Macht und Finanzkraft........................ 26
c) Wahlmöglichkeiten für Lieferanten und Abnehmer........................ 26
d) Zugang zu Beschaffungs- und Absatzmärkten........................ 26
e) Potentieller Wettbewerb und Marktzutrittsschranken........................ 27
f) Entwicklung von Angebot und Nachfrage........................ 28
g) Marktmacht der Marktgegenseite / Nachfragemacht........................ 29
h) Interessen der Zwischen- und Endverbraucher........................ 30
i) Technischer und wirtschaftlicher Fortschritt........................ 31
III. Zusammenfassung.. 32
5. Kapitel: Kollektive Marktbeherrschung.. 33
I. Ökonomischer Hintergrund und Begriffsbestimmung........................ 33
II. Kollektive Marktbeherrschung in Verwaltungspraxis und Rechtsprechung.. 34
III. Kriterien zur Beurteilung von kollektiver Marktbeherrschung........................ 35

IV. Zusammenfassung... 37
6. Kapitel: Funktion des Tatbestandmerkmals der erheblichen Behinderung wirksamen Wettbewerbs in Literatur und Praxis 37
I. Stand in der Literatur... 37
1. Beschreibende Funktion.. 38
2. Eigenständige Bedeutung.. 38
a) Zeitlich dynamische Funktion.. 39
b) Quantitatives Element.. 40
c) Rein wettbewerbliche Abwägungsklausel...................................... 41
d) Allgemeine Abwägungsklausel.. 41
e) Effizienzvorteile... 41
II. Kommissionspraxis.. 41
III. Praxis des EuG.. 43
IV. Praxis des EuGH... 44
V. Zusammenfassung.. 45
7. Kapitel: Auslegung des Tatbestandmerkmals der erheblichen Behinderung wirksamen Wettbewerbs.. 45
I. Auslegungsgrundsätze des Europäischen Wettbewerbsrechts................. 45
II. Wörtliche Auslegung.. 47
1. „durch die“.. 47
2. „wirksamer Wettbewerb“.. 48
a) Das Adjektiv wirksam.. 48
b) Der Begriff Wettbewerb im Sinne der FKVO................................. 50
3. „erheblich behindert würde“... 52
4. Ergebnis... 52
III. Historische Auslegung... 53
1. Entstehungsgeschichte.. 53
2. Bewertung der Entstehungsgeschichte.. 55
IV. Final-systematische Auslegung.. 55
1. Sinn und Zweck der Fusionskontrolle.. 56
a) Beweggründe der Fusionskontrollverordnung................................ 56
b) Kriterien in Art. 2 FKVO.. 57
c) Systematische Stellung der FKVO.. 58
d) Ziel der Fusionskontrolle in der Rechtsprechung............................ 59
e) Zusammenfassung.. 60
2. Schlussfolgerungen... 60
a) Die Funktion der Marktbeherrschung... 61
b) Schwäche der Marktbeherrschungsprüfung..................................... 61
c) Funktion der erheblichen Behinderung wirksamen Wettbewerbs.. 62
d) Vorteile dieser Definition... 64
V. Ergebnisse der Auslegung des Art. 2 Abs. 3 der Verordnung Nr. 4064/89.. 65

III. Teil: Der neue Test des Art. 2 Abs. 3 Verordnung Nr. 139/2004....... 66

8. Kapitel: Entstehungsgeschichte und Beweggründe des neuen Art. 2 Abs. 3 der Verordnung Nr. 139/2004.. 67
I. Entstehungsgeschichte... 67
1. Grünbuch der Kommission von 1998... 67
2. Kommissionsvorschlag von 2000... 68

3. Stellungnahme des Europäischen Wirtschafts- und Sozialausschusses.. 69
4. Stellungnahme des Europäischen Parlaments........................ 69
5. Politische Einigung.. 69
II. Beweggründe der neuen Verordnung Nr. 139/2004........................... 70
9. Kapitel: Erweiterung des Untersagungstatbestandes.................... 72
I. Einleitung... 72
II. Ökonomischer Hintergrund.. 73
1. Koordinierte Effekte und unilaterale Effekte.......................... 74
a) Koordinierte Effekte.. 74
b) Unilaterale Effekte... 74
2. Unilaterale Effekte im Oligopol.. 75
a) Bertrand Modell.. 75
b) Cournot Modell... 76
3. Ergebnis... 77
III. Beurteilungskriterien der Kommission... 77
1. Leitlinien der Kommission zur Bewertung horizontaler Zusammenschlüsse.. 77
a) Marktanteils- und Konzentrationsschwelle.......................... 78
b) Wettbewerbswidrige Wirkungen horizontaler Zusammenschlüsse.. 79
2. Kommissionsentscheidungen.. 80
3. Ergebnis... 80
IV. Die neue Meßlatte für Zusammenschlüsse..................................... 81
1. Verordnung Nr. 139/2004... 81
2. Die Bekanntmachung der Kommission................................... 82
3. Reden der Kommissionsmitglieder....................................... 82
4. Ergebnis... 83
V. Beispielsfälle.. 83
1. Zusammenschluss in einem oligopolistischen Markt mit differenzierten Produkten.. 84
2. Der Babyfood Merger.. 85
3. Der Airtours Fall.. 86
4. Ergebnis... 87
V. Allgemeine Aussagen... 88
10. Kapitel: Rechtfertigung einer beherrschenden Stellung.................. 89
I. Einleitung... 89
II. Effizienzen.. 90
1. Einleitung.. 90
2. Ökonomischer Hintergrund... 92
a) Arten der Effizienzen.. 92
b) Wirkung von Zusammenschlüssen auf Effizienzen.......... 92
c) Wirkung von Marktmacht auf Effizienzen..................... 93
d) Abwägung von Effizienzen 94
aa) Allokative gegen produktive Effizienz............... 94
bb) dynamische Effizienz gegen statische Effizienz.... 95
e) Standard der Effizienzberücksichtigung.......................... 95
f) Zusammenfassung 96
3. Die Effizienzproblematik unter der Verordnung Nr. 4064/89........ 96
a) Praxis der Kommission unter der Verordnung Nr. 4064/89.. 97
aa) Effizienzen als Verteidigungseinwand................ 97

bb) Effizienzen als Untersagungsargument………….... 97
cc) Zusammenfassung……………………………………… 99
b) Literatur zu Effizienzen unter der Verordnung Nr. 4064/89. 99
aa) Effizienzen als Rechtfertigungsgrund von wettbewerbswidrigen Zusammenschlüssen………….... 99
bb) Berücksichtigung von Effizienzen innerhalb eines Beurteilungsspielraums ………………………………. 100
cc) Keine Berücksichtigung von Effizienzvorteilen….. 101
dd) Berücksichtigung beim Tatbestandsmerkmal der erheblichen Behinderung wirksamen Wettbewerbs…... 102
c) Eigener Lösungsvorschlag………………………………. 102
d) Ergebnis……………………………………………………. 104
4. Effizienzen unter der Verordnung Nr. 139/2004…………………... 105
a) Effizienzstandard……………………………………………... 106
b) Nachprüfbarkeit der Effizienzen………………………….... 108
c) Fusionsspezifische Effizienzen………………………….. 109
d) Wohlfahrtsstandard…………………………………….. 110
e) Efficiency offence……………………………………….. 110
f) Zusammenfassung und Bewertung………………………… 111
III. Sanierungsfusion……………………...........................……………….. 113
1. Einleitung……………..…………………………………………. 113
2. Besondere Auswirkungen von Sanierungsfusionen…..……………. 114
a) Auswirkungen im Verhältnis zu den Wettbewerbern……… 115
aa) Horizontale Zusammenschlüsse……………..….. 115
bb) Vertikale Zusammenschlüsse……………………. 115
cc) Konglomerate Zusammenschlüsse……..………... 116
dd) Zusammenfassung…………………………….. 116
b) Auswirkungen im Verhältnis zu den Abnehmern/Verbrauchern…………………………………. 117
c) Soziale Auswirkungen……………………………………... 117
3. Europäische Praxis zur Sanierungsfusion unter der Verordnung Nr. 4064/1989……………………………………………………………….. 118
a) Aerospatiale/de Havilland (1991)………………………….. 118
b) Kali und Salz (1993)……………………………………. 118
c) Das Urteil des EuGH Frankreich/Kommission (1998)……. 121
d) BASF/Eurodiol/Pantochim (2001)……………………… 121
e) Deloitte & Touche / Andersen (2002)………………….... 124
f) Zusammenfassung……………………………………… 127
4. Literatur zur Sanierungsfusion unter der Verordnung Nr. 4064/89.. 127
a) Kausalitätsproblem zwischen Zusammenschluss und beherrschender Stellung………………………………………. 127
b) Ausnahme vom Wettbewerbsprinzip……………………… 128
c) Frage des Tatbestandsmerkmals der erheblichen Behinderung wirksamen Wettbewerbs……………………….. 129
5. Eigener Lösungsvorschlag zur Sanierungsfusion unter der Verordnung 4064/89………………………………………………….. 129
6. Die Sanierungsfusion unter der Verordnung Nr. 139/2004………... 130
a) Die Leitlinien der Kommission……………………………. 130
b) Zusammenfassung und Bewertung……………………... 133
IV. Ergebnis vom 10. Kapitel…………………………………………...….. 135

11. Kapitel: Ergebnisse der Arbeit... 135

Literaturverzeichnis... 139

„Zusammenschlüsse, durch die wirksamer Wettbewerb im Gemeinsamen Markt oder in einem wesentlichen Teil desselben erheblich behindert würde, insbesondere durch Begründung oder Verstärkung einer beherrschenden Stellung, sind für mit dem Gemeinsamen Markt unvereinbar zu erklären." (Art. 2 Abs. 3 Verordnung Nr. 139/2004)

1. Kapitel: Einleitung

I. Grund für die Arbeit

Am 1. 5. 2004 ist die neue Fusionskontrollverordnung Nr. 139/2004 in Kraft getreten.[1] Die bedeutsamste Änderung der neuen Fusionskontrollverordnung gegenüber der Verordnung Nr. 4064/89 ist sicherlich die Neufassung des materiellen Untersagungstatbestands.[2] Diese war zwischen den Mitgliedsstaaten noch bis kurz vor der Verabschiedung der Verordnung durch den Rat im Januar 2004 umstritten.[3]

Der Art. 2 Abs. 3 der alten Verordnung Nr. 4064/89 hat folgenden Wortlaut:

Zusammenschlüsse, die eine beherrschende Stellung begründen oder verstärken, durch die wirksamer Wettbewerb im Gemeinsamen Markt oder in einem wesentlichen Teil desselben erheblich behindert würde, sind für unvereinbar mit dem Gemeinsamen Markt zu erklären.[4]

Der neue Art. 2 Abs. 3 der Verordnung Nr. 139/2004 lautet nun:

Zusammenschlüsse, durch die wirksamer Wettbewerb im Gemeinsamen Markt oder in einem wesentlichen Teil desselben erheblich behindert würde, insbesondere durch Begründung oder Verstärkung einer beherrschenden Stellung, sind für mit dem Gemeinsamen Markt unvereinbar zu erklären.

In ihrer bisherigen Praxis unter der Verordnung Nr. 4064/89 stellten die Kommission und die Gerichte bei der Beurteilung von Zusammenschlüssen fast ausschließlich auf die Begründung oder Verstärkung einer marktbeherrschenden Stellung ab. Dem Tatbestandsmerkmal der erheblichen Behinderung wirksamen Wettbewerbs wurde dagegen kaum eine eigenständige Bedeutung zugebilligt. Unter der neuen Fusionskontrollverordnung ist das Verhältnis der beiden Tatbestandsmerkmale umgekehrt. Die erhebliche Behinderung des wirksamen Wettbewerbs ist zum alleinigen Untersagungskriterium erhoben worden. Die Marktbeherrschung wird nur noch als ein besonderer Fall der erheblichen Behinderung wirksamen Wettbewerbs beispielhaft genannt. Ob diese Änderung des Wortlauts auch zu einer anderen Beurteilung von Zusammenschlüssen führt oder nur rein semantischer Natur ist, hängt von der Frage ab, ob das Tatbestandsmerkmal der Begründung oder Verstärkung einer

---

[1] Verordnung (EG) Nr. 139/2004 vom 20. Januar 2004 über die Kontrolle von Unternehmenszusammenschlüssen („Fusionskontrollverordnung"), Abl. 2004 Nr. L 24/1.

[2] *Böge* WuW 2004, 143.

[3] Bericht des Ausschusses der ständigen Vertreter an den Rat, Dokumenten Nr. 15122/03.

[4] Verordnung (EWG) Nr. 4064/89 des Rates über die Kontrolle von Unternehmenszusammenschlüssen vom 21. Dezember 1989, Abl. 1989 Nr. L 395/1.

beherrschenden Stellung deckungsgleich mit dem Tatbestandsmerkmal der erheblichen Behinderung wirksamen Wettbewerbs ist.

Das Verhältnis zwischen dem Tatbestandsmerkmal der Begründung oder Verstärkung einer beherrschenden Stellung und dem Tatbestandsmerkmal der erheblichen Behinderung wirksamen Wettbewerbs war bereits unter der Verordnung Nr. 4064/89 höchst umstritten.[5] Es stellte sich folgende Problematik: Ein Unternehmen ist marktbeherrschend im Sinne des Art. 2 Abs. 3 der Verordnung Nr. 4064/89, wenn es über einen unabhängigen Verhaltensspielraum gegenüber seinen Wettbewerbern und seinen Abnehmern verfügt.[6] Dies ist der Fall, wenn das Unternehmen keinem ausreichenden Wettbewerbsdruck mehr ausgesetzt ist. Hat der Zusammenschluss eine erhebliche Verringerung des Wettbewerbsdrucks zur Folge, so sind auf den ersten Blick nur schwer Fälle denkbar, bei denen ein solcher Zusammenschluss nicht auch zu einer erheblichen Behinderung wirksamen Wettbewerbs führt. Dennoch legte es der Wortlaut des alten Art. 2 Abs. 3 der Verordnung Nr. 4064/89 nahe, dass allein die Begründung oder Verstärkung einer marktbeherrschenden Stellung nicht für eine Untersagung eines Zusammenschlusses ausreicht.[7] Es stellte sich daher folgende Frage: Führt die Begründung bzw. die Verstärkung einer marktbeherrschenden Stellung automatisch zu einer erheblichen Behinderung wirksamen Wettbewerbs, oder gibt es Zusammenschlüsse, durch die zwar eine marktbeherrschende Stellung begründet oder verstärkt wird, durch die aber der wirksame Wettbewerb nicht erheblich behindert wird?

Unter der Verordnung Nr. 4064/89 war die Begründung oder Verstärkung einer beherrschenden Stellung notwendige Voraussetzung für die Untersagung eines Zusammenschlusses. Die Menge der Zusammenschlüsse, die untersagt werden konnte, war daher gleich groß oder sogar geringer als die Menge der Zusammenschlüsse, die eine marktbeherrschende Stellung begründen oder verstärken.

---

[5] Vgl. hierzu Seite 32 ff.

[6] EuGH U. v. 14. 2. 1978 Rs. 27/76 *United Brands/Kom.* Slg. 1978, 207; Kom. E. v. 7. 11. 1990 Az. IV/M. 4 *Renault/Volvo,* Tz. 14; Kom. E. v. 12. 4. 1991 Az. IV/M. 42 *Alcatel/Telettra*, Tz. 48.

[7] So bereits *Riesenkampff* in FS Rittner, 496.

Abbildung 1:

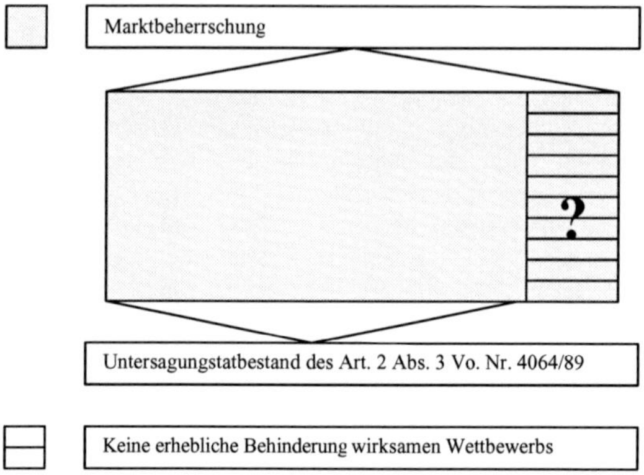

Im neuen Untersagungstatbestand der Verordnung Nr. 139/2004 stellt sich dagegen vordringlich folgende Frage: Gibt es Fälle, die den wirksamen Wettbewerb erheblich behindern, aber keine marktbeherrschende Stellung begründen oder verstärken und daher bisher nicht untersagt werden konnten, jetzt aber zu untersagen sind? Als Zweites stellt sich die gleiche Frage wie bei der alten Verordnung Nr. 4064/89 nur in neuem Gewand: Gibt es Zusammenschlüsse, die eine marktbeherrschende Stellung begründen oder verstärken und daher das Regelbeispiel des Art. 2 Abs. 3 der Verordnung Nr. 139/2004 erfüllen, aber trotzdem den wirksamen Wettbewerb nicht erheblich behindern?

Abbildung 2:

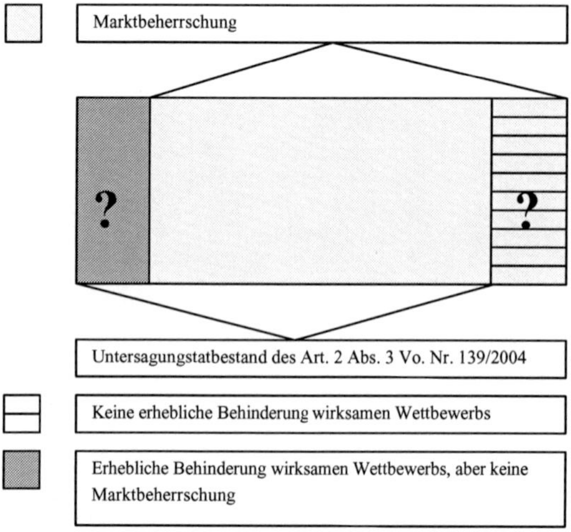

Die nachfolgende Arbeit versucht diese beiden Fragen zu beantworten. Ziel der Arbeit ist es, das Tatbestandsmerkmal der erheblichen Behinderung wirksamen Wettbewerbs zu konkretisieren und eine Definition dieses Tatbestandsmerkmals zu erarbeiten.

II. Gang der Untersuchung

Im ersten Teil der Arbeit sollen die Grundlagen für die folgende Untersuchung geschaffen werden. Diese Arbeit hat im Kern die Frage zu klären, wann der wirksame Wettbewerb im Sinne des Art. 2 der Fusionskontrollverordnung erheblich behindert wird. Es fehlt jedoch bereits an einer allgemein anerkannten Definition des Begriffs „Wettbewerb". Daher sollen im zweiten Kapitel die einzelnen in der Literatur vertretenen Wettbewerbskonzeptionen dargestellt werden. Allgemein anerkannt ist, dass der Wettbewerb insbesondere aufgrund seiner Funktionen schutzwürdig ist. Im dritten Kapitel sollen deshalb die Funktionen des Wettbewerbs erläutert werden.
Nachdem die Grundlagen erörtert wurden, wird im zweiten Teil der Arbeit die alte Rechtslage unter der Verordnung Nr. 4064/89 dargestellt. Denn die alte Rechtslage gibt entscheidende Hinweise für die Auslegung des neuen materiellen Tests der Fusionskontrollverordnung, da das zweite Tatbestandsmerkmal des alten materiellen Tests - die „erhebliche Behinderung wirksamen Wettbewerbs" - nun zum alleinigen Untersagungskriterium geworden ist. Kann eine Definition für die erhebliche Behinderung wirksamen Wettbewerbs nach dem alten Recht gewonnen werden, so ist zunächst davon auszugehen, dass diese Definition auch für das neue Recht gilt. Im vierten Kapitel wird die Einzelmarktbeherrschung, im fünften Kapitel die kollektive Marktbeherrschung erläutert. Im sechsten Kapitel werden dann die verschiedenen Auffassungen in der Literatur und die Praxis zum Tatbestandsmerkmal der „erheblichen Behinderung wirksamen Wettbewerbs" dargestellt. Den Schwerpunkt des zweiten Teils bildet das siebte Kapitel, in dem durch Auslegung eine eigene Definition des Tatbestandsmerkmals der „erheblichen Behinderung wirksamen Wettbewerbs" im Sinne des Art. 2 der Verordnung Nr. 4064/89 gewonnen wird.
Im dritten Teil der Arbeit soll schließlich der neue materielle Test der Verordnung Nr. 139/2004 erörtert werden und eine allgemeine Definition des Untersagungskriteriums der „erheblichen Behinderung wirksamen Wettbewerbs" erarbeitet werden. Im achten Kapitel werden hierzu die Entstehungsgeschichte und die Beweggründe für die Einführung des neuen materiellen Tests dargestellt. Das neunte Kapitel beschäftigt sich mit der Frage, ob und gegebenenfalls welche Zusammenschlüsse nach dem neuen Test für unvereinbar mit dem Gemeinsamen Markt zu erklären sind, obwohl sie weder eine marktbeherrschende Stellung begründen noch verstärken und daher nach der bis zum 1. 5. 2004 geltenden Rechtslage nicht untersagt werden konnten. Im zehnten Kapitel wird untersucht, ob es Zusammenschlüsse gibt, die zwar das Regelbeispiel der Begründung oder Verstärkung einer marktbeherrschenden Stellung erfüllen, jedoch keine erhebliche Behinderung des wirksamen Wettbewerbs zur Folge haben. Zur Beantwortung dieser Frage wird ausführlich auf die

Rechtfertigungsgründe der Effizienzgewinne und der Sanierungsfusion eingegangen. Im elften Kapitel werden die Ergebnisse dieser Arbeit noch einmal kurz zusammengefasst.

I. Teil: Grundlagen

2. Kapitel: Wettbewerbskonzeptionen

Die Beantwortung der Frage, wann ein Zusammenschluss zu einer erheblichen Behinderung wirksamen Wettbewerbs führt, berührt das Herzstück der materiellen Beurteilung von Zusammenschlüssen im Rahmen der europäischen Fusionskontrolle. Aufgrund der unbestimmten Rechtsbegriffe im Wettbewerbsrecht hat es entscheidende Auswirkung auf die Auslegung des Untersagungstatbestands, von welcher Wettbewerbskonzeption der Auslegende ausgeht.[8] Es ist daher unumgänglich, bei der Auslegung zuweilen auf die Wettbewerbstheorie Bezug zu nehmen und die Auslegung anhand wettbewerbstheoretischer Erkenntnisse und Vorstellungen zu überprüfen. Die Ausrichtung der Auslegung an den Kategorien der Wettbewerbstheorie darf jedoch nicht dazu verleiten, das positive Recht, das Gesetz, aber auch den Richterspruch in seiner Eigenständigkeit zu unterschätzen.[9] Im Folgenden soll daher ein kurzer Überblick über die verschiedenen Wettbewerbskonzepte gegeben werden. Dieser beschränkt sich auf die wesentlichen Strömungen der Wettbewerbstheorie unter besonderer Berücksichtigung ihres Verhältnisses zu einer möglichen Fusionskontrolle. Nach Aufzeigen der unterschiedlichen Konzeptionen sollen dann als gesichert angesehene Erkenntnisse festgestellt werden und *Herdzina*[10] folgend die beiden unterschiedlichen wettbewerbstheoretischen Grundansätze - der systemtheoretische und der wohlfahrtsökonomische Ansatz - dargestellt werden.

I. Das klassische Konzept des dynamischen Wettbewerbs

Die klassische Schule der Nationalökonomie mit ihrem herausragenden Vertreter *Adam Smith* richtete sich vor allem gegen die feudal-merkantilistischen Beschränkungen der Wirtschaftsfreiheit.[11] Sie forderte die Freiheit des Wettbewerbs unter Konkurrenten. Diese umfasst die Freiheit für vorstoßende innovative und nachziehende imitierende Wettbewerbshandlungen und die Freiheit der Konsumenten, unter den Angeboten der Marktgegenseite auszuwählen. Das Wettbewerbsverständnis der Klassik ist also ein dynamisches. Die Wettbewerbsfreiheit führt über den Marktmechanismus der so genannten „invisible hand" zu einem allgemeinen Interessenausgleich. Der Wettbewerb wird als Koordinierungsprozess ohne staatliche Lenkung verstanden.[12]

---

[8] Vgl. *Kerber*, 248; *Everling* WuW 1990, 999.

[9] *Rittner* AcP 1988, 118.

[10] *Herdzina*, 106ff.

[11] *Cox/Hübener* in Hdb. des Wettbewerbs, 9.

[12] *Schmidt*, 2.

Damit der Wettbewerb diese dynamische Funktion erfüllen kann, sind folgende Wettbewerbsbedingungen notwendig: unabhängiges Handeln der Wirtschaftssubjekte, also keine Kartellabsprachen, eine ausreichend große Zahl aktueller und potentieller Wettbewerber, ausreichendes Wissen über die Marktverhältnisse (Marktinformation) sowie ausreichende Zeit für notwendige Anpassungsvorgänge bei der Allokation der Produktionsfaktoren[13].[14]

Die Aufgaben des Staates beschränken sich nach *Adam Smith* auf folgende drei Hauptaufgaben: die Pflicht das Gemeinwesen gegen Gewalt und Invasion anderer Staaten zu schützen, eine funktionsfähige Rechtsordnung zu etablieren und die Pflicht, eine bestimmte Infrastruktur bereitzustellen, die Private mangels Gewinnmöglichkeiten nicht bereitstellen würden.[15]

II. Das statische Konzept der vollkommenen Konkurrenz

Die Vertreter der klassischen Nationalökonomie stellten die Dynamik des Wettbewerbs und die Gefährdung des Wettbewerbs in den Vordergrund ihrer Betrachtungen. Diese wichtigen Gesichtspunkte gerieten in Vergessenheit. Die Wettbewerbstheorie verengte sich unter dem Einfluss des französischen Nationalökonomen *Cournot* auf die statische Preistheorie[16] mit der Fragestellung, wann der Wettbewerb zu einer größtmöglichen Übereinstimmung von Einzel- und Gesamtinteressen führt. Sie kamen zu dem Schluss, dass diese Interessenübereinstimmung im Zustand der vollkommenen Konkurrenz gegeben ist. Dieses Modell basiert auf zwei Annahmen: Erstens eines stationären Zustands der Wirtschaft und zweitens der vollständigen Konkurrenz. Für den Zustand der vollständigen Konkurrenz sind unter anderem ein rationales Verhalten der Marktteilnehmer, das Fehlen von Marktzutrittschranken, völlige Markttransparenz und eine atomistische Marktstruktur als Bedingungen erforderlich.[17]

Bei diesem Modell sind die einzelnen Wettbewerber machtlos, die Marktergebnisse werden durch die Marktstruktur bestimmt. Von diesem Ansatz aus muss es Ziel der Wettbewerbspolitik sein, die Marktstruktur möglichst nah an den Idealzustand der vollkommenen Konkurrenz anzupassen. Dieses hat eine umfangreiche Markt- und insbesondere Marktstrukturintervention zur Folge. Externes Unternehmenswachstum müsste konsequenterweise generell untersagt werden, da es zu einer Unternehmenskonzentration führt und damit der Voraussetzung einer atomisierten Marktstruktur entgegenwirkt.

Das Konzept der vollkommenen Konkurrenz konnte sich letztlich nicht durchsetzen, da sein Ideal im tatsächlichen Wirtschaftsleben kaum zu realisieren ist und das Modell aufgrund des statischen Ansatzes und der daraus resultierenden Machtlosigkeit der Marktteilnehmer auf das

---

[13] Unter Produktionsfaktoren versteht man die für die Zwecke der Produktion eingesetzten materiellen und immateriellen Güter, die aus technischen oder wirtschaftlichen Gründen für das Hervorbringen der Produkte notwendig sind (Definition nach *Krycha*).

[14] *Schmidt*, 3.

[15] *Smith*, 587ff.

[16] *Emmerich*, 4.

[17] Zu den einzelnen Bedingungen vgl. die Aufzählungen bei *Schmidt*, 5; *Cox/Hübener* in Hdb. des Wettbewerbs, 12.

Marktgeschehen sich den Vorwurf des „Schlafmützenwettbewerbs“ gefallen lassen muss.[18]

III. Das Konzept der ordoliberalen Schule

In Deutschland hielt sich die vollkommene Konkurrenz als Zielvorstellung bis in die 60er Jahre des 20. Jahrhunderts hinein.[19] Die Ordoliberalen (auch Freiburger Schule genannt) und an ihrer Spitze *Walter Eucken* erkannten zwar Marktunvollkommenheiten als gegeben an, Ziel der Wettbewerbspolitik sollte jedoch weiterhin der Zustand einer vollständigen Konkurrenz sein. Diese vollständige Konkurrenz liegt dann vor, wenn die Marktteilnehmer davon ausgehen, den Preis nicht beeinflussen zu können und ihn als Datum akzeptieren.[20] Dieser Zustand setzt weitgehend dieselben Bedingungen voraus wie bei dem Modell der vollkommenen Konkurrenz. Die Ordoliberalen betonten jedoch als besonders wichtige Voraussetzungen für einen intensiven Wettbewerb den freien Marktzugang und die Freiheit der Wirtschaftsteilnehmer. Marktmacht, auch nur vorübergehende, wurde grundsätzlich abgelehnt. Die ordoliberale Schule zeichnet sich nicht so sehr durch eine eigenständige Wettbewerbstheorie aus, sondern durch ihre politische Programmatik.[21] Die Ordoliberalen forderten eine strenge Wettbewerbsordnung mit der zentralen Aufgabe, wirtschaftliche Macht zu verhindern. Diese Wettbewerbsordnung sollte durch eine unabhängige Kartellbehörde mittels eines Kartellverbots, einer Missbrauchsaufsicht, einer Fusionskontrolle und mittels Entflechtungsmöglichkeiten geschützt werden.[22]

IV. Das Konzept der workable competition

1. Anfänge

Eine radikale Änderung der Wettbewerbstheorie leitete *Clark* im Jahr 1939 mit seinem Vortrag[23] „Toward a Concept of Workable Competition“ ein.[24] Ursprünglich sah *Clark* das Modell der vollkommenen Konkurrenz noch als Idealzustand, wenn auch als einen nie erreichbaren, an. Nach Auffassung *Clarks* ist es jedoch nicht Aufgabe der Wettbewerbspolitik, Marktunvollkommenheiten zu beseitigen, sondern diese mit Hilfe weiterer Marktunvollkommenheiten zu kompensieren (Gegengifthypothese). Dadurch könne die „zweitbeste Lösung“ erreicht werden, die aufgrund ihrer Realisierbarkeit der vollkommenen Konkurrenz vorzuziehen sei.

Inspiriert von den Thesen *Schumpeters* löste sich *Clark* schließlich vom Leitbild der vollkommenen Konkurrenz und sah Marktunvollkommenheiten als notwendige Voraussetzung für einen wirtschaftlichen Fortschritt an. Wettbewerb könne nur als dynamischer Prozess verstanden werden, der durch das Vorstoßen eines Unternehmers und der Imitation durch andere Wettbewerber entsteht.

---

[18] *Cox/Hübener* in Hdb. des Wettbewerbs, 12.
[19] *Hoppmann*, 194.
[20] *Eucken*, 59.
[21] *Rittner* AcP 1988, 113f.
[22] *Eucken*, ORDO 1949, 68.
[23] Abgedruckt in: The American Economic Review 1940, 241ff.
[24] *Cox/Hübener* in Hdb. des Wettbewerbs, 14.

2. Weitere Entwicklungen

Im Anschluss an *Clark* haben sich verschiedene Spielarten des workable competition Ansatzes entwickelt. Hervorzuheben sind das Konzept der Harvard School und das Konzept der optimalen Wettbewerbsintensität von *Kantzenbach*. Im Folgenden sollen nur kurz die gemeinsamen Grundaussagen dargestellt werden.

Die Theorie des funktionsfähigen Wettbewerbs (workable competition) versteht den Wettbewerb als Mittel zur Erreichung bestimmter gesamtwirtschaftlicher Ziele.[25] Die Vertreter des Konzepts der workable competition gehen davon aus, dass Marktunvollkommenheiten notwendige Voraussetzungen für wirtschaftlichen Fortschritt sind. Im Mittelpunkt der wissenschaftlichen Diskussion steht nun die Frage, welche Marktunvollkommenheiten unerwünscht sind und welche gefördert werden müssen, damit der Wettbewerb seine Funktion optimal erfüllen kann und somit auch die besten möglichen Ergebnisse tatsächlich hervorbringen kann.[26]

Die Theorie der workable competition basiert auf der Annahme, dass eine direkte Wirkungskette besteht, die von der Marktstruktur ausgehend über das Marktverhalten schließlich die Marktergebnisse bestimmt. Jedoch verändern das Marktverhalten und die Marktergebnisse wieder die Marktstruktur, so dass auch Rückwirkungen bestehen. Die Überprüfung der Wirksamkeit des Wettbewerbs in der Realität erfordert eine Untersuchung der Märkte. Diese Marktuntersuchungen können entweder die Marktstruktur, das Marktverhalten oder die Marktergebnisse oder auch eine Kombination aus diesen Drei zum Gegenstand haben. Die Vertreter der Harvard School befürworten grundsätzlich keine allgemeinen per se-Regeln, sondern die Anwendung einer „rule of reason“, die es ermöglichen soll, einem konkreten Einzelfall mit seinen individuellen Umständen gerecht zu werden. Die Konsequenz dieses Ansatzes ist eine primär an der Marktstruktur ausgerichtete Wettbewerbspolitik, zu deren Mittel eine sich vor allem an Marktanteilen orientierende Zusammenschlusskontrolle gehört.[27]

Kantzenbach hat das Konzept der optimalen Wettbewerbsintensität entwickelt. Danach herrscht in weiten Oligopolen mit mäßiger Produkthomogenität und begrenzter Transparenz die höchste Wettbewerbsintensität. Ziel der Wettbewerbspolitik muss es danach sein, Transformationen von weiten Oligopolen in enge Oligopole mittels einer Fusionskontrolle zu unterbinden, Fusionen von polypolistischen Märkten hin zu weiten Oligopolen zu fördern und enge Oligopol durch Entflechtungsmaßnahmen zu weiten Oligopolen zu transformieren, zumindest aber enge Oligopole einer Missbrauchsaufsicht zu unterstellen.

V. Konzept der Wettbewerbsfreiheit

Die Vertreter des Konzepts der Wettbewerbsfreiheit angeführt von *v. Hayek* und *Hoppmann* verzichten auf einen normativen Ansatz. Der Wettbewerb wird also nicht als bloßes Mittel zur Erreichung von bereits festgelegten gesamtwirtschaftlichen Zielen aufgefaßt. Wettbewerb wird

---

[25] *Kantzenbach/Kallfass* in Hdb. des Wettbewerbs, 105.

[26] *Emmerich*, 6.

[27] *Kerber*, 175.

vielmehr als ein Such- und Entdeckungsverfahren verstanden, das neues Wissen entdeckt (innovatorischer Wettbewerb) und bereits existierendes Wissen verbreitet (imitatorische Wettbewerb). Die individuellen Marktergebnisse können praktisch nicht vorhergesagt werden, da sie von zu vielen Umständen abhängen. Daher kann die Wettbewerbstheorie nur Muster beschreiben, die bei Erfüllung gewisser allgemeiner Bedingungen auftreten; konkrete Vorhersagen für einen individuellen Fall können nicht getroffen werden.[28]

Nach dem theoretischen Konzept der Wettbewerbsfreiheit ist es Ziel der Wettbewerbspolitik, den Typus von Marktprozessen herauszustellen und zu sichern, der beiden Marktseiten Wettbewerbsfreiheit gewährt. Wettbewerbsfreiheit kann hierbei nur im relativen Sinn verstanden werden, da der eigene Freiheitsbereich im Freiheitsbereich der Wettbewerber und der Marktgegenseite seine Grenze findet.[29] Dieser relative Freiheitsunterschied lässt sich auch in der Kategorie der Marktmacht ausdrücken. Ist der Freiheitsbereich (Aktionsraum) eines Marktteilnehmers im Vergleich zu den übrigen Marktteilnehmern unverhältnismäßig groß, so dass diese nicht über ausreichende materielle Freiheit verfügen, so ist dieser eine Marktteilnehmer marktmächtig.[30] Ziel der Wettbewerbspolitik muss es sein, die Wettbewerbsfreiheit zu schützen.

Für die wettbewerbspolitischen Verhaltensverbote wird gefordert, dass diese justitiabel sein müssen. Sie müssen allgemein-abstrakt und universell sein und ohne Rücksicht auf die Folgen, auch wenn diese Folgen in einem besonderen Fall wünschenswert erscheinen mögen, angewendet werden. *Hoppmann* steht einer Fusionskontrolle sehr kritisch gegenüber, da sie immer eine direkte Intervention des Staates in den Wettbewerbsprozess ist.[31]

VI. Chicago School

Die Chicago School hat sich in Reaktion zur Harvard School gebildet und erlangte unter Präsident *Reagan* erheblichen Einfluss auf die Antitrustpolitik in den USA.[32] Die Vertreter der Chicago School verneinen, wie die Vertreter des Konzepts der Wettbewerbsfreiheit, einen vorhersehbaren Zusammenhang zwischen Marktstruktur, Marktverhalten und Marktergebnis. Das Marktgeschehen wird als freies Spiel der Kräfte begriffen, in dem ohne staatliche Eingriffe sich die Besten durchsetzen. Als legitimes Ziel der Wettbewerbspolitik werden jedoch allein die Förderung der allgemeinen Wohlfahrt und die Steigerung der Effektivität der einzelnen Unternehmen anerkannt. Die Anhänger der Chicago School vertrauen grundsätzlich auf die Selbstheilungskraft der Märkte. Struktureingriffe werden grundsätzlich abgelehnt. Auch externes Wachstum gilt grundsätzlich als Ausdruck überlegener produktiver Effizienz, die nicht durch Entflechtung zerstört werden darf. Im Ausnahmefall könne jedoch aufgrund der geringen Anbieterzahl eine hohe Kollusionsgefahr bestehen, so dass auch externes Wachstum unter

---

[28] *Hoppmann*, 498.
[29] *Hoppmann*, 241.
[30] *Hoppmann*, 242.
[31] *Hoppmann*, 474ff.
[32] *Schmidt*, 19.

bestimmten Voraussetzungen zu unterbinden sei. Nach Auffassung der Vertreter der Chicago School ist es vorrangiges Ziel der Wettbewerbspolitik, den Verbraucher zu schützen und die allgemeine Wohlfahrt zu steigern. Diese Zielbestimmung der Wettbewerbspolitik hat sich mittlerweile als allgemein anerkannte Meinung durchgesetzt.[33]

VII. Wettbewerbstheoretische Grundansätze

Die aktuellen Wettbewerbstheorien stimmen darin überein, dass der Wettbewerb kein statischer Zustand, sondern ein dynamischer Prozess ist.[34] Die Dynamik des Wettbewerbs wird vor allem durch den Wettbewerbsdruck hervorgerufen. Unbestritten ist auch, dass der freie Marktzugang Voraussetzung für Wettbewerb ist.

Man kann die wettbewerbspolitischen Konzepte in zwei wettbewerbspolitische Grundpositionen unterteilen: den wohlfahrtsökonomischen Ansatz und den systemtheoretischen Ansatz.[35] Beim wohlfahrtökonomischen Ansatz werden nur ökonomische Zusammenhänge analysiert, wobei das Ziel der Wohlstandssteigerung in den Mittelpunkt rückt. Bei der Beurteilung des Wettbewerbs wird davon ausgegangen, dass die Marktstruktur über das Marktverhalten die Marktergebnisse bestimmt. Die Marktergebnisse können daher grundsätzlich aus der Marktstruktur und dem Marktverhalten abgeleitet werden. Es handelt sich daher um einen geschlossenen Ansatz.[36] Für die Wettbewerbspolitik ergibt sich dann die Aufgabe, Abweichungen der tatsächlichen Marktstruktur von der als optimal propagierten Marktstruktur festzustellen und durch Marktstrukturinterventionen der optimalen Wettbewerbsstruktur anzupassen.

Beim systemtheoretischen Ansatz steht die Freiheitsfunktion im Mittelpunkt der Analyse. Der freie Wettbewerb ist ein Prozess, der gute, gleichzeitig aber nicht vorhersehbare Ergebnisse produziert. Es handelt sich daher um einen offenen Ansatz. Die Wettbewerbspolitik hat die Aufgabe, Kriterien für freiheitsbeschränkende Maßnahmen aufzustellen und anhand dieser Kriterien klare Verbote zu postulieren. Marktergebnisauflagen und Marktstrukturinterventionen kommen dagegen grundsätzlich nicht in Betracht.

Die oben dargestellten Konzepte entsprechen nicht jeweils einem bestimmten Grundtyp. Einige Konzepte richten sich jedoch mehr an der Wettbewerbsfreiheit aus (Konzept der Wettbewerbsfreiheit) während andere Konzepte mehr auf die strukturellen Voraussetzungen und die Marktergebnisse abstellen (Workability Konzepte).

3. Kapitel: Wettbewerbsfunktionen

Ziel der Wettbewerbspolitik ist die Erhaltung und die Förderung von Wettbewerb. Die Krux der Wettbewerbspolitik besteht jedoch darin, dass in der Wissenschaft und in der Praxis keine Einigkeit darüber besteht, welche konkreten Gegebenheiten als Wettbewerb zu bezeichnen sind.[37]

---

[33] *OECD*, General Distribution (96)65, 5; *Monti* (2001), Question 1.

[34] *Cox/Hübener* in Hdb. des Wettbewerbs, 5.

[35] *Herdzina*, 106.

[36] *Herdzina*, 106.

[37] *Herdzina*, 11.

Es herrscht aber ein Grundkonsens darüber, dass Wettbewerb die Verwirklichung von gemeinschaftlichen Primärzielen wie Freiheit, Gerechtigkeit und Wohlstand fördert. Mit dem Begriff Wettbewerb werden bestimmte positive Wirkungen verbunden. Der Versuch, den Begriff Wettbewerb genauer zu präzisieren, kann daher über die Bestimmung seiner Funktionen erfolgen.[38]
Unter Wettbewerbsfunktionen versteht man die Wirkungen, die vom Wettbewerb ausgehen und das Verhalten der Marktsubjekte – und dadurch auch die Marktprozesse, Marktstrukturen und Marktergebnisse – verändern.[39] Je nach Autor bzw. Wettbewerbskonzeption werden die Wettbewerbsfunktionen unterschiedlich systematisiert. Auch die Gewichtung der einzelnen Funktionen fällt in der Wissenschaft sehr unterschiedlich aus. Es können jedoch bestimmte Grundfunktionen des Wettbewerbs herausgefiltert werden, über die weitgehende Einigkeit besteht. Die folgende Darstellung der Wettbewerbsfunktionen richtet sich nach der Systematisierung von *Schmidt*.[40]

I. Wirtschaftliche Handlungsfreiheit

Die Sicherung und Ermöglichung von Freiheit ist Grundlage und ein zentrales Ziel aller demokratischen Staaten.
Bei der wirtschaftlichen Handlungsfreiheit ist zwischen formeller und materieller Handlungsfreiheit zu unterscheiden.[41] Formelle Handlungsfreiheit ist gegeben, wenn die Gleichheit vor dem Gesetz garantiert wird. Es darf keine staatlichen Privilegierungen oder Diskriminierungen Einzelner geben.[42] Unter materieller Freiheit versteht man die tatsächliche Fähigkeit, die angestrebten Ziele auch verwirklichen zu können.[43] Sie setzt voraus, dass der Handelnde über gewisse wirtschaftliche Mittel und Ressourcen verfügt. Freiheit kann nicht in absoluter Weise gewährleistet werden. Die totale Freiheit eines Subjektes reduziert den Freiheitsbereich der anderen Subjekte. So hat zum Beispiel der Schutz der Freiheit des Innovators durch ein Patent die Reduzierung der Freiheit der Imitatoren zur Folge. Freiheit ist daher immer relativ. Kann sich ein Unternehmen unabhängig von seinen Wettbewerbern verhalten und verfügt es über die Macht, diese in ihrer Freiheit zu beschränken, so ist die Freiheitsfunktion des Wettbewerbs nicht mehr gewährleistet.[44]
Der Wettbewerb eröffnet den Marktteilnehmern Freiheitsspielräume. Die Abnehmer sind frei zu entscheiden, welche Produkte und Leistungen sie bevorzugen und abnehmen. Die Anbieter sind frei im Einsatz der Wettbewerbsparameter. Sie können neue Produkte oder Produktionsverfahren entwickeln und auf dem Markt anbieten oder neue Produkte imitieren.[45] Ein dezentrales, marktwirtschaftliches

[38] *Herdzina*, 11f.
[39] Definition nach *Olten*, 18.
[40] *Schmidt*, 28ff; vgl. zu einer kurzen Darstellung der Wettbewerbsfunktionen auch *Herdzina*, 7ff; *Olten* 16ff.; *Arndt* in Hdb. des Wettbewerbs, 51ff.
[41] *Giersch*, 73f; *Herdzina*, 1.
[42] *Giersch*, 73.
[43] *Tolksdorf*, 18.
[44] Vgl. *Hoppmann*, 241ff.
[45] Im ersten Fall kann man von Wettbewerbsfreiheit im Austauschprozess sprechen im letzteren Fall von Wettbewerbsfreiheit im Parallelprozess; *Olten*, 21.

Planungssystem weist daher gegenüber einer zentralen Planwirtschaft größere Handlungsspielräume und Wahlmöglichkeiten auf. Der Wettbewerb kann somit als Instrument zur Sicherung von Freiheit angesehen werden.[46] Man kann daher von der Freiheitsfunktion des Wettbewerbs sprechen.

II. Anpassungsflexibilität

Der Wettbewerb führt dazu, dass sich die Güterproduktion der Nachfragestruktur anpasst. Der idealtypische Ablauf eines Anpassungsprozesses kann mit Hilfe der Preistheorie beschrieben werden. Unterstellt man die üblichen preistheoretischen Annahmen (u. a. rationales Verhalten der Marktteilnehmer, Nutzen- und Gewinnmaximierung, Fehlen von Marktzutrittschranken), so werden durch den Wettbewerb Angebot und Nachfrage optimal koordiniert:[47] Die Nachfrage und das Angebot entsprechen sich; es besteht weder ein Angebot- noch ein Nachfrageüberschuss. Steigt auf einem Markt die Nachfrage, so hat dies eine Preissteigerung zur Folge. Es werden so lange Anbieter aufgrund der relativ hohen Gewinnaussichten auf diesen Markt streben, bis sich der Preis wieder beim Wettbewerbspreis eingependelt hat. Durch diesen Mechanismus passt sich das Angebot der Nachfrage an.

III. Allokationsfunktion

Der Wettbewerb sorgt dafür, dass die Produktionsfaktoren in der Kombination eingesetzt werden, in der ein Maximum an Produktivität erzielt wird.[48] Die Produktionsfaktoren werden durch den Wettbewerb in die Einsatzbereiche gelenkt, in denen sie volkswirtschaftlich am meisten gebraucht werden (d. h. in denen die Knappheit besonders hoch ist).[49] Unternehmen werden versuchen ihre Kosten zu senken, um ihre Gewinne zu maximieren. Sie werden daher bestrebt sein, relativ teure Produktionsfaktoren durch relativ billigere Produktionsfaktoren zu ersetzen. Die Produktionsfaktoren werden somit in dem Produktionsbereich eingesetzt, in dem sie ein Höchstmaß an Leistung erzielen können.[50]

IV. Funktionale Einkommensverteilung

Der Wettbewerb gewährleistet, dass das Einkommen dem Marktwert der Leistung entspricht. Die Haushalte bieten Leistungen an. Die Unternehmen, die diese Leistungen nachfragen, zahlen eine dem Marktwert entsprechende Vergütung (u. a. Löhne, Zinsen, Miete).[51]

V. Technischer Fortschritt

Wettbewerb fördert die Entwicklung und Einführung besserer Verfahren (Verfahrensfortschritt) und die Entwicklung und Herstellung neuer Produkte (Produktfortschritt). Bis sich ein neues Produkt oder ein neues

---

[46] *Olten*, 21; *Herdzina*, 15.
[47] Vgl. *Herdzina*, 19f.
[48] Vgl. *Olten*, 24f.
[49] *Arndt* in Hdb. des Wettbewerbs, 52.
[50] *Olten*, 25.
[51] *Olten*, 27.

Verfahren am Markt durchsetzen kann, müssen mehrere mitunter lang dauernde und kostenintensive Phasen durchlaufen werden.[52]

In einem Prozess der Suche und Gewinnung neuer theoretischer Erkenntnisse werden zunächst theoretische Erfahrungen und Entdeckungen gemacht. Durch diese Phase wird das technische Wissen erhöht (Erkenntnisprozess, wissenschaftlicher Fortschritt). Dieses technische Wissen muss dann in eine anwendbare Technik transformiert werden (Inventionsprozess, technologischer Fortschritt). Das neue Wissen ist durch Informationen und durch Lernen zu verbreiten (Informations- und Lernprozess, Informationsfortschritt). Das neue Wissen ist im Produktionsprozess erstmalig anzuwenden und dann zu verbreiten (Innovations- und Diffusionsprozess, technischer Fortschritt im engeren Sinn).

All diese Phasen verursachen Kosten, die das Unternehmen versuchen wird zu vermeiden. Der Wettbewerbsdruck sorgt jedoch dafür, dass die Unternehmen in den technischen Fortschritt investieren, um nicht eine neue Entwicklung zu verpassen und von ihren Konkurrenten aus dem Markt gedrängt zu werden.

VI. Konflikte

Der Wettbewerb wird vor allem aufgrund seiner oben genannten Funktionen geschützt. Bei der Verwirklichung dieser Funktionen können Zielkonflikte auftreten.[53] In der wirtschaftswissenschaftlichen Literatur sind zwei mögliche Zielkonflikte herausgearbeitet und erörtert worden.[54]

Ein Zielkonflikt kann sich zwischen der Realisierung von Kostenersparnissen und der Erhaltung einer dezentralen Marktstruktur ergeben. Die durchschnittlichen totalen Kosten eines Unternehmens können durch Kostenersparnisse bei der Vergrößerung der Ausbringungsmenge sinken. Im Extremfall können Marktbedingungen zu einem natürlichen Monopol führen. Als natürliches Monopol wird eine Situation bezeichnet, in der die firmeninternen Kostendegressionen (economies of scale und economies of scope) in Relation zur gegebenen Marktgröße so wichtig ist, dass im Wettbewerb nur ein Unternehmen überleben würde.[55] Ein einziges Unternehmen kann in einem solchen Fall aufgrund seiner relativ geringen Kosten die Produkte zu einem niedrigeren Preis anbieten im Vergleich zu dem Preis, zu dem die Produkte bei jeder anderen Anbieterzahl angeboten werden könnten. In einem solchen Extremfall wäre durch ein Monopol die bestmögliche Allokation von den Produktionsfaktoren erreicht. Gleichzeitig wäre aber die Freiheitsfunktion des Wettbewerbs nicht mehr gewährleistet, da die Marktgegenseite sich nicht mehr für einen anderen Anbieter entscheiden könnte. Empirische Untersuchungen haben ergeben, dass zwar ein genereller Konflikt zwischen der Erhaltung einer dezentralen Marktstruktur und der Erzielung von Kostenersparnissen nicht besteht, dass er aber in bestimmten Produktionsbereichen gegeben sein kann.[56]

---

[52] Die folgenden Phasen sind der Aufzählung bei *Herdzina*, 26 entnommen.

[53] Vgl. *Herdzina*, 38; *Schmidt*, 34.

[54] Vgl. *Schmidt*, 81ff.

[55] *Schmidt*, 36.

[56] *Schmidt*, 93.

Ein weiterer Zielkonflikt kann sich bei der Förderung des technischen Fortschritts ergeben. Nach der Neo-Schumpeter-Hypothese I besteht ein positiver Zusammenhang zwischen der absoluten Unternehmensgröße und der innovatorischen Tätigkeit eines Unternehmens.[57] Hierfür spricht, dass die Entwicklung neuer Produkte und neuer Verfahren erhebliche Aufwendungen erfordert. Man kann daher argumentieren, dass nur Großunternehmen über ausreichende Mittel verfügen, um in bestimmten Bereichen neue Produkte zu entwickeln. Denn Großunternehmen können Großlabors einrichten, in denen Kostenersparnisse möglich sind, sie können ein risikominimales Portfolio an Forschungsprojekten zusammenstellen und sie können in einer Größenordnung in die Forschung investieren, die kleineren Unternehmen verschlossen bleibt. Gegen diese Argumente wird eingewandt, dass bei Großunternehmen die Entscheidungswege länger sind und daher die Chance der Realisierung riskanter Projekte sinkt.
Nach der Neo-Schumpeter-Hypothese II besteht eine positive Beziehung zwischen Marktmacht und Forschungs- und Entwicklungsaktivitäten der Unternehmen.[58] Die Marktmacht erlaube es Unternehmen, ihre Innovationen vor schneller Imitation zu schützen. Bei vollständiger Konkurrenz würden sich Innovationen dagegen nicht lohnen, da aufgrund der unmittelbaren Nachahmung durch die Konkurrenten keine Gewinne erzielt werden könnten. Marktmacht fördere daher die Neigung zu Innovationen.[59] Dagegen kann argumentiert werden, dass es gerade der Wettbewerbsdruck ist, der die Unternehmen zu Innovationen zwingt. Die empirischen Untersuchungen zur Neo-Schumpeter-Hypothese II lassen nicht auf einen generellen Zielkonflikt schließen.[60] Es besteht in der Wissenschaft jedoch Übereinstimmung, dass temporäre Marktmacht als Anreiz für Innovationen notwendig ist und somit das Ziel allokativer Effizienz nicht immer erfüllt werden kann.[61] Im Einzelfall kann es daher zu einem Konflikt zwischen der Wettbewerbsfreiheit einerseits und der Allokationsfunktion und der Fortschrittsfunktion andererseits kommen.[62]

VII. Zusammenfassung

Der Wettbewerb dient der Sicherung der wirtschaftlichen Handlungsfreiheit. Durch die Allokationsfunktion, die funktionale Einkommensverteilung und die Fortschrittsfunktion fördert der Wettbewerb die allgemeine Wohlfahrt. Diese letzten drei Funktionen werden auch als ökonomische Funktionen des Wettbewerbs bezeichnet.[63] Grundsätzlich hat die Gewährleistung der wirtschaftlichen Handlungsfreiheit auch die Erfüllung der ökonomischen Funktionen zur Folge.[64] Im Ausnahmefall können aber Konflikte zwischen den einzelnen Wettbewerbfunktionen auftreten.

---

[57] Vgl. ausführlich *Müller*, 63ff.
[58] Vgl. ausführlich *Müller*, 11ff; *Schumpeter*, 143ff.
[59] *Schmidt*, 108.
[60] *Schmidt*, 109.
[61] *Arndt* in Hdb. des Wettbewerbs, 53f.; *Hoppmann*, 338.
[62] Vgl. *Herdzina*, 47.
[63] *Herdzina*, 17ff.
[64] *Herdzina*, 35.

II. Teil: Der alte Test nach Art. 2 Abs. 3 VO Nr. 4064/89

„Zusammenschlüsse, die eine beherrschende Stellung begründen oder verstärken, durch die wirksamer Wettbewerb im Gemeinsamen Markt oder in einem wesentlichen Teil desselben erheblich behindert würde, sind für unvereinbar mit dem Gemeinsamen Markt zu erklären."
(Artikel 2 Absatz 3 Verordnung Nr. 4064/89)

Der Untersagungstatbestand der Verordnung Nr. 4064/89 besteht aus zwei Teilen: Erstens aus dem Tatbestandsmerkmal der „Begründung oder Verstärkung einer beherrschenden Stellung" und Zweitens aus dem Tatbestandsmerkmal der „erheblichen Behinderung wirksamen Wettbewerbs". In der Praxis gründen die Kommission und die Gerichte ihre Entscheidungen fast ausschließlich auf das erste Tatbestandsmerkmal der „Begründung oder Verstärkung einer beherrschenden Stellung". Das hat dazu geführt, dass es eine umfangreiche Fallpraxis zu diesem Tatbestandsmerkmal gibt und die Grundsätze, auf die die Kommission und die Gerichte ihre Entscheidungen stützen, als geklärt angesehen werden können. Die Bedeutung des Tatbestandsmerkmals der „erheblichen Behinderung wirksamen Wettbewerbs" war dagegen seit Inkrafttreten der Fusionskontrolle unklar[65] und ist es auch mangels Fallpraxis geblieben.[66] Für das Ziel dieser Arbeit, eine Konkretisierung für den neuen Untersagungstatbestand zu geben, ist aber natürlich gerade das zweite Tatbestandsmerkmal, das mit dem jetzigen Untersagungstatbestand gleich lautend ist, von besonderem Interesse. In diesem zweiten Teil der Arbeit wird daher versucht, eine Definition und eine Bestimmung der Funktion dieses Tatbestandsmerkmals zu erarbeiten. Hierzu ist es zuerst notwendig, die Bedeutung des Tatbestandsmerkmals der Begründung oder Verstärkung einer beherrschenden Stellung herauszuarbeiten. Es wird daher in den Kapiteln vier und fünf die bisherige Praxis zur Marktbeherrschung dargestellt. Im sechsten Kapitel werden die verschiedenen Auffassungen in der Literatur sowie die Kommissionspraxis zu dem Tatbestandsmerkmal der „erheblichen Behinderung wirksamen Wettbewerbs" erörtert. Schließlich wird im siebten Kapitel durch Auslegung eine eigne Definition und eine eigene Bestimmung der Funktion dieses Tatbestandsmerkmals gewonnen.

4. Kapitel: Einzelmarktbeherrschung

Die Prüfung, ob ein Zusammenschluss eine beherrschende Stellung begründet oder verstärkt, erfolgt gemäß dem Marktmachtkonzept in zwei Schritten.[67] In einem ersten Schritt wird der relevante Markt bestimmt. Anschließend wird dann geprüft, ob der Zusammenschluss eine

---

[65] Vgl. nur *Riesenkampff* in FS Rittner, 495.
[66] Vgl. *Marceno*, 303.
[67] Siehe EuGH U. v. 31. 3. 1998 verb. Rs. C-68/94 und C-30/95 *Frankreich/Kom.*, Tz. 143.

beherrschende Stellung auf dem zuvor bestimmten relevanten Markt begründet oder verstärkt.

I. Relevanter Markt[68]

Zweck der Marktabgrenzung ist es, denjenigen Markt zu bestimmen, auf dem Unternehmen miteinander im Wettbewerb stehen. Durch die Bestimmung dieses relevanten Marktes sollen die Wettbewerbskräfte ermittelt werden, die auf die am Zusammenschluss beteiligten Unternehmen einwirken.[69] Erst durch die Bestimmung des relevanten Marktes können Kriterien, die im zweiten Schritt - der eigentlichen Marktmachtprüfung - zu berücksichtigen sind, wie Marktanteile und Konzentrationsgrad des Marktes überhaupt bestimmt werden. Die Marktabgrenzung ist häufig ausschlaggebend für die materielle Beurteilung des Zusammenschlusses.[70] Je enger der relevante Markt abgegrenzt wird, desto höher sind die Marktanteile der am Zusammenschluss beteiligten Unternehmen.

Die Bestimmung des relevanten Marktes in der Fusionskontrolle erfolgt nach sachlichen und räumlichen Kriterien.

1. Sachliche Marktabgrenzung

Die Kommission und die Rechtsprechung bestimmen den sachlich relevanten Markt nach dem Bedarfsmarktkonzept.[71] Danach gehören all diejenigen Produkte zum sachlich relevanten Markt, die von den Abnehmern als austauschbar angesehen werden.[72] Ob ein Produkt austauschbar ist, wird anhand verschiedener Kriterien wie Verwendungszweck, Preis, Eigenschaften des Produkts und Verbraucherpräferenzen ermittelt. In der Praxis der Kommission kommt dem Preis bei der Bestimmung des sachlich relevanten Marktes eine entscheidende Bedeutung zu. Zwei Produkte gelten dann als austauschbar, wenn für den direkten Abnehmer die realistische und rationale Möglichkeit besteht, in relativ kurzer Zeit bei einem erheblichen Preisanstieg des einen Produktes auf das andere Produkt zu wechseln.[73] Das Bedarfsmarktkonzept erweitert die Kommission durch die Angebotsumstellungsflexibilität.[74] Sind die Anbieter in der Lage, unverzüglich und ohne erheblichen Aufwand und Kosten ein Substitut auf dem Markt anzubieten, so sind die Produkte aus Anbietersicht austauschbar. In diesem Fall umfasst der sachlich relevante Markt sämtliche Produkte, die sowohl von der Nachfrage als auch vom Angebot substituierbar sind.[75]

---

[68] Für eine genauere Darstellung der Kommissionspraxis wird auf die Bekanntmachung der Kommission zur Definition des relevanten Marktes im Wettbewerbsrecht Abl. 1997 Nr. C 372 verwiesen (im folgendem Bekanntmachung relevanter Markt). Die darin dargelegten Beurteilungskriterien sind durch ständige Rechtsprechung bestätigt worden.

[69] *Kommission*, Bekanntmachung relevanter Markt, Tz. 2.

[70] *Kommission*, Bekanntmachung relevanter Markt, Tz. 3; *Schütz* in Gemeinschaftskommentar, Art. 2 FKVO Rn. 7.

[71] *Immenga* in Immenga/Mestmäcker, Art. 2 FKVO Rn. 34.

[72] *Kommission*, Bekanntmachung relevanter Markt, Tz. 7; Kom. E. v. 2. 10. 1991 *Aerospatiale/de Havilland,* Tz. 10.

[73] Kom. E. v. 30. 4. 1992 Az. IV/M. 214 *Du Pont/ICI,* Tz. 23.

[74] Kom. E. v. 22. 7. 1992 Az. IV/M. 190 *Nestlé/Perrier,* Tz. 20.

[75] *Kommission*, Bekanntmachung relevanter Markt, Tz. 21.

2. Räumliche Marktabgrenzung

Die Ermittlung des räumlich relevanten Marktes richtet sich nach der Substituierbarkeit in geographischer Hinsicht aus Sicht der Marktgegenseite.[76] Nach ständiger Praxis wird der räumliche Markt als dasjenige Gebiet definiert, in dem die betroffenen Unternehmen an Angebot und Nachfrage von Gütern und Dienstleistungen beteiligt sind, die Wettbewerbsbedingungen hinreichend homogen sind, und das sich von Nachbargebieten wegen der sehr unterschiedlichen Wettbewerbsbedingungen unterscheidet.[77] Schwierige Abgrenzungsfragen ergeben sich vor allem durch den fortschreitenden Integrationsprozess der Gemeinschaft. So steht in einer Vielzahl der Entscheidungen im Mittelpunkt der räumlichen Marktabgrenzung die Frage, ob es sich um einen nationalen Markt handelt oder ob durch die Vereinheitlichung im Binnenmarkt es sich bereits um einen gemeinschaftsweiten Markt handelt oder ob aufgrund der voranschreitenden Integration die noch nationalen Märkte in naher Zukunft einen einheitlichen gemeinschaftsweiten Markt bilden werden, so dass in der Fusionskontrollverordnung von einem gemeinschaftsweiten Markt ausgegangen werden muss. Diese Abgrenzungsfrage wird auch in Zukunft gerade im Hinblick auf die am 1. Mai 2004 erfolgte Osterweiterung der EU aktuell bleiben.

II. Beherrschende Stellung

Nach der Marktabgrenzung prüft die Kommission, ob der Zusammenschluss auf den relevanten Märkten eine beherrschende Stellung begründet oder verstärkt. Hier soll zuerst die Definition der marktbeherrschenden Stellung in der europäischen Praxis erläutert werden. In einem zweiten Schritt werden dann die Kriterien beschrieben, anhand derer ein Zusammenschluss nach der Fusionskontrollverordnung zu prüfen ist.

1. Begriff der beherrschenden Stellung

Wann ein Unternehmen über eine beherrschende Stellung im Sinne des Art. 2 Abs. 3 der Verordnung Nr. 4064/89 verfügt, ist in der Verordnung nicht durch eine Definition legal festgelegt worden.[78] Zum Zeitpunkt des Erlasses der Verordnung 4064/89 hatte sich jedoch in der Verwaltungspraxis der Kommission und in der Rechtsprechung des EuGH eine Definition zur Marktbeherrschung im Sinne des Art. 86 EGV (jetzt Art. 82 EG) herausgebildet. Danach verfügt ein Unternehmen über eine marktbeherrschende Stellung, wenn es die Aufrechterhaltung wirksamen Wettbewerbs verhindern kann, indem es über die Macht verfügt, sich seinen Wettbewerbern, Abnehmern und letztlich den Verbrauchern gegenüber in einem nennenswerten Umfang unabhängig zu verhalten.[79] Diese Formulierung hat die Kommission dann für die

---

[76] *Kommission*, Bekanntmachung relevanter Markt, Tz. 13 und 29.

[77] EuGH U. v. 31. 3. 1998 verb. Rs. C-68/94 und C-30/95 *Frankreich/Kom.*; EuG U. v. 22. 10. 2002 Rs. T-310/01 *Schneider Electric/Kom.*, Tz. 154; Kom. E. v. 20. 12. 1990 Az. IV/M. 26 *Cargill/Unilever*; Kom. E. v. 31. 1. 2001 Az. IV/M. 2097 *SCA/Metsä Tissue,* Tz. 47.

[78] Der Kommissionsvorschlag zur Neufassung der FKVO enthielt eine Definition der beherrschenden Stellung vgl. dazu S. 63f.

[79] EuGH U. v. 14. 2. 1978 Rs. 27/76 *United Brands/Kom.* Slg. 1978, 207.

Fusionskontrolle übernommen.[80] Der Unterschied zur Prüfung der marktbeherrschenden Stellung im Rahmen des Art. 82 EG liegt im unterschiedlichen Betrachtungshorizont. Bei Art. 82 EG muss die marktbeherrschende Stellung zu einem bestimmten Zeitpunkt in der Vergangenheit – nämlich zum Zeitpunkt der missbräuchlichen Verhaltensweise – bestanden haben. Bei Art. 2 Abs. 3 der Verordnung Nr. 4064/89 ist für die Zukunft festzustellen, ob der Wettbewerb durch eine mögliche marktbeherrschende Stellung gefährdet wird. Die im Rahmen des Art. 2 Abs. 3 der Verordnung Nr. 4064/89 zu treffende Prognoseentscheidung muss daher zukünftige Entwicklungen mit berücksichtigen.

Die durch die Verwaltungspraxis und Rechtsprechung gefestigte obige Definition setzt sich aus zwei Elementen zusammen. Zum einen aus dem unabhängigen Verhaltensspielraum gegenüber den Wettbewerbern, Abnehmern und den Verbrauchern und zum anderen aus der Möglichkeit, die Aufrechterhaltung eines wirksamen Wettbewerbs zu verhindern. Diese beiden Elemente sind letztlich nur zwei Seiten der gleichen Medaille. Die Kommission unterscheidet daher in ihren Entscheidungen zur Fusionskontrollverordnung auch nicht deutlich zwischen diesen beiden Elementen der Definition der marktbeherrschenden Stellung.[81] In einigen Fällen wird auf beide Elemente der Definition abgestellt.[82] In den meisten Fällen wird dagegen allein auf einen unabhängigen Verhaltensspielraum des neuen Unternehmens gegenüber den Wettbewerbern, Abnehmern und Verbrauchern abgestellt.[83] Aus den Entscheidungen der Kommission kann man herauslesen, dass für die Kommission das entscheidende Moment bei der Marktbeherrschungsprüfung ist, ob das neue Unternehmen nach dem Zusammenschluss noch genügendem Wettbewerbsdruck ausgesetzt ist oder nicht.[84] Dieser Wettbewerbsdruck kann durch aktuelle Wettbewerber, potentielle Wettbewerber oder durch die Marktgegenseite ausgeübt bzw. verstärkt werden.[85] In der europäischen Rechtsanwendung wird davon ausgegangen, dass dieser unabhängige Verhaltensspielraum sowohl gegenüber den Wettbewerbern als auch gegenüber der Marktgegenseite bestehen muss.[86] Dieses wird schon aus der Formulierung der Definition des EuGH der

---

[80] Kom. E. v. 7. 11. 1990 Az. IV/M. 4 *Renault/Volvo*, Tz. 14; Kom. E. v. 12. 4. 1991 Az. IV/M. 42 *Alcatel/Telettra*, Tz. 48.

[81] *Hahn*, 105.

[82] Kom. E. v. 7. 11. 1990 *Renault/Volvo* Az. IV/M. 4, Tz. 4; Kom. E. v. 8. 7. 1998 *WorldCom/MCI II* Az. IV/M. 1069, Tz. 117,120.

[83] Vgl. Kom. E. v. 19. 7. 1991 *TetraPak/Alfa Laval* Az. IV/M. 68, Tz. 4; Kom E. v. 9. 12. 1991 *Lucas/Eaton* Az. IV/M. 149, Tz. 37; Kom. E. v. 30. 4. 1992 *DuPont/ICI* Az. IV/M. 214, Tz. 47; Kom. E. v. 26. 6. 2002 *Haniel/Cementbouw/JV* Az. COMP/M. 2650, Tz. 122; in diesem Sinne auch Kommission, Bekanntmachung relevanter Markt, Tz. 10.

[84] Vgl. die Formulierungen in: Kom E. v. 9. 12. 1991 *Lucas/Eaton* Az. IV/M 149, Tz. 37; Kom. E. v. 15. 10. 1997 *Guinnes/Grand Metropolitan* Az. IV/M. 938 Tz. 116; Kom E. v. 20. 5. 1998 *Price/Waterhouse/Coopers & Lybrand* Az. IV/M. 1016 Tz. 94; Kom. E. v. 31. 1. 2001 *SCA/Metsä Tissue* Az. COMP/M. 2097, Tz. 222; so auch *Jung* in Grabitz/Hilf, Art. 82 Rn. 56ff.

[85] Kom E. v. 9. 12. 1991 *Lucas/Eaton* Az. IV/M. 149, Tz. 37 Kom. E. v. 15. 10. 1997 *Guinnes/Grand Metropolitan* Az. IV/M. 938, Tz. 116; Kom E. v. 20. 5. 1998 *Price/Waterhouse/Coopers & Lybrand* Az. IV/M. 1016, Tz. 94; Kom. E. v. 31. 1. 2001 *SCA/Metsä Tissue* Az. COMP/M. 2097, Tz. 222.

[86] *Albers/Hacker* in Schröter/Jakob/Mederer Art. 2 FKVO Rn. 240.

marktbeherrschenden Stellung deutlich, die von einem unabhängigen Verhaltensspielraum gegenüber den Wettbewerbern, Abnehmern *und* Verbrauchern spricht.[87]

Kritik gegen die oben beschriebene Definition der Marktbeherrschung hat vor allem *Knöpfle* geübt, der eine Unterscheidung zwischen dem unabhängigen Verhaltensspielraum gegenüber den Wettbewerbern einerseits und dem unabhängigen Verhaltensspielraum gegenüber der Marktgegenseite andererseits fordert.[88] In der Praxis kann jedoch nicht zwischen dem Verhaltensspielraum gegenüber der Marktgegenseite und dem Verhaltensspielraum gegenüber den Wettbewerbern unterschieden werden, da zwischen diesen logisch trennbaren Verhaltensspielräumen zahlreiche Wechselwirkungen bestehen.[89] Engen die Wettbewerber den Verhaltensspielraum eines Unternehmens ein, so besteht für dieses Unternehmen auch kein unabhängiger Verhaltensspielraum gegenüber den Abnehmern, da es auf das Verhalten seiner Wettbewerber Rücksicht nehmen muss. Kann die Marktgegenseite ein Unternehmen zu einem wettbewerblichen Verhalten zwingen, kann das Unternehmen sich auch nicht unabhängig von seinen Wettbewerbern verhalten.[90] Somit kann der Unterscheidung von *Knöpfle* nicht gefolgt werden. Der Verhaltensspielraum ist sowohl gegenüber den Wettbewerbern als auch gegenüber der Marktgegenseite festzustellen.[91] Es soll daher für die hier zu treffende Auslegung des Tatbestandsmerkmals der „erheblichen Behinderung wirksamen Wettbewerbs" der Begriff der Marktbeherrschung in der Ausformung verwendet werden, die er durch die Kommission und die Rechtsprechung der europäischen Gerichte erhalten hat. Ein Unternehmen ist dann marktbeherrschend, wenn es über die Macht verfügt, sich gegenüber seinen Wettbewerbern, Abnehmern und letztlich gegenüber den Verbrauchern in einem nennenswerten Umfang unabhängig zu verhalten.

2. Kriterien zur Ermittlung der Marktbeherrschung

Das Merkmal des erheblichen Verhaltensspielraums bedarf einer weiteren Konkretisierung durch Kriterien, anhand derer der Zusammenschluss im Einzelfall zu bewerten ist. Die Kriterien für die Beurteilung des zu untersuchenden Zusammenschlusses sind in Art. 2 Abs. 1 der Verordnung 4064/89 aufgezählt. Diese Aufzählung ist jedoch nicht abschließend, es können auch noch andere Kriterien herangezogen werden.[92] Die Beurteilung ist immer anhand einer Gesamtschau der einzelnen Kriterien vorzunehmen.[93]

a) Marktstellung

Als erstes Kriterium nennt Art. 2 Abs. 1 lit. b) der Verordnung Nr. 4064/89 die Marktstellung. Die Marktstellung ergibt sich aus der

---

[87] EuGH U. v. 14. 2. 1978 Rs. 27/76 *United Brands/Kom.* Slg. 1978, 207.

[88] *Knöpfle, 75ff; ders.* BB 1991, 220; *ders.* in FS Sölter, 217; ihm folgend *Marko*, 61ff; *Miersch*, 31 ff; *Harms* in Gemeinschaftskommentar, 4. Aufl. § 24 Rn. 240ff.

[89] *Bach* WuW 1993, 807.

[90] Wie hier: *Jickeli* WuW 1992 111; *Bach*, WuW 1993, 807; *Rösler* in FK Art. 2 Rn. 130 *ders.* NZG 2000, 858; *Hahn*, 108.

[91] Im Ergebnis auch *Kleinmann/Bechtold* § 22 Rn. 108.

[92] *Rösler* NZG 2000, 865.

[93] EuGH U. v. 14. 2. 1978 Rs. 27/72 *United Brands/Kom.*, Tz. 58.

Stellung des Unternehmens zu seinen Wettbewerbern. Zur Bestimmung dieses Verhältnisses ist vor allem auf den Marktanteil abzustellen.[94]

Im Marktanteil spiegelt sich in der Regel der Gesamterfolg der Absatzbemühungen eines Unternehmens und seine Bewertung durch die Abnehmer wider.[95] Der Marktanteil bildet daher immer den Ausgangspunkt der Marktbeherrschungsprüfung der Kommission.[96] Anders als im deutschen GWB[97] gibt es in der Fusionskontrollverordnung keine Vermutung für das Vorliegen einer marktbeherrschenden Stellung bei Erreichen bestimmter Marktanteile. Erwägungsgrund Nr. 15 der Verordnung Nr. 4064/89 sieht es jedoch als Indiz für die Vereinbarkeit des Zusammenschlusses mit dem Gemeinsamen Markt an, wenn der Anteil der beteiligten Unternehmen am betroffenen Markt 25% nicht übersteigt. Die Kommission hat dem folgend noch nie eine marktbeherrschende Stellung bei einem Marktanteil von unter 25% angenommen. Hohe Marktanteile von über 70% sieht die Kommission dagegen als Indiz für das Vorliegen einer marktbeherrschenden Stellung an.[98]

Bei der Marktanteilsbetrachtung ist nicht nur auf die absolute Größe des Marktanteils abzustellen, sondern es sind auch die Marktanteilsabstände zu den Wettbewerbern mit in die Betrachtung einzubeziehen.[99] Ein großer Abstand zu den Wettbewerbern spricht eher für einen unabhängigen Verhaltensspielraum als ein kleiner Abstand.[100]

Ferner ist die Marktanteilsentwicklung zu berücksichtigen.[101] Schwankende Marktanteile sprechen für Wettbewerb, wohingegen stabile hohe Marktanteile für eine beherrschende Stellung sprechen.[102]

Der Marktanteil ist zwar ein wichtiges Kriterium bei der Marktbeherrschungsprüfung. Die Kommission betont jedoch immer wieder, dass der Marktanteil nur Teil einer Gesamtbetrachtung ist und vor allem durch potentiellen Wettbewerb oder durch Nachfragemacht relativiert werden kann.[103]

Insgesamt lässt sich sagen, dass für die Kommission zwar das Marktanteilskriterium eine bedeutende Rolle spielt, im Vergleich zum Bundeskartellamt misst die Kommission dem Marktanteil jedoch eine geringere Bedeutung zu. So hat sie Zusammenschlüsse trotz eines

---

[94] *Immenga* in Immenga/Mestmäcker Art. 2 FKVO Rn. 101.

[95] EuGH U. v. 13. 2. 1979 Rs. 85/76 *Hoffmann-La Roche/Kom.*, Tz. 41; Kom. E. v. 12. 11. 1992 Az. IV/M. 222 *Mannesmann/Hoesch,* Tz. 91; *Bach* WuW 1993, 805, 809.

[96] Vgl. nur: Kom. E. v. 2. 10. 1991 Az. IV/M. 53 *Aerospatiale/ de Havilland,* Tz. 21ff; Kom. E. v. 31. 1. 2001 Az. IV/M. 2097 *SCA/Metsä Tissue,* Tz. 74ff; Kom E. v. 26. 6. 2002 COMP/M. 2650 *Haniel/Cementbouw* Tz. 90ff; *Weitbrecht* EuZW 1993, 687.

[97] § 19 Abs. 3 GWB stellt bei einem Marktanteil von mindestens einem Drittel die Vermutung einer marktbeherrschenden Stellung auf.

[98] *Immenga* in Immenga/Mestmäcker Art. 2 FKVO Rn. 113; Kom. E. v. 19. 7. 1991 Az. IV/M. 68 *Tetra Pak/Alfa-Laval,* Tz. 3.3; Kom. E. v. 12. 11. 1992 Az. IV/M. 222 *Mannesmann/Hoesch,* Tz. 112.

[99] *Rösler* NZG 2000, 860.

[100] Kom. E. v. 29. 5. 1991 Az. IV/M. 43 *Magneti Marelli/CEAC,* Tz. 16; Kom. E. v. 31. 7. 1991 Az. IV/M. 12 *Varta/Bosch*, Tz. 62.

[101] *Kommission*, 22. Wettbewerbsbericht, Tz. 249.

[102] Kom. E. v. 20. 6. 2001 Az. COMP/M. 2201 *MAN/Auwärter,* Tz. 24.

[103] Kom. E. v. 12. 4. 1991 Az. IV/M. 42 *Alcatel/Telettra*, Tz. 38; Kom. E. v. 28. 4. 1992 Az. IV/M. 126 *ACCOR/Waggons-Lits,* Tz. 25.

Marktanteils von über 70 bzw. 90% freigegeben.[104] Dieses Vorgehen stieß in der Literatur teilweise auf heftige Kritik.[105]

b) Wirtschaftliche Macht und Finanzkraft

Dieses Kriterium umfasst sämtliche finanziellen Mittel und Möglichkeiten eines Unternehmens, einschließlich der Möglichkeit zur Eigen- und Fremdfinanzierung, sowie insbesondere den Zugang zu den Kapitalmärkten.[106] Die wettbewerbliche Bedeutung des Kriteriums der wirtschaftlichen Macht und Finanzkraft liegt in den Ressourcen, die kurzfristig im Wettbewerb eingesetzt werden können.[107] Stehen einem Unternehmen in großem Maße solche Ressourcen zu, seinen Wettbewerbern aber nicht, so hat es diesen gegenüber einen Wettbewerbsvorteil, der es ihm ermöglichen kann, sich unabhängig von seinen Wettbewerbern zu verhalten.

In der Praxis der Kommission spielt dieses Kriterium nur eine untergeordnete Rolle.[108] Im Fall *Boeing/McDonnell Douglas* stellte die Kommission darauf ab, dass die am Zusammenschluss beteiligten Unternehmen aufgrund ihrer überlegenen finanziellen und personellen Ressourcen leichter auf eine rasch ansteigende Nachfrage reagieren könnten.[109] Ferner würde die überlegene Finanzkraft die Abschlussmöglichkeiten von langfristigen Exklusivverträgen fördern, da möglicher unerwarteter Nachfragebedarf kurzfristig durch den Anbieter befriedigt werden könne.[110] Dieses führte mit anderen Faktoren dazu, dass die Kommission einen unabhängigen Verhaltenspielraum und damit eine marktbeherrschende Stellung annahm.

c) Wahlmöglichkeiten für Lieferanten und Abnehmer

Für einen erheblichen unabhängigen Verhaltensspielraum spricht auch, wenn die Marktgegenseite nicht auf andere Abnehmer oder Lieferanten ausweichen kann. Die in Art. 2 Abs. 1 lit. b) genannten Auswahlmöglichkeiten für Lieferanten und Abnehmer bilden ein Spiegelbild des Verhaltensspielraums des fusionierten Unternehmens.

d) Zugang zu Beschaffungs- und Absatzmärkten

Dieses Kriterium bezieht die dem relevanten Markt vorgelagerten (Beschaffungsmärkte) und dem relevanten Markt nachgelagerten Märkte (Absatzmärkte) in die Marktbeherrschungsprüfung mit ein.[111] Ihm kommt daher bei der Beurteilung von vertikalen Zusammenschlüssen eine entscheidende Bedeutung zu. Eine vertikale Integration kann vor allem Marktschließungseffekte zur Folge haben.[112] Zeichnet sich der

---

[104] Kom. E. v. 12. 4. 1991 Az. IV/M. 24 *Alcatel/Telettra* (81 bzw. 83 %); Kom. E. v. 19. 7. 1991 Az. IV/M. 68 *Tetra Pak/Alfa-Laval*, (90%); Kom. E. v. 14. 2. 1995 Az. IV/M. 1672 *Mercedes/Kässborer* (73,7%).

[105] *Emmerich* AG 1996, 536; *Löffler* WuW 1995, 386; *Schmidt* WuW 1995, 980; *Monopolkommission* 11. Hauptgutachten, Tz. 717.

[106] *Rösler*, NZG 2000, 861.

[107] *Immenga* in Immenga/Mestmäcker Art. 2 FKVO Rn. 128.

[108] *Schütz* in Gemeinschaftskommentar Art. 2 Rn. 108.

[109] Kom. E. v. 30. 7. 1997 Az. IV/M. 877 *Boeing/McDonnell Douglas*, Tz. 67.

[110] Kom. E. v. 30. 7. 1997 Az. IV/M. 877 *Boeing/McDonnell Douglas*, Tz. 70.

[111] *Albers/Hacker* in Schröter/Jakob/Mederer Art. 2 FKVO Rn. 218.

[112] *Monopolkommission*, 5. Hauptgutachten, Tz. 725ff.

Markt durch einen hohen Grad an vertikaler Integration aus, so ist es schwer für einen neuen Wettbewerber, noch Bezugs– oder Absatzquellen zu finden. Ferner kann es einen Wettbewerbsvorteil bedeuten, wenn das Unternehmen seinen Einkauf und Verkauf besser steuern kann als seine Konkurrenten.

e) Potentieller Wettbewerb und Marktzutrittschranken

In der Kommissionspraxis zur Bestimmung einer marktbeherrschenden Stellung greift die Kommission neben dem Marktanteil vor allem auf die Kriterien potentieller Wettbewerb und Marktzutrittschranken zurück.[113] Potentieller Wettbewerb und Marktzutrittschranken stehen in einer engen wechselseitigen Beziehung. Marktzutrittschranken sind objektive Kriterien bei der Beurteilung des potentiellen Wettbewerbs. Marktzutrittschranken entfalten nicht gegenüber allen Unternehmen die gleiche Wirkung. Bei der Beurteilung des Wettbewerbsdrucks, der von den potentiellen Wettbewerbern ausgeht, sind daher die Wirkungen der Marktzutrittschranken für die einzelnen potentiellen Wettbewerber separat zu prüfen. Ferner ist bei der Bestimmung des potentiellen Wettbewerbs neben den Marktzutrittschranken noch die subjektive Bereitschaft der Unternehmen zu einem Markteintritt zu berücksichtigen.[114]

Potentieller Wettbewerb kann nach Auffassung der Kommission einen möglichen Verhaltensspielraum der beteiligten Unternehmen begrenzen, wenn die Möglichkeit eines Markteintritts eines bedeutenden Anbieters besteht und der Markteintritt auch innerhalb einer kurzen Zeitspanne wahrscheinlich ist.[115] Die Möglichkeit eines Markteintritts von absoluten Newcomern schätzt die Kommission allgemein als sehr gering ein.[116] Wettbewerbsdruck kann dagegen vor allem von Unternehmen ausgehen, die bereits in einem dem relevanten Markt benachbarten räumlichen[117] oder auch sachlichen Markt[118] aktiv sind. Die Wahrscheinlichkeit des Markteintritts hängt von der subjektiven Bereitschaft der Unternehmen ab, in den relevanten Markt einzutreten. Bei der Einschätzung der Wahrscheinlichkeit des Markteintritts stützt sich die Kommission auf frühere Äußerungen der Unternehmen über einen möglichen Markeintritt,[119] auf frühere Markteintritte und Markteintrittsversuche in

[113] *Kommission* 21. Wettbewerbsbericht S. 414, 416.

[114] *Kommission*, 24. Wettbewerbsbericht Tz. 311; *Immenga* in Immenga/Mestmäcker Art. 2 FKVO Rn. 144.

[115] Kom. E. v. 22. 7. 1992 Az. IV/M. 190 *Nestlé/Perrier*, Tz. 91.

[116] Kom. E. v. 2. 10. 1991 Az. IV/M. 53 *Aerospatiale – Alenia/de Havilland,* Tz. 57; *Immenga* in Immenga/Mestmäcker Art. 2 FKVO Rn. 142.

[117] Kom. E. v. 12. 4. 1991 Az. IV/M. 24 *Alcatel/Telettra,* Tz. 25; Kom. E. v. 22. 1. 1992 Az. IV/M. 133 *Ericsson/Kolbe*, Tz. 24.

[118] Kom. E. v. 9. 12. 1991 Az. IV/M. 149 *Lucas/Eaton,* Tz. 37; Kom. E. v. 8. 9. 1993 Az. IV/M. 355 *Rhône-Poulenc/SNIA,* Tz. 73.

[119] Kom. E. v. 2. 10. 1991 Az. IV/M. 53 *Aerospatiale – Alenia/de Havilland,* Tz. 57; Kom. E. v. 22. 7. 1992 Az. IV/M. 190 *Nestlé/Perrier,* Tz. 100.

den relevanten Markt[120] sowie auf die Rentabilitätsaussichten eines Markteintritts[121].
Marktzutrittschranken verhindern, erschweren oder verzögern für potentielle Wettbewerber den Markteintritt.[122] Art. 2 Abs. 1 lit. b der Verordnung Nr. 4064/89 unterscheidet zwischen rechtlichen und tatsächlichen Marktzutrittschranken. So können Einfuhrzölle[123], nationale DIN-Normen[124] oder behördliche Auflagen[125] als rechtliche Marktzutrittschranken den Markteintritt erschweren. Entwicklungs- und Investitionskosten[126], die Betriebsgröße[127] oder der Goodwill der etablierten Unternehmen[128] können tatsächliche Marktzutrittschranken bilden.
In einigen Fällen wurde die Kommission heftig kritisiert, da sie unter Hinweis auf den potentiellen Wettbewerb den Zusammenschluss trotz sehr hoher Marktanteile für mit dem Gemeinsamen Markt vereinbar erklärt hatte.[129] Der Kommission wurde vorgeworfen, den vom potentiellen Wettbewerb ausgehenden Wettbewerbsruck überbewertet zu haben, wobei der Kommission auch eine industriepolitische Motivation unterstellt wurde.[130]

f) Entwicklung von Angebot und Nachfrage

Die dynamische Entwicklung von Angebot und Nachfrage kann vereinfacht in einem Marktphasenschema dargestellt werden. Das Formblatt CO zur Anmeldung eines Zusammenschlusses bei der Kommission unterscheidet zwischen der Anlauf-, Wachstums,- Reifungs- und Rückbildungsphase eines Marktes.[131] Die Marktphase beeinflusst die Aussagekraft der verschiedenen Kriterien. So ist zum Beispiel hohen Marktanteilen in der Anlaufphase eine geringere Indizwirkung für die Marktbeherrschung einzuräumen als in der Reifungs- oder Rückbildungsphase.[132] Jedoch kann auch in gerade erst entstehenden Märkten eine marktbeherrschende Stellung begründet werden.[133] Ein

[120] Kom. E. v. 22. 7. 1992 Az. IV/M. 190 *Nestlé/Perrier,* Tz. 103; Kom. E. v. 10. 1. 1994 Az. IV/M. 390 *AKZO/Nobel Industries,* Tz. 31.

[121] *Kommission*, Entwurf einer Mitteilung der Kommission über die Kontrolle horizontaler Zusammenschlüsse gemäß der Fusionskontrollverordnung 11. 12. 2002 (im folgenden Mitteilungsentwurf), Tz. 83.

[122] *Albers/Hacker* in Schröter/Jakob/Mederer Art. 2 FKVO Rn. 133.

[123] Kom. E. v. 30. 4. 1992 Az. IV /M. 214 *Du Pont/ICI,* Tz. 29.

[124] Kom. E. v. 12. 11. 1992 Az. IV/M. 222 *Mannesmann/Hoesch,* Tz. 79ff.

[125] Kom. E. v. 28. 4. 1992 Az. IV/M. 126 *ACCOR/Wagons-Lits,* Tz. 25.

[126] Kom. E. v. 2. 10. 1991 Az. IV/M. 53 *Aerospatiale – Alenia/de Havilland,* Tz. 54ff.

[127] Kom. E. v. 2. 10. 1991 Az. IV/M. 53 *Aerospatiale – Alenia/de Havilland,* Tz. 32; *Jickeli* WuW 1992, 195, 197.

[128] Kom. E. v. 22. 7. 1992 Az. IV/M. 190 *Nestlé/Perrier,* Tz. 33; Kom. E. v. 19. 7. 1991 Az. IV/M. 68 *Tetra Pak/Alfa-Laval,* Tz. 3. 4.

[129] Vgl. Kom. E. v. 12. 4. 1991 Az. IV/M. 24 *Alcatel/Telettra* (81 bzw. 83 %); Kom. E. v. 19. 7. 1991 Az. IV/M. 68 *Tetra Pak/Alfa-Laval*; Kom. E. v. 14. 2. 1995 Az. IV/M. 1672 *Mercedes/Kässborer* (73,7%).

[130] *Emmerich* AG 1996, 536; *Löffler* WuW 1995, 386; *Schmidt* WuW 1995, 980; *Monopolkommission* 11. Hauptgutachten, Tz. 717.

[131] Formblatt CO Tz. 8.7., Anhang zur Verordnung 802/2004 Abl. EG 2004 Nr. L 133/9 (unter Verordnung Nr. 4064/89 Abl. EG 1998 Nr. L 61/11 Abschnitt 8.5.).

[132] Kom. E. v. 22. 2. 1991 Az. IV/M. 57 *Digital/Kienzle,* Tz. 20; Kom. E. v. 2. 9. 1991 Az. IV/M. 129 *Digital/Philips,* Tz. 18.

[133] Siehe z. B. Kom. E. v. 9. 11. 1994 Az. IV/M. 469 *MSG- Media Service,* Tz. 55.

Markteintritt in einen Markt mit hohen Gewinnaussichten, der sich in einer frühen Phase befindet, ist eher zu erwarten als in einen Markt, der sich bereits in der Rückbildungsphase befindet.[134]

g) Marktmacht der Marktgegenseite/Nachfragemacht

Das Kriterium der Nachfragemacht ist nicht ausdrücklich in Art. 2 Abs. 1 der Verordnung Nr. 4064/89 erwähnt, man kann es aber zu der in Art. 2 Abs. 1 lit. a genannten Marktstruktur zählen.[135] Bei dem Kriterium der Nachfragemacht geht es genau genommen um die Berücksichtigung von Marktmacht der Marktgegenseite. Denn auch eine drohende marktbeherrschende Stellung auf Abnehmerseite kann durch eine starke Stellung auf Angebotsseite eventuell entkräftet werden.[136] Die Kommission prüft die Nachfragemacht in fast allen ihren Entscheidungen und räumt ihr eine wichtige Entmachtungsfunktion gegenüber den am Zusammenschluss beteiligten Unternehmen ein.[137] Nach Kommissionspraxis ist Voraussetzung für eine Nachfragemacht, die den Verhaltensspielraum des durch den Zusammenschluss neu entstehenden Unternehmens beschränken kann, ein Nachfrageoligopol oder ein Nachfragemonopol sowie eine Ausweichmöglichkeit der Nachfrager auf andere Anbieter. Bei der Beurteilung von Nachfragemacht legt die Kommission den Schwerpunkt auf die Ausweichmöglichkeiten des Nachfragers, über die dieser aufgrund seiner besonders starken Stellung verfügt.[138] Der wettbewerbliche Hintergrund ist, dass durch diese Ausweichmöglichkeiten Wettbewerbsdruck auf das neue Unternehmen ausgeübt wird.

In der Literatur ist die Praxis der Kommission zur Berücksichtigung der Nachfragemacht auf Kritik gestoßen.[139] Der Kommission wird vorgeworfen, dass sie auch allein vertikale Wirkungen der Nachfragemacht für die Genehmigungsfähigkeit eines Zusammenschlusses ausreichen lasse. Auf der Angebotsseite könnten jedoch die Allokationsfunktion und die Anpassungsfunktion des Wettbewerbs gestört sein, auch wenn es dem Unternehmen aufgrund starker Nachfragemacht nicht möglich sei, überhöhte Preise durchzusetzen.[140]

Diese Kritik ist jedoch nicht gerechtfertigt. In nur zwei Entscheidungen der Kommission bildete die Nachfragemacht einen wesentlichen Widerlegungsgrund für eine beherrschende Stellung. Im Fall *Alcatel/Telettra* zog die Kommission die diversifizierte Beschaffungspolitik von *Telefonica* sowie die Lieferfähigkeit anderer Anbieter zur Begründung der Nachfragemacht heran.[141] Im Fall *Enso/Stora* stellte die Kommission darauf ab, dass der Nachfrager *Tetra Pak* in der Vergangenheit schon öfter daran mitgewirkt hatte, dass sich

---

[134] Vgl. etwa Kom. E. v. 25. 11. 1998 Az. IV/M. 1225 *Enso/Stora*; *Kommission*, Mitteilungsentwurf, Tz. 83.

[135] *Immenga* in Immenga/Mestmäcker Art. 2 Rn. 184.

[136] Vgl. hierzu *Immenga* in Immenga/Mestmäcker Art. 2 Rn. 184.

[137] *Albers/Hacker* in Schröter/Jakob/Mederer Art. 2 FKVO Rn. 240.

[138] *Albers/Hacker* in Schröter/Jakob/Mederer Art. 2 FKVO Rn. 250ff.

[139] Vgl. dazu ausführlich *Nordemann*, 55ff; *Immenga* in Immenga/Mestmäcker Art. 2 FKVO Rn. 195.

[140] *Immenga* in Immenga/Mestmäcker Art. 2 FKVO Rn. 195.

[141] Kom. E. v. 12. 4. 1991 Az. IV/M. 24 *Alcatel/Telettra*.

Unternehmen zu jetzigen Anbietern von Flüssigkeiten-Verpackungskarton entwickelt hatten. Ferner würden auch andere Anbieter über die Kapazitäten verfügen, um die Nachfrage von *Tetra Pak* bei einem Ausweichen zu erfüllen.[142] Hauptgrund für die Berücksichtigung der Nachfragemacht als marktmachtentkräftend war also der Wettbewerbsdruck, der dadurch entstand, dass der mächtige Nachfrager über die Möglichkeit verfügt, auf einen anderen Anbieter auszuweichen. Der Wettbewerbsdruck geht also im Endeffekt auch von den potentiellen Wettbewerbern bzw. aktuellen Wettbewerbern aus, da ohne diese auch keine Ausweichmöglichkeiten für den Nachfrager bestehen würden. Hier zeigt sich wiederum, dass nur schwerlich zwischen einem unabhängigen Verhaltensspielraum gegenüber den Wettbewerbern und gegenüber der Marktgegenseite getrennt werden kann.

h) Interessen der Zwischen- und Endverbraucher

Zwischen- und Endverbraucher sind alle direkten oder mittelbaren Abnehmer von Waren oder Dienstleistungen.[143] Das Interesse der Verbraucher kann in Anlehnung an Art. 81 Abs. 3 EG konkretisiert werden als das Interesse an niedrigen Preisen und guter Qualität von Produkten, einer Vielzahl von Wahlmöglichkeiten, einem erweiterten Angebot oder regelmäßiger Belieferung.[144]

Diese Interessen werden normalerweise durch eine konsequente Wettbewerbspolitik im Endeffekt erreicht.[145] Die Erwähnung der Interessen der Zwischen- und Endverbraucher kann jedoch keinen Beitrag zum Feststellen eines unabhängigen Verhaltensspielraums des durch den Zusammenschluss neu entstandenen Unternehmens leisten. Die Kommission zieht dementsprechend dieses Kriterium nicht bei der Prüfung der Marktbeherrschung heran.[146] In der Literatur wird ihm daher teilweise auch nur eine deklaratorische Bedeutung beigemessen.[147] Teile der Literatur sehen hier mögliche Einfallstore für die Industriepolitik in die Fusionskontrolle.[148]

An dieser Stelle ist festzuhalten: Das Kriterium kann nicht zur Begründung einer marktbeherrschenden Stellung herangezogen werden. Ihm kann aber auch keine rein deklaratorische Bedeutung zukommen. Denn für diese Bedeutung hätte eine Erwähnung in den Erwägungsgründen der Verordnung Nr. 4064/89 ausgereicht. Die Interessen der Zwischen- und Endverbraucher sind jedoch im zentralen Art. 2 der Verordnung Nr. 4064/89 genannt. Das Kriterium beschreibt daher kein Fernziel, sondern ein Nahziel und ist somit unmittelbar bei der konkreten Prüfung des Zusammenschlusses durch die Kommission zu berücksichtigen.[149] Es ist daher zu prüfen, ob dieses Kriterium nicht bei dem Tatbestandsmerkmal der „erheblichen Behinderung wirksamen

---

[142] Kom. E. v. 25. 11. 1998 Az. IV/M. 1225 *Enso/Stora*.
[143] *Rösler* NZG 2000, 864.
[144] *Blank*, 235; *Rösler* NZG 2000, 864.
[145] *Immenga* in Immenga/Mestmäcker Art. 2 FKVO Rn. 165.
[146] *Drauz/Schroeder*, 167.
[147] *Immenga* in Immenga/Mestmäcker Art. 2 FKVO Rn. 167.
[148] *Bechtold* RIW 1990, 167; *Miersch*, 47ff; *Röhling* ZIP 1990, 1181.
[149] Im Ergebnis auch, *Bechtold* RIW 1990, 258; *Bergau*, 248.

Wettbewerbs" des Art. 2 Abs. 3 der Verordnung Nr. 4064/89 berücksichtigt werden kann.

i) Technischer und wirtschaftlicher Fortschritt

Die Kommission hat bei ihrer Beurteilung des Zusammenschlusses nach Art. 2 Abs. 1 lit. b Verordnung Nr. 4064/89 auch die Entwicklung des technischen und wirtschaftlichen Fortschritts zu berücksichtigen, sofern diese dem Verbraucher dient und den Wettbewerb nicht behindert. Das Kriterium ist ein Relikt der alten Ausnahmetatbestände, die in den verschiedenen Entwürfen zur Fusionskontrollverordnung vorgesehen waren.[150] Zur Beantwortung der Frage, ob ein Unternehmen gegenüber seinen Wettbewerbern und gegenüber seinen Abnehmern über einen unabhängigen Verhaltensspielraum verfügt, kann das Kriterium der Entwicklung des technischen und wirtschaftlichen Fortschritts nur wenig beitragen. Allenfalls könnte man auf den technischen Vorsprung gegenüber den Wettbewerbern abstellen, der es dem neuen Unternehmen ermöglicht sich unabhängig zu verhalten. Oder man könnte auf den Wettbewerbsdruck abstellen, der durch die Entwicklung neuer Produkte auf das neue Unternehmen einwirken kann.[151] Die Kommission hat solche Überlegungen in ihrer Praxis jedoch nicht angestellt.

Die Entwicklung des technischen und wirtschaftlichen Fortschritts darf nach dem Wortlaut des Art. 2 Abs. 1 lit. b der Verordnung Nr. 4064/89 nur berücksichtigt werden, sofern diese dem Verbraucher dient und den Wettbewerb nicht behindert. Dieser Zusatz, der eine deutliche Parallele zu Art. 81 Abs. 3 EG aufweist, legt es nahe, dieses Kriterium als Rechtfertigungsgrund auszulegen, der es erlaubt einen Zusammenschluss freizugeben, obwohl er eine marktbeherrschende Stellung begründet oder verstärkt, durch die wirksamer Wettbewerb erheblich behindert wird.

Gegen eine solche Auslegung sprechen jedoch gewichtige systematische Argumente. In Art. 2 Abs. 3 der Verordnung Nr. 4064/89 wird eindeutig festgelegt, dass ein Zusammenschluss zu untersagen ist, wenn er eine marktbeherrschende Stellung begründet oder verstärkt, durch die wirksamer Wettbewerb erheblich behindert würde. Der Abs. 1 des Art. 2 der Verordnung Nr. 4064/89 enthält dagegen nur Kriterien, die bei der Beurteilung des Zusammenschlusses zu berücksichtigen sind. Es kann aber nicht aus einem einzelnen Kriterium ein eigenständiger Ausnahmetatbestand hergeleitet werde.

Das Kriterium der Entwicklung des technischen und wirtschaftlichen Fortschritts kann daher weder zur Feststellung einer marktbeherrschenden Stellung herangezogen werden noch kann es als selbstständiger Ausnahmetatbestand interpretiert werden.

In mehreren Entscheidungen prüfte die Kommission, nachdem sie die Begründung einer marktbeherrschenden Stellung untersucht hatte, ob sich unter Berücksichtigung der Entwicklung des technischen und wirtschaftlichen Fortschritts eine andere Bewertung des Zusammenschlusses ergebe.[152] In keiner dieser Entscheidungen sah die

---

[150] *Schmidt, Christian R*, 97; siehe hierzu auch Seite 50ff. dieser Arbeit.

[151] Vgl. hierzu ausführlich *Schmidt, Christian R*, 93ff.

[152] Kom. E. v. 2. 10. 1991 Az. IV/M. 53 *Aerospatiale/de Havilland*; Kom. E. v. 9. 11. 1994 Az. IV/M. 469 *MSG- Media Service;* Kom E. v. 19. 7. 1995 Az. IV/M. 490 *Nordic Satellite Distribution*; Kom. E. v. 24. 4. 1996 Az. IV/M. 619 *Gencor/Lonrho* Kom E. v.

Kommission es als gewährleistet an, dass der technische und wirtschaftliche Fortschritt auch an die Verbraucher weitergegeben wird und nicht den Wettbewerb behindert. Da bereits die Voraussetzungen für eine Berücksichtigung nach Ansicht der Kommission nicht gegeben waren, musste sie nicht entscheiden, ob die Entwicklung des technischen und wirtschaftlichen Fortschritts das Begründen oder Verstärken einer marktbeherrschenden Stellung rechtfertigen kann.
In der Literatur wird teilweise vorgeschlagen, dass ein Zusammenschluss bei Zweifeln über die Vereinbarkeit des Zusammenschlusses mit dem Gemeinsamen Markt in Hinblick auf seine positiven Auswirkungen auf die Entwicklung des technischen und wirtschaftlichen Fortschritts für vereinbar mit dem Gemeinsamen Markt erklärt werden kann.[153] Diese Auslegung kann jedoch nicht überzeugen. Die Kommission muss feststellen, dass der Zusammenschluss eine beherrschende Stellung, die wirksamen Wettbewerb erheblich behindert, begründet oder verstärkt, um einen Zusammenschluss für unvereinbar mit dem Gemeinsamen Markt zu erklären. Bloße Zweifel reichen nicht aus. Bei dieser Auslegung wäre die Bedeutung des Kriteriums der Entwicklung des technischen und wirtschaftlichen Fortschritts daher gleich null.[154]
Es ist hier festzuhalten, dass das Kriterium der Entwicklung des technischen und wirtschaftlichen Fortschritts weder zur Begründung der marktbeherrschenden Stellung herangezogen werden kann, noch als Ausnahme zum Untersagungstatbestand verstanden werden kann. Weder der Praxis noch der Literatur ist eine zufrieden stellende Lösung des Problems gelungen. Für die Auslegung des Tatbestandsmerkmals der „erheblichen Behinderung wirksamen Wettbewerbs" im Sinne der Verordnung Nr. 4064/89, stellt sich daher die Aufgabe, dem Kriterium der „Entwicklung des technischen und wirtschaftlichen Fortschritts" einen sinnvollen Beitrag bei der Beurteilung von Zusammenschlüssen zuzuweisen.

III. Zusammenfassung

Ein Unternehmen ist marktbeherrschend, wenn es über die Macht verfügt, sich seinen Wettbewerbern, Abnehmern und letztlich den Verbrauchern gegenüber in einem nennenswerten Umfang unabhängig zu verhalten. Ausschlaggebendes Kriterium bei der Marktbeherrschungsprüfung ist, ob das Unternehmen noch einem ausreichenden Wettbewerbsdruck seitens seiner Wettbewerber und Abnehmer ausgesetzt ist. Führt der Zusammenschluss zu einer Verringerung des Wettbewerbdrucks, so dass sich die beteiligten Unternehmen infolge dessen unabhängig gegenüber ihren Wettbewerbern und Abnehmern verhalten können oder wird dieser Verhaltensspielraum durch die Verringerung des Wettbewerbdrucks vergrößert, so ist der Zusammenschluss zu untersagen. Die Frage, ob und in welchem Ausmaß sich der Wettbewerbsdruck durch den Zusammenschluss verringert,

---

4. 12. 1996 Az. IV/M. 774 *Saint-Gobain/Wacker-Chemie/NOM*; Kom. E. v. 27. 5. 1998 Az. IV/M. 993 *Bertelsmann/Kirch/Premiere*.

[153] *Immenga*, 29; *ders.* WuW 1990, 377; *ders.* in Immenga/Mestmäcker Art. 2 FKVO Rn. 178; *Schmidt, Christian R.*, 153ff; *Kinne*, 125, 365; *Wagemann* in Wiedemann § 16 Rn. 66.

[154] Vgl. hierzu auch Seite 95f.

beurteilen die Kommission und die Gerichte anhand der oben aufgezählten Kriterien.
Die in Art. 2 Abs. 1 lit. b der Verordnung Nr. 4064/89 genannten Kriterien „die Interessen der Zwischen- und Endverbraucher" sowie „die Entwicklung des technischen und wirtschaftlichen Fortschritts" können nicht zur Bestimmung der Marktbeherrschung herangezogen werden.

5. Kapitel: Kollektive Marktbeherrschung

I. ökonomischer Hintergrund und Begriffsbestimmung

Unter kollektiver Marktbeherrschung wird die marktbeherrschende Stellung einer Mehrzahl voneinander unabhängiger Unternehmen auf einem Referenzmarkt verstanden. Die Mitglieder des marktbeherrschenden Oligopols treten gemeinsam nach außen auf. Durch dieses gleichförmige Auftreten der Oligopolmitglieder und durch die fehlenden Angebote anderer Wettbewerber verbleiben dem Abnehmer keine Ausweichmöglichkeiten auf andere Angebote als die des Oligopols. Kollektive Marktbeherrschung kann daher zu überhöhten Preisen, zu vermindertem Qualitäts- und Innovationswettbewerb und zur Entwicklung ineffizienter Unternehmensstrukturen führen.[155]
Das gemeinsame Auftreten der Oligopolmitglieder kann auf zwei von einander zu unterscheidende Sachverhalte zurückgeführt werden. Die Oligopolmitglieder können aufgrund abgestimmter Verhaltensweisen gemeinsam handeln. Dieses Vorgehen ist grundsätzlich nach Art. 81 Abs. 1 EG verboten. Man spricht hier von „explicit collusion".
Ein gemeinsames Auftreten nach außen kann sich aber auch allein aus der Marktstruktur ergeben. Die einzelnen Unternehmen handeln zwar autonom und ohne Abstimmung ihres Verhaltens im Sinne des Art. 81 EG, sie treffen ihre strategischen Entscheidungen aber unter Berücksichtigung der wahrscheinlichen Verhaltensweisen ihrer Konkurrenten. Dieses kann dazu führen, dass die Oligopolisten für sich erkennen, dass sie ihren Gewinn gegenüber dem Gewinn bei wettbewerblichem Verhalten steigern können, wenn alle Oligopolmitglieder höhere Preise festsetzen oder eine geringere Menge produzieren. Im Ergebnis treten dann die Oligopolmitglieder gemeinsam nach außen auf. Man spricht hier auch von „tacit collusion".[156] Bei der Beurteilung von Kartellabsprachen bezeichnet man eine solche Situation auch als „autonomes Parallelverhalten", um sie von den verbotenen abgestimmten Verhaltensweisen im Sinne des Art. 81 EG zu unterscheiden. Die „Kernfrage" der ökonomischen und wettbewerblichen Analyse besteht darin, welche Strukturfaktoren eines spezifische Marktes dieses gleichförmige Verhalten fördern oder unter welchen Marktbedingungen mit einem wirksamen Wettbewerb zwischen den Oligopolmitgliedern zu rechnen ist.[157]

---

[155] Vgl. hierzu anstatt vieler *Albers/Hacker* in Schröter/Jakob/Mederer Art. 2 FKVO Rn. 314; *Bishop/Walker* Tz. 6.21ff.
[156] Der Begriff „tacit collusion" stammt aus den Wirtschaftswissenschaften. Die Übernahme in die Rechtswissenschaft hat zu Missverständnissen geführt, da Kartellrechtler „collusion" oft mit verbotenen abgestimmten Verhaltensweisen gleichsetzen; *Temple Lang*, Fordham Corporate Law Institute 2001, 331.
[157] *Haupt* EWS 2002, 362.

Sowohl die „explicit collusion“ als auch die „tacit collusion“ führen zu einem gleichförmigen Auftreten der Oligopolmitglieder und daher mangels Ausweichmöglichkeit der Abnehmer zu einem Wohlfahrtsverlust. Diese Wohlfahrtsverluste, die durch ein gemeinsames Vorgehen der Oligopolmitglieder entstehen, bezeichnet man auch als koordinierte Effekte „coordinated effects“.

II. Kollektive Marktbeherrschung in Verwaltungspraxis und Rechtsprechung

Ob die alte Fusionskontrollverordnung Nr. 4064/89 überhaupt auf Fälle der kollektiven Marktbeherrschung angewandt werden kann, war anfangs umstritten und wird teilweise heute noch von einigen Autoren in Frage gestellt.[158] Die Kommission stellte in ihrer Grundsatzentscheidung *Nestlé /Perrier* fest, dass die Fusionskontrolle auch auf Fälle kollektiver Marktbeherrschung anwendbar sei, da ansonsten eine Lücke im Schutz des Wettbewerbs entstehen würde.[159] Die Gerichte haben die Anwendbarkeit der Fusionskontrolle auf Fälle kollektiver Marktbeherrschung bestätigt.[160]

Ein Zusammenschluss begründet oder verstärkt nach dem Grundsatzurteil *Kali und Salz* des EuGH dann eine marktbeherrschende Stellung, wenn er „*zu einer Situation führt, in der ein wirksamer Wettbewerb auf dem relevanten Markt von den zusammengeschlossenen Unternehmen und einem oder mehreren dritten Unternehmen, die insbesondere aufgrund der zwischen ihnen bestehenden verbindenden Faktoren zusammen die Macht zu einheitlichem Vorgehen auf dem Markt und in beträchtlichem Umfang zu einem Handeln unabhängig von den anderen Wettbewerbern, ihrer Kundschaft und letztlich den Verbrauchern besitzen, erheblich behindert wird.*“[161] Diese Definition enthält zwei Voraussetzungen: Erstens müssen die Unternehmen einheitlich auf dem Markt auftreten. Dieses bedeutet, dass sie nicht untereinander im Wettbewerb stehen dürfen. Zweitens müssen die Unternehmen in der Lage sein, sich unabhängig von den außen stehenden Wettbewerbern und den Abnehmern zu verhalten. Die Oligopolmitglieder dürfen also auch keinem wesentlichen Wettbewerbsdruck von außen ausgesetzt sein.

Diese Grundvoraussetzungen wurden durch die Kommissionspraxis[162] und vor allem durch die Rechtsprechung des EuG[163] weiterentwickelt. Seinen vorläufigen Abschluss fand diese Entwicklung im *Airtours* Urteil des EuG.[164] Das EuG führt zunächst in seinem Urteil aus, dass sich eine kollektive Marktbeherrschung dann aus einem Zusammenschluss ergeben könne, wenn dieser aufgrund von Marktbedingungen und der Veränderung der Marktstruktur dazu führe, dass „*jedes Mitglied des beherrschenden Oligopols es in Wahrnehmung der gemeinsamen*

[158] Vgl. die sehr ausführlich begründete Auffassung von *Hahn*, 67ff.

[159] Kom. E. v. 22. 7. 1992 Az. IV/M. 190 *Nestlé/Perrier*, Tz. 112ff.

[160] EuGH U. v. 31.3.1998 verb. Rs. C-68/94 und C-30/95 *Frankreich/Kom.*; EuG U. v. 25. 3. 1999 Rs. T-102/96 *Gencor/Kom.*; EuG U. v. 6. 6. 2002 Rs. T-342/1999 *Airtours/Kom.*

[161] EuGH U. v. 31. 3. 1998 verb. Rs. C-68/94 und C-30/95 *Frankreich/Kom.*, Tz. 221.

[162] Kom. E. v. 24. 4. 1996 Az. IV/M. 619 *Gencor/Lonrho*; Kom. E. v. 25. 11. 1998 Az. IV/M. 1225 *Enso/Stora*; Kom. E. v. 22. 9. 1999 Az. IV/M. 1524 *Airtours/First Choice*.

[163] EuG U. v. 25. 3. 1999 Rs. T-102/96 *Gencor/Kom.*, Tz. 276ff; EuG U. v. 6. 6. 2002 Rs. T-342/99 *Airtours/Kom.*, Tz. 62ff.

[164] EuG U. v. 6. 6. 2002 Rs. T-342/99 *Airtours/Kom.*

Interessen für möglich, wirtschaftlich vernünftig und daher ratsam hält, dauerhaft einheitlich auf dem Markt vorzugehen, um zu höheren als den Wettbewerbspreisen zu verkaufen, ohne zuvor eine Vereinbarung im Sinne von Artikel 81 EG treffen oder auf eine abgestimmte Verhaltensweise in Sinne dieser Vorschrift zurückgreifen zu müssen (in diesem Sinne Urteil Gencor/Kommission, Randnr. 277) und ohne dass die tatsächlichen oder potenziellen Wettbewerber oder die Kunden und Verbraucher wirksam reagieren können.“ [165] Hierdurch stellt das EuG eindeutig klar, dass für ein gemeinsames Vorgehen der Oligopolmitglieder es keiner strukturellen Verbindungen oder abgestimmter Verhaltensweisen im Sinne des Art. 81 EG bedarf. Es reicht vielmehr aus, wenn der Zusammenschluss die Marktbedingungen so verändert, dass es den Oligopolmitgliedern möglich ist, ihre strategischen Entscheidungen unter Berücksichtigung der wahrscheinlichen Verhaltensweisen der anderen Oligopolmitglieder zu treffen und hierdurch kein effektiver Wettbewerb mehr zwischen den Oligopolmitgliedern stattfindet (tacit collusion).

Für die Annahme einer solchen marktbeherrschenden Stellung forderte das EuG das Vorliegen von folgenden drei Voraussetzungen:[166] Als erstes muss jedes Mitglied des beherrschenden Oligopols das Verhalten der anderen Mitglieder in Erfahrung bringen können, um festzustellen, ob sie gemeinsam vorgehen oder nicht. Hierfür muss der Markt hinreichend transparent sein. Als zweites muss ein Anreiz für die Unternehmen bestehen, nicht vom gemeinsamen Vorgehen auf dem Markt abzuweichen, damit eine stillschweigende Koordinierung auf dem Markt erfolgen kann. Dieser Anreiz besteht nach Auffassung des EuG nur dann, wenn genügend „Abschreckungsmittel“ dafür sorgen, nicht vom gemeinsamen Parallelverhalten abzuweichen. Jedes Oligopolmitglied muss wissen, dass jede auf Vergrößerung seines Marktanteils gerichtete, stark wettbewerbsorientierte Maßnahme seinerseits die gleiche Maßnahme seitens der anderen Oligopolmitglieder auslösen würde, so dass es keinerlei Vorteil aus seiner Initiative ziehen könnte. Als drittes forderte das EuG, dass die voraussichtliche Reaktion der tatsächlichen und potentiellen Konkurrenten sowie der Verbraucher die erwarteten Ergebnisse des gemeinsamen Vorgehens nicht in Frage stellen.

Wesen der kollektiven Marktbeherrschung ist es, dass die Oligopolmitglieder aufgrund der Marktbedingungen sich wahrscheinlich gleichförmig verhalten werden und unabhängig von ihren Abnehmern und von den Außenseitern des Oligopols einheitlich auftreten können.

III. Kriterien zur Beurteilung von kollektiver Marktbeherrschung

Grundsätzlich beurteilt die Kommission die Frage der Begründung oder Verstärkung einer kollektiven Marktbeherrschung nach denselben Kriterien wie die Frage der Begründung oder Verstärkung einer Einzelmarktbeherrschung.[167] Hier soll daher nur auf einige Besonderheiten der Beurteilung bei Fragen der kollektiven Marktbeherrschung eingegangen werden.

---

[165] EuG U. v. 6. 6. 2002 Rs. T-342/99 *Airtours/Kom.*, Tz. 61.
[166] EuG U. v. 6. 6. 2002 Rs. T-342/99 *Airtours/Kom.* Tz. 62ff.
[167] Vgl. zu den Kriterien der Einzelmarktbeherrschung ab Seite 19ff.

Ausgangspunkt und primäres Kriterium bei der Beurteilung von Zusammenschlüssen ist die Marktkonzentration. Entscheidend ist hier vor allem die Anzahl der Oligopolteilnehmer. Bisher hat die Kommission fast ausschließlich Zusammenschlüsse aufgrund einer kollektiven Marktbeherrschung untersagt, die zu einem Dyopol geführt hätten.[168] Die einzige Untersagungsentscheidung der Kommission, bei der der Zusammenschluss zu einem Dreier-Oligopol geführt hätte,[169] hob das EuG aufgrund des mangelhaften Nachweises einer marktbeherrschenden Stellung seitens der Kommission wieder auf.[170] Allgemein lässt sich festhalten, dass die Kommission Zusammenschlüssen, die zu einem Dyopol mit einem Marktanteil von über 50 % führen, sehr kritisch gegenüber steht. Eine immer stärkere Rolle bei der Beurteilung der Frage einer kollektiven Marktbeherrschung spielt der Herfindahl-Hirschman-Index (im Folgenden: HHI). Dieser errechnet sich aus der Summe der mit sich selbst multiplizierten Marktanteile sämtlicher Marktteilnehmer.[171] Die Kommission wertete es als Indiz für eine marktbeherrschende Stellung, wenn der HHI nach der Fusion über 2000 Punkte beträgt[172] oder durch die Fusion um mehr als 150 Punkte ansteigt[173].[174]

Der Markt muss einen gewissen Grad an Transparenz aufweisen, ansonsten ist ein gemeinsames Vorgehen der Oligopolmitglieder nicht möglich.[175] Die Markttransparenz kann sich zum Beispiel daraus ergeben, dass die Produkte an der Börse gehandelt werden[176] oder es sich um relativ homogene Produkte handelt. Strukturelle Verflechtungen der Oligopolmitglieder können zu einer erhöhten Transparenz des Marktes führen und für die Annahme einer marktbeherrschenden Stellung sprechen.[177]

Bei der Beurteilung, ob sich die Unternehmen in Zukunft nach der Fusion gleichförmig verhalten werden, zieht die Kommission auch das Verhalten der Unternehmen in der Vergangenheit für ihre Prognose heran. Haben die Oligopolmitglieder bereits in der Vergangenheit ihr

---

[168] Kom. E. v. 22. 7. 1992 Az. IV/M. 190 *Nestlé/Perrier,* Tz. 20; Kom. E. v. 24. 4. 1996 Az. IV/M. 619 *Gencor/Lonrho*; verneinend: Kom. E. v. 20. 6. 2001 Az. COMP/M. 2201 *MAN/Auwärter.*

[169] Kom. E. v. 22. 9. 1999 Az. IV/M. 1524 *Airtours/First Choice.*

[170] EuG U. v. 6. 6. 2002 Rs. T-342/99 *Airtours/Kom.*

[171] Der HHI reicht von nahezu 0 bei einem völlig atomisierten Markt bis 10.000 bei einem reinen Monopol. Bsp.: Bei fünf Anbietern mit einem Marktanteil von jeweils 30%, 20%, 20%, 15% und 15 % beträgt der HHI 2150 Punkte ($30^2 + 20^2 + 20^2 + 15^2 + 15^2$).

[172] Kom. E. v. 22. 9. 1999 Az. IV/M. 1524 *Airtours/First Choice*, Tz. 139.

[173] Kom. E. v. 25. 11. 1998 Az. IV/M. 1225 *Enso/Stora*, Tz. 67.

[174] Die Kommission gibt nunmehr in Textziffer 20 ihrer Bekanntmachung, Leitlinien zur Bewertung horizontaler Zusammenschlüsse gemäß der Ratsverordnung über die Kontrolle von Unternehmenszusammenschlüssen, vom 28. 1. 2004, (im folgenden: Leitlinien) Richtgrößen vor. Danach liegen in der Regel keine Wettbewerbsbedenken vor, wenn der HHI nach dem Zusammenschluss unterhalb von 1000 Punkten liegt oder wenn er nach dem Zusammenschluss zwischen 1000 und 2000 Punkten liegt, sich aber durch den Zusammenschluss nicht mehr als 250 Punkte erhöht oder wenn der HHI nach dem Zusammenschluss zwar über 2000 Punkte liegt, der Zusammenschluss aber nur zu einer Erhöhung von unter 150 Punkten führt.

[175] EuG U. v. 6. 6. 2002 Rs. T-342/99 *Airtours/Kom.*, Tz. 62; vgl. auch Kom E. v. 4. 12. 2000 Az. COMP/ECSC 1342 *Outokumpu/Avesta Sheffield*, Tz. 31.

[176] Kom. E. v. 24. 4. 1996 Az. IV/M. 619 *Gerncor/Lonrho,* Tz. 144ff.

[177] Kom. E. v. 29. 9. 1999 Az. IV/M. 1383 *Exxon/Mobile,* Tz. 480.

Verhalten koordiniert, so geht die Kommission von der Regel aus, dass die Fusion diese Koordinierung noch verstärken würde.[178]
Gleiche Kostenstrukturen und eine ähnliche vertikale Integration der Oligopolmitglieder erleichtern ein gleichförmiges Vorgehen.

IV. Zusammenfassung

Entscheidend bei der Frage der Begründung oder Verstärkung einer kollektiven Markbeherrschung ist, ob der Zusammenschluss die Marktstruktur so verändert, dass sie ein gleichförmiges Verhalten der Oligopolmitglieder ermöglicht oder ein bereits existierendes gleichförmiges Verhalten der Oligopolmitglieder verstärkt. Das EuG hat für das Vorliegen einer kollektiven Marktbeherrschung drei Voraussetzungen aufgestellt:
(i) Jedes Oligopolmitglied muss das Verhalten der anderen Oligopolmitglieder in Erfahrung bringen können (Markttransparenz).
(ii) Es muss ein Anreiz für jedes Unternehmen bestehen, nicht von dem gemeinsamen Vorgehen abzuweichen (Abschreckungsmittel).
(iii) Die Ergebnisse des gemeinsamen Vorgehens dürfen weder von den Wettbewerbern noch von den Abnehmern (Verbrauchern) in Frage gestellt werden.
Die Rechtsprechung fordert somit ein gleichförmiges Verhalten der Oligopolmitglieder. Handeln die Oligopolmitglieder dagegen individuell und unabhängig voneinander, so liegt keine kollektive Marktbeherrschung vor. Dieses gilt auch dann, wenn für das fusionierte Unternehmen nach der Fusion ein Anreiz bestehen sollte, seine Preise zu erhöhen oder die Produktionsmenge zu verringern.[179] Die kollektive Marktbeherrschung umfasst daher nach der Rechtsprechung nur koordinierte Effekte. Die von der Rechtsprechung vorgenommene Beschränkung der kollektiven Marktbeherrschung auf koordinierte Effekte ist überzeugend. Denn es ist kaum vertretbar, von einer *gemeinsamen* oder *kollektiven* Marktbeherrschung zu sprechen, wenn die Oligopolmitglieder sich *individuell* und *unabhängig* voneinander verhalten. In dieser Arbeit wird daher im Folgenden davon ausgegangen, dass unilaterlale Effekte nicht mit Hilfe der kollektiven Marktbeherrschung erfasst werden können.

6. Kapitel: Funktion des Tatbestandsmerkmals der erheblichen Behinderung wirksamen Wettbewerbs in Literatur und Praxis

I. Stand in der Literatur

In der wissenschaftlichen Literatur gibt es zwei verschiedene Grundauffassungen über die Bedeutung des Tatbestandsmerkmals der „erheblichen Behinderung wirksamen Wettbewerbs“ im Sinne des Art. 2 der Verordnung Nr. 4064/89. Ein Teil der Literatur geht von einer hundertprozentigen Kongruenz des Bedeutungsinhalts des Tatbestandsmerkmals der „Begründung oder Verstärkung einer beherrschenden Stellung“ und des Tatbestandsmerkmals der „erheblichen Behinderung wirksamen Wettbewerbs“ aus. Dem Tatbestandsmerkmal der „erheblichen Behinderung wirksamen Wettbewerbs“ wird hier

[178] Kom. E. v. 22. 7. 1992 Az. IV/M. 190 *Nestlé/Perrier,* Tz. 117.
[179] Siehe zu diesen unilateral effects unter Seite 69ff.

entweder eine rein beschreibende Funktion für den Marktbeherrschungsbegriff zugewiesen[180] oder es wird als überflüssige Tautologie angesehen[181]. Der andere Teil der Literatur sieht die „erhebliche Behinderung wirksamen Wettbewerbs“ als eigenständiges Tatbestandsmerkmal, wobei die Meinungen über die Funktion dieser eigenständigen Bedeutung im Einzelnen weit auseinander gehen.

1. Beschreibende Funktion

Die Autoren, die dem Tatbestandsmerkmal der erheblichen Behinderung höchstens eine beschreibende Funktion der Marktbeherrschung zubilligen,[182] gehen bei ihrer Argumentation von der Definition der marktbeherrschenden Stellung durch den EuGH aus.[183] Danach ist eine marktbeherrschende Stellung eine wirtschaftliche Machtstellung eines Unternehmens, die dieses in die Lage versetzt, die Aufrechterhaltung wirksamen Wettbewerbs auf dem betroffenen Markt zu verhindern, indem sie dem Unternehmen die Möglichkeit verschafft, sich seinen Wettbewerbern, Abnehmern und letztlich den Verbrauchern gegenüber unabhängig zu verhalten.[184] Sei das Fehlen von Wettbewerbsdruck und somit das Fehlen von Wettbewerb selbst bereits Teil der Prüfung, ob eine marktbeherrschende Stellung vorliege oder nicht, so habe es aus wettbewerbstheoretischer Sicht wenig Sinn, im Rahmen des Art. 2 der Verordnung Nr. 4064/89 zwischen Marktbeherrschung und der erheblicher Behinderung wirksamen Wettbewerbs zu unterscheiden.[185]

2. Eigenständige Bedeutung

Autoren, die sich für eine eigenständige Bedeutung des Tatbestandsmerkmals der „erheblichen Behinderung wirksamen Wettbewerbs“ aussprechen,[186] führen häufig den Wortlaut des Artikels 2

---

[180] *Immenga* in Immenga/Mestmäcker Art. 2 Rn. 22.

[181] *Deimel*, 33.

[182] *Albers* in Groben/Thiesing/Ehlermann, Art. 2 FKVO Rn. 471; *Camesasca* ECLR 1999, 24; *Deimel*, 32ff.; *Downes/MacDougall* ELR 1994, 287; *Ehlermann* WuW 1991, 534; *Einsele*, Beilage 2 zu RIW 1992, 22; *Feldmann* WRP 1990, 577; *Hahn*, 117f; v. *Hinten-Reed/Camesasca/Schedl* RIW 2003, 325; *Immenga* in Immenga/Mestmäcker Art. 2 Rn. 19ff; *ders.* WuW 1990, 371; *Kerber*, 24; *Kleinmann* BB 1999, 967; im Ergebnis wohl auch *Landzettel*, 119, 193; *Löffler* in Langen/Bunte Art. 2 FKVO Rn. 9; *ders.* in Löffler Art. 2 Rn. 9; *Niederleithinger* in FS Quack, 650; *Röhling* ZIP 1990, 1179, der jedoch bei der Marktbeherrschung auch nichtwettbewerbliche Kriterien berücksichtigen will; *Rösler* in FK Art. 2 FKVO Rn. 221; *Schmidt, Christian R.*, 90f; *Sedemund/Montag* in Dauses, H. I. Rn. 315; *Veelken* in Veelken, 18f; *Vonnemann* DB 1990, 569, der jedoch bei der Marktbeherrschung durch das Merkmal der erheblichen Behinderung der Kommission eine große Flexibilität bei der Beurteilung von Zusammenschlüssen einräumen möchte.

[183] *Downes/MacDougall* ELR 1994, 287; *Kerber*, 24; *Immenga* in Immenga/Mestmäcker Art. 2 Rn. 19ff; *ders.* WuW 1990, 371.

[184] Kom. E. v. 7. 11. 1990 Az. IV/M. 4 *Renault/Volvo*, Tz. 14; Kom. E. v. 12. 4. 1991 Az. IV/M. *42 Alcatel/Telettra* Abl. 1991; zu Art. 86 EGV (jetzt 82 EG) EuGH U. v. 14. 2. 1978 Rs. 27/76 *United Brands/Kom.* Slg. 1978, 207.

[185] *Kerber*, 24; *Bishop/Walker*, Tz. 6.07.

[186] *Adt* in Groeben/Schwarze, Rn. 278; *Albers*, FIW Heft 146, 107; *Axster* in FS Quack, 582; *Bechtold* RIW 1990, 257; *Bellamy/Child* Tz. 6-137ff; *Brittan* ELR 1990, 354; *Langeheine*, Fordham Corporate Law Institute 1990, 484f; *Lowe* (2002 I), 5; *Montag/Wolfsgruber*, 297; *Niemeyer*, 22; *Selvam* ECLR 2004, 61ff.; *Venit*, Fordham Corporate Law Institute 1990, 544; *Weitbrecht*, EuZW 1990, 20; *Schröter*, FIW Heft

der Verordnung Nr. 4064/89 für sich ins Feld.[187] Bei der Auslegung von Gesetzen muss grundsätzlich jedem Wort ein Sinn zukommen, ein Satz, ein Absatz oder ein Artikel dürfen nicht gegenstandslos bleiben.[188] Schon allein das verknüpfende Wort „durch" zeige deutlich, dass ein Kausalzusammenhang zwischen „beherrschender Stellung" und einer „erheblichen Behinderung wirksamen Wettbewerbs" besteht.[189] Diesem Kausalzusammenhang würde man aber nicht gerechnet, wenn man dem Tatbestandsmerkmal der „erheblichen Behinderung wirksamen Wettbewerbs" lediglich eine beschreibende Funktion zuweise. Die Vorstellungen, welche konkrete Bedeutung dem Tatbestandsmerkmal der erheblichen Behinderung zukommt, sind äußerst mannigfaltig, weichen aber oft nur in Nuancen voneinander ab.

Häufig beschränken sich die Autoren darauf festzustellen, dass dem Tatbestandsmerkmal der „erheblichen Behinderung wirksamen Wettbewerbs" eine eigenständige Bedeutung zukommt, ohne näher zu erläutern, worin diese Bedeutung eigentlich liegt. So geht zum Beispiel *Stockenhuber*[190] zwar davon aus, dass nach dem Wortlaut das Tatbestandsmerkmal der „erheblichen Behinderung wirksamen Wettbewerbs" eine eigenständige Bedeutung haben müsse, dann fährt er aber fort, dass der erheblichen Behinderung wirksamen Wettbewerbs demgegenüber (gemeint ist gegenüber dem Tatbestandsmerkmal der „Begründung oder Verstärkung einer beherrschenden Stellung") für die Zwecke der präventiven Zusammenschlusskontrolle kein konkreter Bedeutungsinhalt zukomme. Dieses wird damit begründet, dass das Tatbestandsmerkmal allgemein bleiben muss, um der Kommission die nötige Flexibilität zu gewährleisten.

Im Folgenden sollen fünf mögliche Funktionen des Tatbestandsmerkmals der „erheblichen Behinderung wirksamen Wettbewerbs" aufgezeigt werden, die man aus der Vielzahl der unterschiedlichen Auffassungen herausfiltern kann.

a) Zeitlich dynamische Funktion

Ein großer Teil der Literatur sieht die Funktion des Tatbestandsmerkmals der „erheblichen Behinderung wirksamen Wettbewerbs" in dem dynamischen Faktor Zeit.[191] Eine marktbeherrschende Stellung, die nur eine gewisse Zeit bestehe, habe keine erhebliche Behinderung wirksamen Wettbewerbs zur Folge.

Die Dauerhaftigkeit einer marktbeherrschenden Stellung wird jedoch schon klassischerweise bei dem Kriterium der Marktbeherrschung selbst geprüft.[192] Beim Feststellen einer marktbeherrschenden Stellung ist der potentielle Wettbewerb zu berücksichtigen; sind in Zukunft erhebliche Markteintritte zu erwarten, so liegt keine marktbeherrschende Stellung

---

Nr. 140, 92; *Schütze* in Gemeinschaftskommentar Art. 2 FKVO Rn. 118; *Stockenhuber*, 226; *Miersch*, 50; *Moosecker*, FIW Heft Nr. 153, 51.

[187] Vgl. *Stockenhuber*, 226.

[188] *Bleckmann*, Rn. 539.

[189] So *Schütze* in Gemeinschaftskommentar Art. 2 FKVO Rn. 118; *Miersch*, 50.

[190] *Stockenhuber*, 226.

[191] *Brittan* ELR 1990, 354; *Kleemann*, Fordham Corporate Law Institute 1991, 646; *Langeheine*, Fordham Corporate Law Institute 1990, 484f.; *Marko*, 171ff.; *Bellamy/Child* Tz. 6-137ff; *Riesenkampff/Lehr*, 70.

[192] So auch: *Downes/MacDougall*, ELR 1994, 289; *Kerber*, 25.

vor.[193] Auch wenn der nach dem Zusammenschluss noch verbleibende Restwettbewerb stark genug ist, um die Machtstellung der am Zusammenschluss beteiligten Unternehmen in Zukunft wieder zu begrenzen, liegt bereits keine Marktbeherrschung im Sinne des Art. 2 Abs. 3 der Verordnung Nr. 4064/89 vor.[194] Diese Auslegung des Art. 2 Abs. 3 der Verordnung Nr. 4064/89 steht daher der Meinung, die der erheblichen Behinderung nur eine beschreibende Funktion zubilligen will, sehr nahe und wird bei der Beurteilung von Zusammenschlüssen kaum zu unterschiedlichen Ergebnissen führen.

b) Quantitatives Element

Teilweise wird in dem Tatbestandsmerkmal der „erheblichen Behinderung wirksamen Wettbewerbs" ein zusätzliches quantitatives Erfordernis gesehen.[195] Danach soll nicht jede Verstärkung einer marktbeherrschenden Stellung zu einer Unvereinbarkeitserklärung des Zusammenschlusses führen. Würde durch ein Zusammenschluss der Marktanteil von 45 % um nur 2 % auf 47% erhöht, könne man argumentieren, dass der Wettbewerb nicht erheblich behindert würde. Die Einführung einer solchen De Minimis Regel muss jedoch nicht beim Tatbestandsmerkmal der „erheblichen Behinderung wirksamen Wettbewerbs" erfolgen. Sieht man den durch den Zusammenschluss erzielten Zuwachs an Unternehmensmacht als nicht erheblich an, so ist es konsequent, bereits die Verstärkung einer marktbeherrschenden Stellung zu verneinen.[196] Diese Auslegung kann letztlich dem Tatbestandsmerkmal der „erheblichen Behinderung wirksamen Wettbewerbs" keine eigenständige Bedeutung zuweisen.

c) Rein wettbewerbliche Abwägungsklausel

Einige Autoren folgern aus Art. 2 Abs. 1 lit. a. der Verordnung Nr. 4064/89, der vorschreibt, dass die Kommission unter anderem die Struktur *aller betroffenen Märkte* berücksichtigen muss, dass die Fusionskontrolle eine wettbewerbliche Abwägungsklausel enthalte.[197] Bei dem Tatbestandsmerkmal der „erheblichen Behinderung wirksamen Wettbewerbs" könnten wettbewerbliche Vorteile, die unmittelbar durch den beabsichtigten Zusammenschluss entstehen, mit den wettbewerblichen Nachteilen, die der Zusammenschluss mit sich bringt, verglichen werden. Ob bei einer solchen Abwägung auch mögliche wettbewerbliche Vorteile auf dem beherrschten Markt zu berücksichtigen sind[198] oder ob nur Vorteile auf nicht beherrschten Märkten

---

[193] Siehe *Bach* WuW 1992, 580.

[194] Diese Tatsache übersieht *Marko*, wenn er den potentiellen Wettbewerb bei der Marktbeherrschung und den Restwettbewerb bei der erheblichen Behinderung berücksichtigen will: *Marko*, 171ff.

[195] *Jones* in Jones/González-Díaz, 167.

[196] Ansätze zu einer De Minimis Regel beim Tatbestandsmerkmal der Verstärkung einer marktbeherrschenden Stellung finden sich in Kom. E. v. 25. 7. 2002 Az. COMP/M. 2333 *De Beers/LVMH*, Tz. 113.

[197] *Bechtold* EuZW 1996, 389f; *Kleemann* in FS Lieberknecht 1997, 280f; andeutend auch *Immenga* WuW 1990, 371.

[198] So *Bechtold* EuZW 1996, 391.

berücksichtigt werden können,[199] ist ähnlich wie bei der deutschen Abwägungsklausel des § 36 Abs. 1 a. E. GWB umstritten.[200]

d) Allgemeine Abwägungsklausel

Teilweise wird gefordert, bei dem Tatbestandsmerkmal der erheblichen Behinderung wirksamen Wettbewerbs einen „economique global" durchzuführen.[201] Bei dieser Abwägung sind dann nicht nur rein wettbewerbliche Kriterien zu berücksichtigen, sondern auch allgemeine gesamtwirtschaftliche Erwägungen. Nur so könne das in Art. 2 Abs. 1 lit. b der Verordnung Nr. 4064/89 genannte Kriterium der „Entwicklung des technischen und wirtschaftlichen Fortschritts" gebührend berücksichtigt werden. Auch wird die Entstehungsgeschichte als Argument für eine allgemeine Abwägung herangezogen.[202]

e) Effizienzvorteile

Im Rahmen der Neufassung der Fusionskontrollverordnung ist die Problematik der Effizienzvorteile ausführlich diskutiert worden. Vor allem in vielen Stellungnahmen zum Grünbuch der Kommission zur Neufassung der Fusionskontrolle wurde sich für die stärkere Berücksichtigung von Effizienzvorteilen ausgesprochen.[203] Nach Ansicht vieler Autoren ist eine Berücksichtigung von Effizienzvorteilen beim Tatbestandsmerkmal der „erheblichen Behinderung wirksamen Wettbewerbs" einer Berücksichtigung von Effizienzvorteilen bei der Marktbeherrschungsprüfung vorzuziehen.[204]

II. Kommissionspraxis

Die Kommission unterscheidet bei einem Großteil ihrer Entscheidungen nicht zwischen den beiden Tatbestandsmerkmalen der „Begründung oder Verstärkung einer beherrschenden Stellung" und der „erheblichen Behinderung wirksamen Wettbewerbs". Vielmehr schließt sie ihre Entscheidungen größtenteils mit der Wiederholung des Gesetzeswortlauts ab, in dem sie feststellt, dass das Zusammenschlussvorhaben nicht zu einer Begründung oder Verstärkung einer marktbeherrschenden Stellung führt, durch die wirksamer Wettbewerb erheblich behindert würde.[205] Dieses Vorgehen hat der

---

[199] So wohl *Kleemann* in FS Lieberknecht 1997, 383.

[200] Für Berücksichtigung nur auf anderen Märkten: *Schwintowski*, 130; *Schütz* in Gemeinschaftskommentar § 36 GWB Rn. 158; a. A: *Rieger* in FK § 36 GWB Rn. 72.

[201] *Miersch*, 50; *Bergau*, 261f, der jedoch bei der Abwägung den wettbewerblichen Kriterien sehr viel mehr Gewicht einräumen will als wettbewerbsfremden Kriterien; im Ergebnis wohl auch *Sauter* in FS Quack, der die Bedeutung des Tatbestandsmerkmals in einem zusätzlichen Missbrauchselement sieht.

[202] Vgl. zur Entstehungsgeschichte Seite 48ff.

[203] Siehe Stellungnahmen von: *Sherman & Sterling*, 18ff; *Cleary Gottlieb Steen & Hamilton*, 20ff., *AFEBP AGREF*, Tz 49; *Allen & Overy*, Tz. 2.2.; *American Bar Association*, 14f; *Assonime*, 4f; *Baker & McKenzie's* Tz. 4. 6.; *BDI*, 11; *Bruce Lyons*, Tz. 9; *CBI*, Tz. 58; *CEFIC*, 4; *Clifford Chance*, 7; ablehnend aber: *Bundeskartellamt*, 51 *Bundesministerium für Wirtschaft*, 29.

[204] *Mano* 31ff; *Monti/Rousseva* ELR 1999, 45; *Montag/Wolfsgruber* 314; Stellungnahmen zum Grünbuch: *Cleary Gottlieb Steen & Hamilton*, 23; *Sherman & Sterling*, 14ff.; *Baker & McKenzie's* Tz. 4. 6.

[205] Vgl. Kom. E. v. 7. 3. 2003 COMP/M. 3081 *Michelin/Viag*, Tz. 41; Kom. E. v. 24. 7. 2002 COMP/M. 2698 *Promatech/Sulzer* Tz. 91; Kom. E. v. 28. 4. 2000 COMP/M. 1836

Kommission den Vorwurf eingebracht, dass sie einer Entscheidung über die Bedeutung des Tatbestandsmerkmals der „erheblichen Behinderung wirksamen Wettbewerbs“ ausweicht.[206] In der Sache prüft die Kommission jedoch lediglich das Begründen oder Verstärken einer marktbeherrschenden Stellung.[207] In einigen Entscheidungen, stellt die Kommission auch im Wortlaut nur auf das Tatbestandsmerkmal der „Begründung oder Verstärkung einer beherrschenden Stellung“ ab, ohne das Erfordernis der erheblichen Behinderung wirksamen Wettbewerbs zu erwähnen.[208]

In ihrer ersten Untersagungsentscheidung *Aerospatiale/Alenia - de Havilland*[209] erklärte die Kommission dass, „*gemäß Art. 2 Abs. 2 der Fusionskontrolle (...) ein zur Begründung einer marktbeherrschenden Stellung führender Zusammenschluss dennoch mit dem Gemeinsamen Markt für vereinbar erklärt werden (kann), sofern eindeutig nachgewiesen werden kann, dass es sich nur um eine vorübergehende Marktbeherrschung handelt, die mit dem zu erwartenden Markteintritt starker Wettbewerber in kurzer Zeit ausgehöhlt würde. Aufgrund des Markteintritts starker Wettbewerber wäre nicht zu erwarten, dass mit der beherrschenden Stellung ein wirksamer Wettbewerb im Sinne von Art. 2 Abs. 3 der Verordnung erheblich behindert würde.*“[210] Diese Entscheidung kann dahingehend ausgelegt werden, dass das Tatbestandsmerkmal der „erheblichen Behinderung wirksamen Wettbewerbs“ die Funktion hat, Zusammenschlüsse von einer Untersagung auszunehmen, die nur eine temporäre Marktmacht zur Folge haben.[211] In anderen nachfolgenden Entscheidungen prüfte die Kommission die Auswirkungen des potentiellen Wettbewerbs und die Dauerhaftigkeit eines unabhängigen Verhaltens gegenüber den Wettbewerbern und den Verbrauchern bereits bei der Marktbeherrschung im Rahmen der Prüfung des potentiellen Wettbewerbs.[212]

Die Entscheidung der Kommission *BASF/Eurodiol/Pantochim*[213] kann dahingehend verstanden werden, dass allein die Begründung einer marktbeherrschenden Stellung nicht ausreichend für eine Untersagung des Zusammenschlusses ist.[214] In dieser Entscheidung stellte die Kommission zunächst fest, dass das Zusammenschlussvorhaben dazu führen würde, dass sich die Kunden kaum aussuchen könnten, bei wem sie ihren Bedarf an bestimmten Produkten decken. Es würde deshalb die Gefahr bestehen, dass durch den Zusammenschluss eine beherrschende Stellung der beteiligten Unternehmen auf dem relevanten Markt

---

Siemens/Bosch/Telecom Tz. 17; Kom. E. v. 26. 6. 2002 COMP/M. 2650 *Haniel/Cementbouw*, Tz. 126.

[206] *Kleinmann*, BB 1999, 966.

[207] Vgl. Kom. E. v. 26. 6. 2002 COMP/M. 2650 *Haniel/Cementbouw*, Tz. 126.

[208] Kom. E. v. 20. 12. 2002 COMP/M. 2992 *Brenntag/Biesterfeld*, Tz. 35; v. 24. 7. 2002 COMP/M. 2698 *Promtech/Sulzer*, Tz. 104; v. 18. 11. 2002 COMP/M. 2854 *Rag/Degussa*, Tz. 53.

[209] Kom. E. v. 2. 10. 1991 Az. IV/M. 53 *Aerospatiale/ de Havilland*.

[210] Kom. E. v. 2. 10. 1991 Az. IV/M. 53 *Aerospatiale/ de Havilland* Tz. 53.

[211] ähnliche Formulierungen wie im Fall *Aerospatiale* auch in Kom. E. v. 12. 11. 1992 Az. IV/M. 222 *Mannesmann/Hoesch*, Tz. 114; Kom. E. v. 4. 5. 1993 Az. IV/M 291 *KNP/Bührmann-Tetterode und VRG*, Tz. 30.

[212] Vgl. z. B. Kom. E. v. 9. 11. 1994 Az. IV/M. 469 *MSG- Media Service*, Tz. 55.

[213] Kom. E. v. 11. 7. 2001 Az. COMP/M. 2314 *BASF/Eurodiol/Pantochim*.

[214] Ausführlich zu dieser Entscheidung Seite 116ff.

begründet wird.[215] Die Kommission geht dann auf den Einwand der Sanierungsfusion ein und kommt zu dem Schluss, dass der Zusammenschluss nicht zu einer Verschlechterung der Marktstruktur führen würde.[216] Die Kommission erklärte daher den Zusammenschluss für vereinbar mit dem Gemeinsamen Markt, da er weder zur Begründung noch zur Verstärkung einer marktbeherrschenden Stellung führt, durch die wirksamer Wettbewerb im Gemeinsamen Markt erheblich behindert würde. In dieser Entscheidung hat die Kommission wieder versucht, der Entscheidung auszuweichen, ob dem Tatbestandsmerkmal der „erheblichen Behinderung wirksamen Wettbewerbs“ eine eigenständige Bedeutung zukommt.

III. Praxis des EuG

Das EuG hat sich bis jetzt in keiner Entscheidung explizit zu dem Inhalt des Tatbestandsmerkmals der „erheblichen Behinderung wirksamen Wettbewerbs“ geäußert. Einige Entscheidungen des Gerichts lassen jedoch den Schluss zu, dass das Gericht offensichtlich davon ausgeht, dass Art. 2 Abs. 3 zwei verschiedene Voraussetzungen aufstellt: nämlich erstens die „Begründung oder Verstärkung einer beherrschenden Stellung“ und zweitens eine „erhebliche Behinderung wirksamen Wettbewerbs“.

In seinem Urteil *Air France* stellte das EuG fest: „*Aus diesen Vorschriften geht hervor, dass die Kommission einen Zusammenschluss für vereinbar mit dem Gemeinsamen Markt zu erklären hat, sobald zwei Voraussetzungen erfüllt sind: Erstens darf der betreffende Zusammenschluss keine beherrschende Stellung begründen oder verstärken und zweitens darf der Wettbewerb auf dem Gemeinsamen Markt nicht durch die Begründung oder Verstärkung einer solchen Stellung erheblich behindert werden. Liegt keine Begründung oder Verstärkung einer beherrschenden Stellung vor, so ist der Zusammenschluss somit zu genehmigen, ohne dass geprüft werden braucht, wie er sich auf den wirksamen Wettbewerb auswirkt*“.[217]

In seinem Urteil *Schneider/Kommission* stellte das Gericht fest: „*Somit ist weder rechtlich hinreichend bewiesen, dass durch den angemeldeten Zusammenschluss eine beherrschende Stellung auf den dänischen Märkten für Bauteile von Endverteilungsanlagen begründet wird, noch dass auf diesen Märkten infolge der beherrschenden Stellung ein wirksamer Wettbewerb im Sinne des Art. 2 Abs. 3 der Verordnung Nr. 4064/89 erheblich behindert wird*“.[218] Im Urteil *Tetra Laval/Kommission* erklärte das Gericht: „*Umgekehrt hat die Kommission einen ihr gemeldeten Zusammenschluss (...) für vereinbar mit dem Gemeinsamen Markt zu erklären, sofern die beiden Voraussetzungen dieser Bestimmung nicht erfüllt sind. Liegt keine Begründung oder Verstärkung einer beherrschenden Stellung vor, so ist der Zusammenschluss somit zu*

---

[215] Kom. E. v. 11. 7. 2001 Az. COMP/M. 2314 *BASF/Eurodiol/Pantochim*, Tz. 100, 118, 134.

[216] Kom. E. v. 11. 7. 2001 Az. COMP/M. 2314 *BASF/Eurodiol/Pantochim*, Tz. 143.

[217] EuG. U. v. 19. 5. 1994 Rs. T-2/93 *Air France/Kom.*, Tz. 79.

[218] EuG U. v. 22. 10. 2002 Rs. T-310/01 *Schneider Electric/Kom.*, Tz. 349; gleiche Formulierung nur mit anderen Märkten auch in Tz. 380 und 402.

genehmigen, ohne dass geprüft zu werden braucht, wie er sich auf den wirksamen Wettbewerb auswirkt".[219]
Das EuG geht folglich davon aus, dass die „Begründung oder Verstärkung einer beherrschenden Stellung" notwendiges Tatbestandsmerkmal für eine Untersagung ist. Es ist jedoch für sich genommen nicht ausreichend, es muss vielmehr noch eine „erhebliche Behinderung wirksamen Wettbewerbs" hinzukommen. Die Auffassung des EuG kann man daher mit der kurzen Aussage zusammenfassen: Das Tatbestandsmerkmal der „Begründung oder Verstärkung einer beherrschenden Stellung" ist eine notwendige jedoch nicht eine hinreichende Bedingung für die Untersagung eines Zusammenschlusses.

IV. Praxis des EuGH

Aus der Rechtsprechung des EuGH lässt sich nicht erkennen, ob der EuGH dem Tatbestandsmerkmal der „erheblichen Behinderung wirksamen Wettbewerbs" eine eigenständige Bedeutung zubilligt.
In seinem bisher einzigem Urteil zur Auslegung des Art. 2 Abs. 3 der Verordnung 4064/89 *Frankreich/Kommission*[220] stellt der EuGH zunächst fest, dass das Zusammenschlussvorhaben keine Verschlechterung der Wettbewerbsstruktur des Marktes zur Folge hat. Er kommt dann zum Schluss, dass „*der Zusammenschluss in Bezug auf diesen Markt dem in Art. 2 Abs. 2 der Verordnung aufgestellten Kriterium entspricht, so dass er ohne Änderungen für mit dem Gemeinsamen Markt vereinbar erklärt werden konnte*".[221] Weiter kommt der EuGH in Bezug auf andere räumliche Märkte zu dem Schluss, dass „*eine kollektive beherrschende Stellung (...) begründet würde, die ein erhebliches Hemmnis für einen wirksamen Wettbewerb auf dem relevanten Markt bilden könnte.*"[222]
Zwar spricht der EuGH nur im Singular von „*dem aufgestellten Kriterium*" jedoch hat der EuGH vorher den Sachverhalt nicht ausdrücklich unter dem Gesichtspunkt der Marktbeherrschung erörtert, sondern geprüft, ob der Zusammenschluss eine Verschlechterung der Wettbewerbsstruktur zur Folge hat. Bei dieser Entscheidung stellt sich daher die Frage, ob eine Verschlechterung der Wettbewerbsstruktur gleichzusetzen ist mit der Begründung oder Verstärkung einer marktbeherrschenden Stellung. Dann könnte man den EuGH dahingehend interpretieren, dass das Tatbestandsmerkmals der „erhebliche Behinderung wirksamen Wettbewerbs" keine eigenständige Bedeutung hat und allein auf die Marktbeherrschung abzustellen ist. Ist aber eine Verschlechterung der Wettbewerbsstruktur nicht gleichzusetzen mit dem Begründen oder Verstärken einer marktbeherrschenden Stellung, können also andere Umstände dazu führen, die negativen Auswirkungen des Begründens oder Verstärkens einer marktbeherrschenden Stellung auszugleichen, dann müsste ein solcher Ausgleich unter dem Tatbestandsmerkmal der „erheblichen Behinderung wirksamen Wettbewerbs" erfolgen.

---

[219] EuG U. v. 25. 10. 2002 Rs. T-5/02 *Tetra Laval/Kom.* Tz. 120.
[220] EuGH U. v. 31. 3. 1998 verb. Rs. C-68/94 und C-30/95 *Frankreich/Kom.*
[221] EuGH U. v. 31. 3. 1998 verb. Rs. C-68/94 und C-30/95 *Frankreich/Kom.*, Tz. 124.
[222] EuGH U. v. 31. 3. 1998 verb. Rs. C-68/94 und C-30/95 *Frankreich/Kom.*, Tz. 249.

V. Zusammenfassung

Im Ergebnis kann festgehalten werden, dass das Tatbestandsmerkmal der „Begründung oder Verstärkung einer beherrschenden Stellung“ als das zentrale Tatbestandsmerkmal des Art. 2 Abs. 3 FKVO angesehen wird. Dem Tatbestandsmerkmal der „erheblichen Behinderung wirksamen Wettbewerbs“ wird - wenn überhaupt - nur eine untergeordnete Rolle zugebilligt. Das EuG geht zwar von einer eigenständigen Bedeutung des Tatbestandsmerkmals der „erheblichen Behinderung wirksamen Wettbewerbs“ aus, schweigt jedoch darüber, was unter diesem Tatbestandsmerkmal konkret zu verstehen ist. Weder in der Praxis noch im Schrifttum hat sich eine herrschende Meinung herausgebildet, die diesem Tatbestandsmerkmal eine bestimmte Funktion zuschreibt.

7. Kapitel: Auslegung des Tatbestandsmerkmals der erheblichen Behinderung wirksamen Wettbewerbs

In diesem Kapitel soll das Tatbestandsmerkmal der „erheblichen Behinderung wirksamen Wettbewerbs“ ausgelegt werden und so eine eigene Definition entwickelt werden. Hierzu sollen zunächst in aller Kürze die Auslegungsgrundsätze im europäischen Wettbewerbsrecht dargestellt werden.

I. Auslegungsgrundsätze des Europäischen Wettbewerbsrechts

„Auslegen ist ein vermittelndes Tun, durch das sich der Auslegende den Sinn eines Textes, der ihm persönlich problematisch geworden ist, zum Verständnis bringt.“[223] Der Auslegende kann dieses vermittelnde Tun daran ausrichten, was der Gesetzgeber mit dem auszulegenden Rechtssatz bezweckt hatte (subjektive Theorie) oder er kann den im Gesetz selbst innewohnenden Zweck zur Leitlinie seiner Auslegung machen (objektive Theorie). Jede dieser beiden Theorien kann für sich eine Teilwahrheit beanspruchen. In der Rechtspraxis werden daher beide Theorien bei der Auslegung eines Rechtssatzes gleichzeitig angewandt.[224]

Bei der Auslegung von Gemeinschaftsrecht müssen für den Auslegenden die Auslegungsgrundsätze des EuGH die Richtschnur bilden, da der EuGH nach Art. 220 EG „der eigentlich autoritative Ausleger“[225] des Gemeinschaftsrechts ist. Der EuGH hat eine eigene gemeinschaftliche Interpretation entwickelt, die sowohl Elemente der subjektiven als auch der objektiven Theorie umfaßt.

Zunächst ist bei der Auslegung eines europäischen Rechtssatzes von dem Wortsinn auszugehen. Dabei ist der Grundsatz zu beachten, dass jedem Wort ein Sinn zukommen muss und kein Satz, Absatz oder Artikel gegenstandslos bleiben darf.[226] Eine besondere Schwierigkeit bei der Auslegung von Gemeinschaftsrecht ergibt sich daraus, daß alle zwölf verschiedenen sprachlichen Fassungen der Rechtsakte verbindlich sind. Bei einer wörtlichen Auslegung müssen daher grundsätzlich alle verschiedenen Sprachvarianten verglichen werden. Der Wortsinn bildet

---

[223] *Larenz*, 312.
[224] Vgl. *Larenz*, 316ff.
[225] *Oppermann*, Rn. 681.
[226] *Bleckmann*, Rn. 539.

auch im Europarecht Ausgangspunkt einer jeden Auslegung und zugleich ihre Grenze. Der Wortsinn steckt somit das weitere Feld ab, auf dem sich die Tätigkeit des Auslegenden vollzieht.[227]
Der historischen Auslegung kommt in der Rechtspraxis des EuGH nur eine begrenzte Rolle zu.[228] Bei sekundärem Gemeinschaftsrecht ist jedoch maßgeblich auf die Erwägungsgründe des Rechtsaktes abzustellen.[229]
Führt der Wortlaut zu keinem Ergebnis, ist der Sinn der Norm aus der Systematik des Vertrages bzw. des einzelnen Rechtssatzes zu erschließen. Dabei sind alle Bestimmungen so auszulegen, dass sie miteinander harmonisieren; den Bestimmungen, die die Grundgedanken also den „Geist" des EG-Vertrages ausdrücken, muss dabei ein besonderes Gewicht zukommen.[230]
Die systematische Auslegung überschneidet sich in weiten Teilen mit der finalen Auslegung. Bei der finalen Auslegung liegt der Schwerpunkt eher bei der Ermittlung des Sinns und Zwecks der Norm aus der Norm selbst heraus. Auch wenn der EuGH seinen Schwerpunkt der Auslegung bei der finalen Auslegung setzt, so bleibt deren Grenze der Wortlaut und die Systematik der Norm.
Als typisches Beispiel für die Auslegung des EuGH im Wettbewerbsrecht kann die Auslegung zur Frage der Anwendbarkeit der Fusionskontrollverordnung auf kollektive Marktbeherrschung in seinem Urteil *Frankreich/Kommission*[231] herangezogen werden. Zunächst stellt der Gerichtshof fest, dass der Wortlaut die Möglichkeit einer kollektiven Marktbeherrschung nicht ausschließe. Auch könne die historische Auslegung keine Rückschlüsse liefern. Da die wörtliche und die historische Auslegung zu keinem Ergebnis führen, kommt der EuGH zum Schluss, dass auf die Zielsetzung der Verordnung und auf ihre Systematik abzustellen ist.[232] Der EuGH folgert aus den Begründungserwägungen, dass die Verordnung auf alle Zusammenschlüsse angewandt werden soll, sofern diese sich wegen ihrer Auswirkungen auf die Wettbewerbsstruktur in der Gemeinschaft als unvereinbar mit dem vom Vertrag geforderten System des unverfälschten Wettbewerbs erweisen könnten. Würde man die Fälle der kollektiven Marktbeherrschung vom Anwendungsbereich der Fusionskontrollverordnung ausklammern, so würde der Verordnung ein nicht unerheblicher Teil ihrer Wirksamkeit genommen. Daher ergebe die Auslegung, dass Art. 2 der Verordnung Nr. 4064/89 auch auf kollektive Marktbeherrschung anzuwenden sei.[233]
Die folgende Auslegung soll der Dreiteilung der Auslegung in dieser Entscheidung des EuGH folgen, indem zuerst auf den Wortlaut, dann auf die Entstehungsgeschichte und zuletzt auf die Zielsetzung und Systematik des Art. 2 der Verordnung Nr. 4064/89 abgestellt wird.

---

[227] Vgl. *Larenz*, 324.
[228] *Oppermann*, Rn. 687; vgl. auch EuG v. 25. 3. 1999 Rs. T-102/96 *Gencor/Kom.*, Tz. 128.
[229] *Immenga* in Immenga/Mestmäcker, Einleitung Rn. 27.
[230] *Bleckmann*, Rn. 543.
[231] EuGH U. v. 31.3.1998 verb. Rs. C-68/94 und C-30/95 *Frankreich/Kom.*
[232] EuGH U. v. 31.3.1998 verb. Rs. C-68/94 und C-30/95 *Frankreich/Kom.*, Tz. 168.
[233] EuGH U. v. 31.3.1998 verb. Rs. C-68/94 und C-30/95 *Frankreich/Kom.*, Tz. 169ff.

II. Wörtliche Auslegung

Art. 2 Abs. 3 der Verordnung Nr. 4064/89 lautet:

Zusammenschlüsse, die eine beherrschende Stellung begründen oder verstärken, durch die wirksamer Wettbewerb im Gemeinsamen Markt oder in einem wesentlichen Teil desselben erheblich behindert würde, sind für unvereinbar mit dem Gemeinsamen Markt zu erklären.

A concentration which creates or strengthens a dominant position as a result of which effective competition would be significantly impeded in the common market or in a substantial part of it shall be declared incompatible with the common market.

Les opérations de concentration qui créent ou renforcent une position dominante ayant comme conséquence qu'une concurrence effective serait entravée de manière significative dans le marché commun ou une partie substantielle de celui-ci doivent être déclarées incompatibles avec le marché commun.

1. „durch die“

Als Argument für eine eigenständige Bedeutung der erheblichen Behinderung wirksamen Wettbewerbs wird angeführt, dass die Formulierung „durch die“ eine eindeutige Kausalität zwischen der beherrschenden Stellung und der erheblichen Behinderung wirksamen Wettbewerbs indiziert.[234]

Ein Gegenargument könnte sein, dass die Formulierung in allen Sprachen ein wenig zweideutig ist. So kann sich im Deutschen die Formulierung „durch die“ auf „beherrschende Stellung“ beziehen. Sie kann sich aber auch genauso gut auf „Zusammenschlüsse“ beziehen.[235] Kann man den Wortlaut des Art. 2 Abs. 3 Verordnung Nr. 4064/89 auch dahingehend auslegen, dass sich die „erhebliche Behinderung“ auf „Zusammenschlüsse“ bezieht, so kann man aus dem Wortlaut keine Kausalität zwischen „beherrschender Stellung“ und „erheblicher Behinderung“ herauslesen.

Zieht man Art. 2 Abs. 2 der Verordnung Nr. 4064/89 mit in die Auslegung ein, so wird deutlich, dass vom Wortlaut her eine Kausalität besteht zwischen „Zusammenschluss“ und „beherrschender Stellung“ und eine zweite Beziehung zwischen „beherrschender Stellung“ und der „erheblichen Behinderung wirksamen Wettbewerbs“. Dies kann man sich anhand einer kleinen Operation verdeutlichen: Denkt man sich den Relativsatz „die eine beherrschende Stellung begründen oder verstärken“ weg, so würde der Genehmigungstatbestand des Art. 2 Abs. 2 der Verordnung Nr. 4064/89 lauten: „Zusammenschlüsse, durch die wirksamer Wettbewerb im Gemeinsamen Markt (...) erheblich behindert würde, sind für vereinbar mit dem Gemeinsamen Markt zu erklären“.[236] Diese Aussage ist jedoch offensichtlich widersinnig. Das

---

[234] Vgl. *Schütze* in Gemeinschaftskommentar Art. 2 FKVO Rn. 118; *Miersch*, 50.

[235] Dasselbe gilt entsprechend für die abgedruckte französische und englische Fassung der FKVO.

[236] Diese Operation kann in allen Sprachen durchgeführt werden, im Englischen würde dann der Art. 2 Abs. 2 heißen: „A concentration as a result of which effective competition would be significantly impeded in the common market (...) shall be declared compatible with the common market.

Tatbestandsmerkmal der „erheblichen Behinderung wirksamen Wettbewerbs" kann sich daher allein auf die beherrschende Stellung beziehen.
Die Worte „*durch die*", „*as a result of which*" oder „*ayant comme consequence*" geben eindeutig eine Kausalität vor. Jedoch kann aus einer Kausalitätsbeziehung nicht unbedingt gefolgert werden, dass dem Tatbestandsmerkmal der „erheblichen Behinderung wirksamen Wettbewerbs" eine eigenständige Bedeutung zukommt. Denn wenn es in der Natur der Marktbeherrschung liegt, dass sie den Wettbewerb erheblich behindert und es also keine Fälle gibt, in denen das Entstehen der marktbeherrschenden Stellung nicht auch gleichzeitig eine erhebliche Wettbewerbsbehinderung zur Folge hat, dann würde sich die Bedeutung des Tatbestandsmerkmals der erheblichen Behinderung trotz des Kausalzusammenhangs in einer rein beschreibenden Funktion erschöpfen.
Ein weiteres Argument scheint für eine eigenständige Bedeutung zu sprechen: Folgt man dem Grundsatz, dass jedem Wort und jedem Satzteil im Gesetzestext eine eigenständige Bedeutung zukommen muss, so kann sich die Bedeutung der erheblichen Behinderung wirksamen Wettbewerbs nicht in einer rein beschreibenden Funktion erschöpfen. Der Begriff der marktbeherrschenden Stellung wird durch die in Art. 2 Abs. 1 der Verordnung Nr. 4064/89 genannten Kriterien ausgefüllt und beschrieben. Sollte das Tatbestandsmerkmal der „erheblichen Behinderung wirksamen Wettbewerbs" eine rein beschreibende Funktion haben, so hätte diese Funktion sicherlich dadurch deutlicher hervorgehoben werden können, dass man diese Formulierung in Absatz 1 untergebracht hätte und nicht im Untersagungstatbestand selbst. Für eine Beschreibung der marktbeherrschenden Stellung hätte es auch ausgereicht, wenn der Gesetzgeber diese in den Erwägungsgründen vorgenommen hätte. So lautet der Erwägungsgrund Nr. 14 der Verordnung Nr. 4064/89: „Die Verordnung muss den Grundsatz aufstellen, dass Zusammenschlüsse von gemeinschaftsweiter Bedeutung, die eine Stellung begründen oder verstärken, durch welche ein wirksamer Wettbewerb im Gemeinsamen Markt oder in einem wesentlichen Teil desselben erheblich behindert wird, für unvereinbar mit dem Gemeinsamen Markt zu erklären sind." Geht man davon aus, dass der erheblichen Behinderung eine rein beschreibende Funktion zukommt, so wäre diese Funktion schon allein durch den Erwägungsgrund Nr. 14 gewährleistet, eine ausdrückliche Aufnahme in Art. 2 Abs. 3 der Verordnung Nr. 4064/89 hätte es zur Erfüllung dieser Funktion nicht mehr bedurft. Der Grundsatz, dass jedem Satz und jedem Wort eine Bedeutung bei der Auslegung zukommen muss, spricht daher für eine eigenständige Bedeutung des Tatbestandsmerkmals der „erheblichen Behinderung wirksamen Wettbewerbs".

2. „wirksamer Wettbewerb"

a) Das Adjektiv wirksam

Auffallend ist zunächst, dass Art. 2 der Verordnung Nr. 4064/89 von „*wirksamen* Wettbewerb" (*effective* competition, concurrence *effective*) spricht. Im EG-Vertrag ist mehrfach der Wettbewerb als Schutzzweck genannt. In Art. 3 lit. g EG wird als Aufgabe der Gemeinschaft festgeschrieben, ein System zu errichten, das den Wettbewerb innerhalb des Binnenmarktes vor Verfälschungen schützt. In Art. 4 Abs. 1 und Abs. 2, Art. 98 und Art. 105 EG bekennt sich die Gemeinschaft zu einer Wirtschaftspolitik, die der offenen Marktwirtschaft mit *freiem* Wettbewerb verpflichtet ist. In Art. 81 und 82 EG wird der Begriff Wettbewerb ohne Attribute verwendet. In der Präambel des EG-Vertrags ist vom „*redlichen* Wettbewerb" die Rede. Im EG-Vertrag wird Wettbewerb folglich entweder ohne ein beschreibendes Adjektiv oder aber mit den beschreibenden Adjektiven „frei" oder „redlich" verwendet. Der Begriff des „*wirksamen* Wettbewerbs" ist somit dem EG-Vertrag selbst fremd.

Jedoch bestimmte bereits der alte Art. 66 2. Absatz 1. Spiegelstrich 2. Halbsatz EGKS, dass ein Zusammenschluss zu genehmigen ist, wenn die Unternehmen oder die Personen nicht die Möglichkeit erlangen, *wirklichen* Wettbewerb zu verhindern. In seinem Urteil *Metro/Kommission* vom 25. 10. 1977 definiert der EuGH die Voraussetzungen für einen unverfälschten Wettbewerb wie folgt: „Der unverfälschte Wettbewerb setzt voraus, dass auf dem Markt ein *wirksamer* Wettbewerb herrscht, es muss also soviel Wettbewerb vorhanden sein, dass die grundlegenden Forderungen des Vertrages erfüllt und seine Ziele, insbesondere die Bildung eines einzigen Marktes mit binnenmarktähnlichen Verhältnissen, erreicht werden kann."[237] Nach dieser Entscheidung ist ein Wettbewerb also dann wirksam, wenn die Ziele des Vertrages durch ihn erreicht werden.

Die Beschreibung des Wettbewerbs durch das Adjektiv „wirksam" darf nicht dahingehend gedeutet werden, dass nur wirksamer Wettbewerb Schutzgut der Fusionskontrolle ist.[238] Auch der Restwettbewerb ist Schutzgut der Fusionskontrolle. Dieses wird allein schon durch die Alternative des Verstärkens einer beherrschenden Stellung deutlich. Auch wenn bereits eine marktbeherrschende Stellung besteht und kein wirksamer Wettbewerb mehr gewährleistet ist, ist ein Zusammenschluss zu untersagen, soweit er zu einer noch stärkeren Beeinträchtigung des Wettbewerbs führt. Daher beschränkt das Adjektiv „wirksam" den Wettbewerbsschutz durch die Fusionskontrolle nicht auf eine bestimmte Art von Wettbewerb.

Das Adjektiv „wirksam" kann jedoch dahingehend gedeutet werden, dass im Rahmen der Fusionskontrolle der Wettbewerb vor allem als Mittel zur Erreichung der Ziele des EG-Vertrages verstanden wird. Dieses soll anhand eines Vergleichs von zwei Märkten verdeutlicht werden. Beide Märkte sind weite Oligopole mit gleich vielen Marktteilnehmern. Der Wettbewerbsdruck, den die aktuellen und potentiellen Wettbewerber und die Abnehmer auf die einzelnen Unternehmen ausüben, ist gleich groß. Im Markt A ist jedoch die Angebotsmenge größer und die Produkte können zu geringeren Kosten hergestellt werden. Infolge dessen herrscht auf Markt A ein niedrigeres Preisniveau als auf dem Markt B. Man kann daher sagen, dass auf dem Markt A ein wirksamerer Wettbewerb herrscht als auf dem Markt B.

Als Ergebnis können daher zwei Aussagen festgehalten werden: Das Adjektiv „wirksam" beschränkt nicht den Wettbewerbsschutz auf einen

---

[237] EuGH v. 25. 10. 1977 Rs. 26/76 *Metro/Kommission*, Tz. 4.

[238] *Immenga* in Immenga/Mestmäcker Art. 2 FKVO Rn. 22.

qualitativ hochwertigen Wettbewerb. Die Verwendung des Begriffs „wirksamer Wettbewerb“ deutet darauf hin, dass bei der Beurteilung eines Zusammenschlusses zu berücksichtigen ist, zu welchen Marktergebnissen der Wettbewerb führt.

b) Der Begriff Wettbewerb im Sinne der FKVO

Der Begriff Wettbewerb ist ein unbestimmter Rechtsbegriff, der für viele Interpretationsmöglichkeiten offen ist. Wie bereits oben gezeigt, können die Wirtschaftswissenschaften keine allgemein anerkannte Beschreibung oder gar Definition des Begriffs Wettbewerb liefern.[239] In der juristischen Literatur sind verschiedene Definitionsversuche unternommen worden.[240] So sieht *Fikentscher* das Wesen des Wettbewerbs im Streben nach Geschäftsabschlüssen.[241] *Knöpfle* definiert dagegen den Wettbewerb als „die wirtschaftlichen Erfordernisse (positive Anforderungen und Schranken), Risiken und Chancen, die sich für die einzelnen Marktbeteiligten daraus ergeben, dass die Marktpartner unter den verschiedenen Anbietern (Nachfragern) wählen oder doch von dem einen Anbieter (Nachfrager) auf den anderen ausweichen können.“[242]

Alle diese Definitionsversuche können jedoch nicht auf ganzer Linie überzeugen und sind alle heftig kritisiert worden.[243] Sowohl in den Wirtschaftswissenschaften als auch in der juristischen Fachliteratur gibt es somit keine allgemein anerkannte Definition des Begriffs „Wettbewerb“. An dieser Stelle soll keine Entscheidung für eine bestimmte Definition getroffen werden. Eine als verbindlich deklarierte Definition würde in der wettbewerbspolitischen Diskussion und bei der Auslegung der Fusionskontrollverordnung eine Sicherheit vortäuschen, die es nicht gibt.[244] Schließlich würde mit einer solchen Definition auch die Frage nach der Funktion des Tatbestandsmerkmals der erheblichen Behinderung wirksamen Wettbewerbs bereits in erheblichem Umfang mitentschieden. Diese Funktion soll jedoch gerade durch die hier erfolgende Auslegung ermittelt werden. Auch wenn keine Einigkeit über eine konkrete Definition des Wettbewerbs erreicht werden kann, so kann doch eine Konkretisierung des Begriffs „Wettbewerb“ durch Auslegung des EG-Vertrages und aus der Praxis der Gemeinschaftsorgane gewonnen werden.

Die Ausfüllung der vom Vertrag bzw. von der Fusionskontrolle verwendeten unbestimmten Begriffe wie der Begriff „Wettbewerb“ verlangt wettbewerbspolitische Wertungen.[245] Die Kommission ist ein politisches Organ. Ihr ist es daher in erster Linie überlassen, die unbestimmten Rechtsbegriffe durch ihre Wettbewerbspolitik und ihre Verwaltungspraxis mit Leben zu füllen. Dieses kann sie natürlich nur in dem vom EG-Vertrag abgesteckten Rahmen. Ob die Kommission diesen Rahmen einhält, darüber wacht der EuGH und das EuG. Durch das Vorlageverfahren nach Art. 234 EG legt der EuGH darüber hinaus auch ohne vorherige Entscheidung der Kommission den EG-Vertrag aus und

---

[239] Vgl. unter Seite 5ff.
[240] Vgl. die Aufzählungen bei *Baur* ZHR 134 (1970), 97ff; *Knöpfle* in FS Sölter, 217.
[241] *Fikentscher* WuW 1961, 788.
[242] *Knöpfle* WuW 1962, 174; *ders*. in FS Sölter 217.
[243] Vgl. statt vieler *Bauer* ZHR 134 (1970) 97ff.
[244] Vgl. hierzu auch *Herdzina*, 10.
[245] *Everling* WuW 1990, 999.

trägt auf diese Weise eigenständig zur Konkretisierung der unbestimmten Rechtsbegriffe im Kartellrecht bei.
Im Folgenden soll daher untersucht werden, ob sich eine bestimmte europäische Wettbewerbskonzeption aus dem Vertrag sowie aus der Verwaltungspraxis und der Rechtsprechung heraus entwickelt hat.
Die Gerichte der Europäischen Gemeinschaft und die Kommission müssen sich in erster Linie an den Vertragszielen orientieren, für neuere Entwicklungen offen halten, ohne die Kontinuität im Interesse der Rechtssicherheit zu gefährden und sie müssen im Einzelfall zu angemessenen Ergebnissen gelangen. Das Wettbewerbskonzept der Kommission und der Gerichte ist daher ein pragmatisches.[246] Es lässt sich keinem der oben erörterten Wettbewerbskonzepte zuordnen. Trotz aller Offenheit des Wettbewerbskonzepts lassen sich jedoch einige Grundlinien eines europäischen Wettbewerbskonzepts erkennen.[247]
Der Schutz des Wettbewerbs vor Verfälschungen ist in Art. 3 lit. g EG an zentraler Stelle des EG Vertrages der Gemeinschaft als Tätigkeit aufgetragen worden. Die in Art. 3 EG aufgeführten Tätigkeiten der Gemeinschaft sind selbst Ziele des EG-Vertrages.[248] Sie bilden zugleich auch Mittel zur Erreichung der in Art. 2 EG-Vertrag genannten Ziele der Gemeinschaft.[249] Im Rahmen des EG-Vertrages steht der Wettbewerbsschutz daher nicht isoliert im Raum. Er soll vielmehr als Mittel dienen, die in Art. 2 EG genannten Ziele zu erreichen.[250] Bereits im ersten Wettbewerbsbericht beschrieb die Kommission die Aufgabe der Wettbewerbspolitik wie folgt: *„Soweit sich die Wettbewerbspolitik durch Anwendung der für Unternehmen geltenden Wettbewerbsregeln um Erhaltung oder Wiederherstellung von Wettbewerb bemüht, kommt ihr auf Gemeinschaftsebene dieselbe Bedeutung zu wie der Wettbewerbspolitik im Rahmen einer nationalen Wirtschaftspolitik: Sie erstrebt die bestmögliche Nutzung der Produktionsfaktoren zum Gewinn der Wirtschaft als Ganzes und insbesondere für die Verbraucher. Im Hinblick darauf erstrebt die Kommission, durch Anwendung der Wettbewerbsregeln, nicht nur ein erhöhtes Angebot an Konsumgütern.“*[251] Das Verständnis des Wettbewerbs als Mittel zur Erreichung bestimmter wirtschaftlicher Zielvorstellungen findet sich auch in den nachfolgenden Wettbewerbsberichten der Kommission.[252]
Eine weitere wichtige Grundkonstante in der Rechtspraxis ist die Aufgabe des Wettbewerbs, für die Errichtung bzw. Aufrechterhaltung eines gemeinsamen Binnenmarktes zu sorgen.[253] Dieses Ziel wird schon durch den Wortlaut der Fusionskontrollverordnung deutlich. Nach Art. 2 Abs. 1 der Verordnung Nr. 4064/89 ist der Zusammenschluss auf die Vereinbarkeit mit dem Gemeinsamen Markt zu prüfen. Die Kommission stellt folglich in ihrem 24. Wettbewerbsbericht fest, dass das zweite Ziel

---

[246] *Everling* WuW 1990, 1008f.
[247] Vgl. ausführlich zur Wettbewerbskonzeption der Kommission und des EuGH: *Kerber*, 167; *Väth*.
[248] *v. Bogdandy* in Grabitz/Hilf Art. 2 Rn. 3.
[249] *Zuleeg* in Groeben/Thiesing/Ehlermann Art. 3 Rn. 1.
[250] *Van Miert* WuW 1995, 553; *Esch* WuW 1988, 563.
[251] *Kommission*, I. Wettbewerbsbericht, Einleitung S. 12.
[252] Vgl. z. B. XXIII. Wettbewerbsbericht, Einleitung S. 15; XXIV. Wettbewerbsbericht, Einleitung S. 11.
[253] Vgl. ausführlich zu dieser Funktion des Wettbewerbs *Opgenhoff*, 27ff.

der Wettbewerbspolitik dem Binnenmarkt gilt, der eine wesentliche Voraussetzung für die Entwicklung einer leistungs- und wettbewerbsfähigen Industrie ist.[254] Die Schaffung des Gemeinsamen Marktes setzt voraus, dass nicht einzelne Märkte, insbesondere nationale Märkte, von anderen Märkten abgeschottet werden. Ein herausgehobener Gesichtspunkt der europäischen Wettbewerbspolitik ist daher die Offenhaltung von Märkten.
Der Schutz der Wettbewerbsfreiheit bildet eine dritte Konstante in der europäischen Wettbewerbskonzeption. Insbesondere bei Art. 81 EG wird die Wettbewerbsbeschränkung darin gesehen, dass sich die Unternehmen im Einsatz ihrer Wettbewerbsparameter beschränken und sich somit eines Teils ihrer wirtschaftlichen Handlungsfreiheit begeben.[255]
Insgesamt entspricht das Wettbewerbsverständnis der Kommission und der Gerichte nicht einer bestimmten Wettbewerbskonzeption. Der Wettbewerb wird als Mittel zu Erreichung der in Art. 2 EG-Vertrag genannten Ziele unter besonderer Berücksichtigung des Gemeinsamen Marktes verstanden. Gleichzeitig wird besonderer Wert auf die Wettbewerbsfreiheit gelegt. In letzter Zeit erlangen jedoch auch die streng ökonomischen Argumentationen der Chicago School an Gewicht.[256] Dieses wirkt sich im Rahmen der Fusionskontrolle vor allem in der Diskussion um die positive Berücksichtigung von Effizienzvorteilen von Zusammenschlüssen aus.
Eine genauere Funktion des Tatbestandsmerkmals der „erheblichen Behinderung wirksamen Wettbewerbs" kann daher nicht allein aus den Worten „wirksamer Wettbewerb" geschlossen werden. Vom Wortlaut her könnte in erster Linie auf die Wettbewerbsfreiheit oder auf die Erfüllung der ökonomischen Wettbewerbsfunktionen abzustellen sein.

3. „erheblich behindert würde"

Aus der Verwendung des Wortes „behindert" lassen sich keine besonderen Schlüsse ziehen. Das Wort „erheblich" (significantly, significative) kann zum einen eine rein quantitative Verstärkung bedeuten, es kann aber auch eine qualitative Komponente ausdrücken. Letztlich ist es eine Wertungsfrage, wann man etwas als erheblich betrachten will. Die Entstehungsgeschichte gibt keinen Hinweis drauf, was der Gesetzgeber als erheblich angesehen hat. Die Frage, wann eine Behinderung des wirksamen Wettbewerbs erheblich ist, kann daher nur unter Berücksichtigung der Ziele der Fusionskontrolle beantwortet werde.

4. Ergebnis

Als Ergebnis der Wortlautauslegung kann somit festgehalten werden, dass sie für eine eigenständige Bedeutung der erheblichen Behinderung wirksamen Wettbewerbs spricht. Jedoch ist der Wortlaut nicht so eindeutig, dass eine Auslegung, die der erheblichen Behinderung eine rein beschreibende Funktion zuschreibt, sich schon außerhalb des vom Wortlaut abgesteckten Feldes bewegt. Über die Funktion des

[254] *Kommission*, XXIV. Wettbewerbsbericht 1999, Einleitung S. 11.
[255] *Emmerich* in Immenga/Mestmäcker Art. 85 Abs. 1 Rn. 140.
[256] *Kerber*, 254.

Tatbestandsmerkmals der erheblichen Behinderung wirksamen Wettbewerbs kann der Wortlaut allein keinen Aufschluss geben.

III. Historische Auslegung

1. Entstehungsgeschichte

Zwischen dem ersten Entwurf einer europäischen Fusionskontrolle von 1973 bis zur endgültigen Verabschiedung der Fusionskontrollverordnung im Jahr 1989 liegen etwas mehr als 16 Jahre. Die Entstehungsgeschichte der Fusionskontrollverordnung ist daher mit Recht als Lehrstück für den langen Atem, den die europäische Einigung braucht, bezeichnet worden.[257] Geprägt wurden die Verhandlungen über die Untersagungskriterien der Fusionskontrolle vor allem von Deutschland auf der einen und Frankreich auf der anderen Seite. Während Deutschland eine rein wettbewerblich ausgerichtete Fusionskontrolle befürwortete, wollte Frankreich Zusammenschlüsse nach ihren Auswirkungen auf die wirtschaftliche Gesamtbilanz beurteilen.[258] Im Folgenden soll nicht die ganze Entstehungsgeschichte neu aufgerollt werden. Es sollen lediglich die Änderungen im Untersagungstatbestand der verschiedenen Entwürfe aufgezeigt werden.

Im ersten Verordnungsentwurf vom 20. Juli 1973[259] lautete der Untersagungstatbestand: *„Jedes Vorgehen, das unmittelbar oder mittelbar einen Zusammenschluß zwischen Unternehmen oder Gruppen von Unternehmen bewirkt, durch den diese die Möglichkeit erlangen oder verstärken einen wirksamen Wettbewerb auf dem Gemeinsamen Markt oder einen erheblichen Teil desselben zu verhindern, ist mit dem Gemeinsamen Markt unvereinbar.*" Daneben war ein Ausnahmetatbestand vorgesehen, wenn eine Ausnahme für die Verwirklichung eines im allgemeinen Interesse der Gemeinschaft liegenden Ziels unerläßlich ist. Das entscheidende Kriterium war hier somit die Begründung bzw. Verstärkung einer Machtposition, die es dem Unternehmen ermöglichen würde, wirksamen Wettbewerb zu verhindern. Die geänderten Vorschläge vom Dezember 1981[260], Februar 1984[261] und vom Dezember 1986[262] ließen diesen Punkt unberührt.

Der Kommissionsvorschlag vom 25. April 1988[263] sah als Untersagungskriterium das Begründen oder Verstärken einer marktbeherrschenden Stellung vor. Der Untersagungstatbestand lautete: *„Mit dem Gemeinsamen Markt unvereinbar sind Zusammenschlüsse, die im Gemeinsamen Markt oder in einem wesentlichen Teil desselben eine beherrschende Stellung begründen oder verstärken.*" In einem zweiten Satz wurden Kriterien aufgezählt, die bei der Beurteilung des Zusammenschlusses von der Kommission zu beachten sind. Ferner sah der Vorschlag eine Ausnahme vom Verbot vor, die sich am Ausnahmetatbestand des Art. 85 Abs. 3 EGV (jetzt 81 Abs. 3 EG) orientierte.

---

[257] *Caspari/Schwarz* in Festschrift Benisch, 186.

[258] Siehe: *Monopolkommission*, Sondergutachten 17, 46; *Ruppelt,* WuW 1989, 190; WuW Kurzinformation in WuW 1989, 5; *Schwarz* in FIW Skript 12, S. 16.

[259] Abl. EG 1973 Nr. C 92/1.

[260] Vorschlag vom 16. Dezember 1981 Abl. EG 1982 Nr. C 36/3.

[261] Vorschlag vom 7. Februar 1984 Abl. EG 1984 Nr. C 51/9.

[262] Vorschlag vom 2. Dezember 1986 Abl. EG 1986 Nr. C 324/5.

[263] Abl. EG 1988 Nr. C 130/4.

In der Ratssitzung vom 28. Juni 1988 sah eine Mehrheit der Delegationen die bloße „Marktbeherrschung“ als alleiniges Untersagungskriterium für nicht ausreichend an und forderte als zusätzliches Untersagungskriterium einen Missbrauch dieser Stellung. Letztlich lehnte der Rat jedoch ein zusätzliches Missbrauchselement ab.[264] Er schlug aber vor, dass beim Untersagungstatbestand darauf abzustellen sei, ob eine Machtposition entsteht, die geeignet ist, einen wirksamen Wettbewerb zu behindern. Offen blieb jedoch, ob diese Formulierung lediglich eine nähere Umschreibung des von der Kommission vorgeschlagenen Merkmals der „beherrschenden Stellung“ darstellen soll oder aber den Nachweis eines zusätzlichen wettbewerbsschädigenden Effekts erfordert.[265]

Im Juli 1988 legte die Kommission einen internen Verordnungsentwurf vor,[266] der die Diskussionen im Rat berücksichtigte. Der Verordnungsentwurf sah vor, Zusammenschlüsse, die *„wirksamen Wettbewerb beeinträchtigen, weil sie beherrschende Stellungen begründen oder verstärken*“, zu untersagen.[267] Damit schlug die Kommission zum ersten Mal eine Kombinationslösung von Marktbeherrschung und Beeinträchtigung (nicht Behinderung) wirksamen Wettbewerbs vor.

Im Kommissionsvorschlag vom 30. November 1988[268] wurden der Untersagungstatbestand und der Ausnahmetatbestand in einen Absatz zusammengezogen. Dieser lautete: *„Zusammenschlüsse, die eine beherrschende Stellung begründen oder verstärken, durch welche die Aufrechterhaltung oder Entwicklung eines wirksamen Wettbewerbs im Gemeinsamen Markt oder in einem wesentlichen Teil desselben behindert wird, sind für unvereinbar mit dem Gemeinsamen Markt zu erklären, es sei denn, sie werden genehmigt, weil ihr Beitrag zur Verbesserung der Warenerzeugung oder –verteilung zur Förderung des technischen oder wirtschaftlichen Fortschritts oder zur Verbesserung der Wettbewerbsstruktur im Gemeinsamen Markt die mit ihnen verbundenen Nachteile für den Wettbewerb übertrifft...*“.

Die am 21. 12. 1989 letztlich verabschiedete Fusionskontrollverordnung[269] sieht keinen Ausnahmetatbestand mehr vor. Der Untersagungstatbestand ist die bekannte Kombinationslösung, die eine Unvereinbarkeit für Zusammenschlüsse vorsieht, die eine beherrschende Stellung begründen oder verstärken, durch die wirksamer Wettbewerb im Gemeinsamen Markt oder in einem wesentlichen Teil desselben erheblich behindert würde. Im Gegensatz zum Vorgängerentwurf reicht nun nicht mehr jede Behinderung wirksamen Wettbewerbs aus, sondern nur noch eine *erhebliche* Behinderung. Das hier auszulegende Tatbestandsmerkmal der „erheblichen Behinderung wirksamen Wettbewerbs“ wurde auf Drängen der französischen Delegation angefügt.[270]

---

264 *Ruppelt* WuW 1989, 189.

265 *Ruppelt* WuW 1989, 189.

266 Siehe bei: *Monopolkommission* Sondergutachten 17, 40; *Ruppelt* WuW 1989, 189.

267 *Monopolkommission*, Sondergutachten 17, 41.

268 Abl. EG 1989 Nr. C 22/14.

269 Abl. EG 1989 Nr. L 395/1 ber. Fassung Abl. EG 1990 Nr. L 257/13.

270 *Janicki* WuW 1990, 198.

2. Bewertung der Entstehungsgeschichte

Zusammenfassend ist festzustellen, dass zu Beginn der Entstehungsgeschichte der Fusionskontrollverordnung die Begründung oder Verstärkung einer marktbeherrschenden Stellung das maßgebliche Untersagungskriterium gewesen ist. Dieses Kriterium wurde später nicht als ausreichend angesehen. Man einigte sich schließlich auf eine Kombinationslösung, nach der Zusammenschlüsse zu untersagen sind, wenn sie eine beherrschende Stellung begründen oder verstärken, durch die der wirksame Wettbewerb erheblich behindert wird. Schließlich sprach der Vorgängerentwurf vom November 1989 lediglich von einer Behinderung wirksamen Wettbewerbs; in der endgültigen Fassung ist daraus eine *erhebliche* Behinderung wirksamen Wettbewerbs geworden. Diese Änderung dürfte nicht nur redaktioneller Natur sein. Die Entstehungsgeschichte zeigt daher, dass dem Tatbestandsmerkmal der „erheblichen Behinderung wirksamen Wettbewerbs" eine gegenüber dem Tatbestandsmerkmal der „Begründung oder Verstärkung einer beherrschenden Stellung" eigenständige Bedeutung zukommt.[271]

Die Erwägungsgründe zur Fusionskontrollverordnung gehen nicht ausdrücklich auf die Bedeutung des Tatbestandsmerkmals der „erheblichen Behinderung wirksamen Wettbewerbs" ein. Sie geben jedoch Aufschluß über das Ziel der Fusionskontrollverordnung und sind daher bei der systematischen und finalen Auslegung zu berücksichtigen.

Der Erklärung zum Ratsprotokoll der Kommission kann man entnehmen, dass die Kommission die Begründung oder Verstärkung einer marktbeherrschenden Stellung als das entscheidende Kriterium der Vereinbarkeitsprüfung ansieht.[272] Die Erklärung lässt jedoch keinen Schluss darauf zu, ob die Kommission der erheblichen Behinderung wirksamen Wettbewerbs nicht doch eine, wenn auch nur eine ergänzende Funktion, zubilligt.

Als Ergebnis der historischen Auslegung kann festgehalten werden, dass dem Tatbestandsmerkmal der „erheblichen Behinderung wirksamen Wettbewerbs" eine eigenständige Bedeutung zukommt. Sie unterstützt damit die Vermutung, die sich bereits aus dem Wortlaut des Art. 2 Abs. 3 FKVO ergeben hatte. Allerdings kann auch die historische Auslegung keinen Hinweis auf die Funktion des Tatbestandsmerkmals der „erheblichen Behinderung wirksamen Wettbewerbs" geben.

IV. Final-systematische Auslegung

Die final-systematische Auslegung des Tatbestandsmerkmals der erheblichen Behinderung soll in zwei Schritten erfolgen. Die genaue Bestimmung des Sinns und Zwecks der Fusionskontrolle bildet das Fundament der finalen Auslegung. Im ersten Schritt sollen daher die Ziele und der Zweck der Fusionskontrollverordnung herausgearbeitet werden. In einem zweiten Schritt soll dann gefragt werden, ob das Tatbestandsmerkmal der beherrschenden Stellung in seiner Ausformung, die es durch die Rechtspraxis erlangt hat, geeignet ist, die Ziele der Fusionskontrolle zu berücksichtigen und ob eventuell Aspekte, die nicht bei der Marktbeherrschungsprüfung Berücksichtigung finden können, bei

[271] So bereits *Riesenkampff* in FS Rittner, 496.

[272] Erklärung für das Ratsprotokoll vom 19. Dezember 1989 abgedruckt in WuW 1990, 240.

dem Tatbestandsmerkmal der „erheblichen Behinderung wirksamen Wettbewerbs“ geprüft werden können.

1. Sinn und Zweck der Fusionskontrolle

Die Vorstellungen der einzelnen Mitgliedstaaten über die Ziele, die mit einer Fusionskontrolle verfolgt werden sollen, wichen während der lang andauernden Verhandlungen über die europäische Kontrollverordnung nicht unerheblich voneinander ab. Frankreich und vor allem die südlichen Mitgliedstaaten sahen eine mögliche Fusionskontrollverordnung als Mittel zur Verfolgung einer Industriepolitik.[273] Deutschland und England dagegen sahen die Fusionskontrolle allein als Mittel zur Sicherung des freien Wettbewerbs.[274] Letztlich haben sich Deutschland und England durchgesetzt, die Fusionskontrolle ist im Großen und Ganzen rein wettbewerblich ausgerichtet.[275] Der Sieg war jedoch kein totaler, die jetzige Fusionskontrollverordnung ist ein Kompromiss, anders hätte sie wohl auch nach 16 Jahren nicht das Licht der Welt erblickt.

a) Beweggründe der Fusionskontrollverordnung

Ein erster Anhaltspunkt über den Sinn und Zweck der Fusionskontrollverordnung kann aus ihren Beweggründen gewonnen werden.[276]

Gleich der 1. Beweggrund nennt das Hauptziel der Fusionskontrollverordnung. Dieser Beweggrund heißt: *„Zur Verwirklichung der allgemeinen Ziele des Vertrages zur Gründung der Europäischen Wirtschaftsgemeinschaft ist der Gemeinschaft in Artikel 3 Buchstabe f)*[277] *die Aufgabe übertragen worden, „ein System zu errichten, das den Wettbewerb innerhalb des Gemeinsamen Marktes vor Verfälschungen schützt*“. Die Fusionskontrolle soll damit Teil des Systems zum Schutz des Wettbewerbs durch Verfälschungen sein. Die Rolle der Fusionskontrollverordnung in diesem System wird durch die Beweggründe Nr. 6 und Nr. 7 beschrieben. In Beweggrund Nr. 7 heißt es, dass mit der Verordnung ein Rechtsinstrument geschaffen werden soll, das eine wirksame Kontrolle sämtlicher Zusammenschlüsse entsprechend ihrer Auswirkungen auf die Wettbewerbsstruktur ermöglicht. Die Fusionskontrolle will den Wettbewerb also nicht durch eine Kontrolle des Verhaltens der Marktteilnehmer schützen, sondern möchte eine Wettbewerbsstruktur aufrechterhalten bzw. schaffen, die einen wirksamen Wettbewerb ermöglicht. Hauptziel der Fusionskontrolle ist also der Schutz der Wettbewerbsstruktur, um den Wettbewerb vor Verfälschungen zu schützen.

Ergänzende Ziele werden innerhalb der Beweggründe durch den Beweggrund Nr. 13 eingeführt. Dieser stellt in seinem ersten Satz noch einmal klar, dass vom Erfordernis auszugehen ist, wirksamen Wettbewerb im Gemeinsamen Markt oder in einem wesentlichen Teil desselben aufrechtzuerhalten und zu entwickeln. Der zweite Satz lautet:

[273] *Ruppelt* WuW 1989, 192.
[274] *Janicki* WuW 1989, 197.
[275] *Brittan*, 3.
[276] Vgl. auch EuGH U. v. 31. 3. 1998 Rs. C-68/94 *Frankreich/Kom.*, Tz. 169f.
[277] In der nun geltenden Fassung von Nizza ist dieses Ziel in Art. 3 lit. g) genannt.

„Die Kommission muss sich bei ihrer Beurteilung an dem allgemeinen Rahmen der Verwirklichung der grundlegenden Ziele des Vertrags gemäß dessen Artikel 2, einschließlich des Ziels der Stärkung des wirtschaftlichen und sozialen Zusammenhalts der Gemeinschaft im Sinne des Artikels 130 a des Vertrages orientieren.“ Art. 2 EG weist in der jetzigen Fassung von Nizza zehn Vertragsziele auf. Danach ist es Aufgabe der Gemeinschaft in der gesamten Gemeinschaft (i) eine harmonische, ausgewogene und nachhaltige Entwicklung des Wirtschaftslebens, (ii) ein hohes Beschäftigungsniveau, (iii) ein hohes Maß an sozialem Schutz, (iv) die Gleichstellung von Männern und Frauen, (v) ein beständiges, nichtinflationäres Wachstum, (vi) einen hohen Grad von Wettbewerbsfähigkeit, (vii) Konvergenz der Wirtschaftsleistungen, (viii) ein hohes Maß an Umweltschutz und Verbesserung der Umweltqualität, (ix) die Hebung der Lebenshaltung und der Lebensqualität und (x) den wirtschaftlichen und sozialen Zusammenhalt und die Solidarität zwischen den Mitgliedstaaten zu fördern. Diese Vertragsziele sollen durch die Errichtung eines Gemeinsamen Marktes und einer Wirtschafts- und Währungsunion sowie durch die Durchführung der in den Artikeln 3 und 4 EG genannten gemeinsamen Politiken und Maßnahmen verwirklicht werden.

Der dreizehnte Beweggrund ist ein Überbleibsel des in den vorigen Entwürfen zur Fusionskontrollverordnung enthaltenen Ausnahmetatbestands. Der erste Verordnungsentwurf von 1973 sah eine Ausnahme vom Verbotstatbestand vor, wenn der zu beurteilende Zusammenschluss für die Verwirklichung eines im allgemeinen Interesse der Gemeinschaft liegenden vorrangigen Ziels unerlässlich ist.[278] In der letztlich verabschiedeten Fassung der Fusionskontrollverordnung ist im Gegensatz zu Art. 81 EG kein klarer eng umgrenzter Ausnehmetatbestand mehr vorgesehen. Die Erwähnung der Ziele des EG-Vertrages im 13. Beweggrund lässt jedoch darauf schließen, dass Kriterien wie die Wettbewerbsfähigkeit der europäischen Industrie, Hebung der Lebenshaltung und Qualität und der wirtschaftliche und soziale Zusammenhalt zwischen den Mitgliedstaaten bei der Prüfung der Vereinbarkeit mit dem Gemeinsamen Markt an irgend einer Stelle zu berücksichtigen sind. Aus den Beweggründen ergibt sich, dass das Ziel der Fusionskontrolle der Schutz des Wettbewerbs mittels einer Strukturkontrolle sowie die Förderung der Wohlfahrtsoptimierung im Gemeinsamen Markt ist.

b) Kriterien in Art. 2 FKVO

Die Philosophie einer jeden Fusionskontrollverordnung hängt auch maßgeblich davon ab, nach welchen Kriterien ein Zusammenschluss zu beurteilen ist. Diese Kriterien sind, wenn auch nicht abschließend, in Art. 2 Abs. 1 lit. a und lit. b der Verordnung Nr. 4064/89 genannt. Die Praxis der Rechtsanwendung zu den einzelnen Kriterien ist bereits oben bei der Darstellung der Praxis zum Tatbestandsmerkmal der „Begründung oder Verstärkung einer beherrschenden Stellung“ erörtert worden.[279]

In Art. 2 Abs. 1 lit. a der Verordnung Nr. 4064/89 werden vor allem allgemeine Grundsätze für die Beurteilung von Zusammenschlüssen

---

[278] Verordnungsentwurf vom 20. Juli 1973 Art. 1 Abs. 3 in Abl. 1973 Nr. C 92/3.

[279] Vgl. hierzu Seite 19ff.

aufgezählt. Danach berücksichtigt die Kommission „*die Notwendigkeit, im Gemeinsamen Markt wirksamen Wettbewerb aufrechtzuerhalten und zu entwickeln, insbesondere im Hinblick auf die Struktur aller betroffenen Märkte und den tatsächlichen oder potentiellen Wettbewerb durch innerhalb und außerhalb der Gemeinschaft ansässige Unternehmen*". Oberste Richtschnur der Beurteilung ist somit die Aufrechterhaltung und Entwicklung wirksamen Wettbewerbs.

In lit. b des Art. 2 Abs. 1 der Verordnung Nr. 4064/89 werden Kriterien aufgezählt, die die Kommission bei ihrer konkreten Prüfung zu berücksichtigen hat. Den Großteil der aufgezählten Kriterien bilden wettbewerbliche Kriterien wie die Marktstellung, die wirtschaftliche Macht und die Finanzkraft der Unternehmen, ihr Zugang zu den Beschaffungs- und Absatzmärkten, rechtliche oder tatsächliche Marktzutrittschranken sowie die Entwicklung des Angebots und der Nachfrage bei den jeweiligen Erzeugnissen und Dienstleistungen. Es sind aber auch zwei Kriterien genannt, deren Einordnung als rein wettbewerbliche Kriterien nicht so einfach gelingen will. Dieses sind die „Interessen der Zwischen- und Endverbraucher" und „die Entwicklung des technischen und wirtschaftlichen Fortschritts, sofern diese dem Verbraucher dient und den Wettbewerb nicht behindert". Diese Kriterien sind zwar Ziele, die durch den freien Wettbewerb erreicht werden können, sie scheinen aber auf den ersten Blick keinen Beitrag für die Beurteilung leisten zu können, ob der Zusammenschluss die Freiheit des Wettbewerbs beeinträchtigt oder nicht.[280] Ebenso wie der 13. Erwägungsgrund ist das Kriterium der Entwicklung wirtschaftlichen und technischen Fortschritts aus dem Ausnahmetatbestand der verschiedenen Verordnungsentwürfe hervorgegangen. In Art. 2 Abs. 3 des Verordnungsentwurfes vom 30. November 1988[281] hieß es noch: „*Zusammenschlüsse (...) werden genehmigt, wenn ihr Beitrag zur Verbesserung der Warenerzeugung oder –verteilung, zur Förderung des technischen oder wirtschaftlichen Fortschritts oder zur Verbesserung der Wettbewerbsstruktur im Gemeinsamen Markt die mit ihnen verbundenen Nachteile für den Wettbewerb übertrifft*".

Aus den Kriterien ergibt sich, dass das Hauptziel der Fusionskontrolle die Aufrechterhaltung und Entwicklung wirksamen Wettbewerbs ist. Ferner soll die Fusionskontrolle den Interessen der Verbraucher dienen und den wirtschaftlichen und technischen Fortschritt fördern. Dadurch, dass diese beiden letzten Gesichtspunkte in die Beurteilungskriterien aufgenommen werden, ist klargestellt, dass diese Ziele nicht als Reflex eines Wettbewerbschutzes erreicht werden sollen, sondern unmittelbar selbst direkte Ziele der Fusionskontrollverordnung sind.

c) Systematische Stellung der FKVO

Die Fusionskontrolle ist Teil des in Art. 3 lit. g EG geforderten Systems zum Schutz des Wettbewerbs vor Verfälschungen. Dieses System soll verhindern, dass anstelle von staatlichen Wettbewerbsbeschränkungen nun Wettbewerbsbeschränkungen durch die Unternehmen selbst treten. Es besteht die Gefahr, dass die Unternehmen ihre Freiheit nutzen, ihre Wettbewerbsfreiheit und die ihrer Konkurrenten selbst einzuschränken.

---

[280] *Rohardt* WuW 1991, 369.

[281] Abl. 1989 Nr. C 22/14.

Die Strategien der Unternehmen kann man in drei verschiedene Kategorien einteilen.[282] Die Unternehmen können durch mehrseitig abgestimmte Verhaltensweisen die Wettbewerbsfreiheit beschränken (Verhandlungsstrategie), sie können durch einseitige Verhaltensweisen versuchen andere Wettbewerber oder die Marktgegenseite in deren Wettbewerbsfreiheit einzuschränken (Behinderungsstrategie) oder sie können versuchen durch Unternehmenswachstum eine Beschränkung des Wettbewerbs herbeizuführen (Konzentrationsstrategie). Fast alle modernen Wettbewerbsordnungen versuchen diese Strategien mit entsprechenden gesetzlichen Regelungen zu verhindern. Die Europäische Wettbewerbsordnung versucht wettbewerbsbeschränkende Verhaltensweisen mit Art. 81 EG zu unterbinden, wobei sie unter den engen Voraussetzungen des Art. 81 Abs. 3 EG auch Wettbewerbsbeschränkungen zulässt. Art. 82 EG wendet sich gegen eine einseitige (unilaterale) Verhaltensstrategie, indem er die missbräuchliche Ausnutzung einer marktbeherrschenden Stellung untersagt. Art. 82 EG ist eine reine Verhaltenskontrolle, die den trotz der marktbeherrschenden Stellung noch vorhandenen Restwettbewerb schützt. Die dritte Säule bildet die Fusionskontrolle, die sich gegen die Konzentrationsstrategie richtet. Versuchen Art. 81 und 82 EG den Wettbewerb vor wettbewerbsschädigenden Verhalten zu schützen, so schützt die Fusionskontrolle den Wettbewerb vor den Wettbewerb gefährdenden Marktstrukturen, die durch externes Unternehmenswachstum entstehen können.

d) Ziel der Fusionskontrolle in der Rechtsprechung

Der EuGH führte zu den Zielen der Fusionskontrollverordnung in seinem Urteil *Frankreich/Kommission* vom 31. 3. 1998 aus, dass die Verordnung dem Ziel diene, ein System zu errichten, das den Wettbewerb innerhalb des Gemeinsamen Marktes vor Verfälschungen schützt und dieses System wesentlich für die Verwirklichung und den Ausbau des Gemeinsamen Marktes sei.[283] Ferner sei die Fusionskontrolle auf alle Zusammenschlüsse von gemeinschaftsweiter Bedeutung anzuwenden, sofern sich diese wegen ihrer Auswirkungen auf die Wettbewerbsstruktur in der Gemeinschaft als unvereinbar mit dem vom Vertag geforderten System des unverfälschten Wettbewerbs erweisen könnten.[284] Das EuG hat diese Beschreibung der Ziele der Fusionskontrollverordnung in seinem Urteil *Gencor/Kommission* übernommen.[285] Hauptziel der Fusionskontrolle ist also auch nach der Rechtsprechung der Schutz des Wettbewerbs vor Verfälschungen durch eine Verschlechterung der Wettbewerbsstruktur. Nach dem EuGH setzt der unverfälschte Wettbewerb voraus, dass auf dem Markt ein wirksamer Wettbewerb herrscht. Es müsse daher soviel Wettbewerb vorhanden sein, dass die grundlegenden Forderungen des Vertrags erfüllt und seine Ziele, insbesondere die Bildung eines einzigen Marktes mit binnenmarktähnlichen Verhältnissen, erreicht werden könnten.[286] Die

[282] Vgl. hierzu *Schmidt/Schmidt*, 14ff; *Schmidt*, 111ff.
[283] EuGH U. v. 31. 3. 1998 Rs. C-68/94 *Frankreich/Kom.*, Tz. 169.
[284] EuGH U. v. 31. 3. 1998 Rs. C-68/94 *Frankreich/Kom.*, Tz. 170.
[285] EuG U. v. 25. 3. 1999 Rs. T-102/96 *Gencor/Kom.*, Tz. 149ff.
[286] EuGH U. v. 25. 10. 1977 Rs. 26/76 *Metro/Kom.*, Tz. 20.

Erfüllung der grundlegenden Forderungen des Vertrages bilde die Grenzlinie, bis zu der Wettbewerbsbeschränkungen unter Umständen hingenommen werden könnten. Das in Art. 2 lit. f EG geforderte System solle helfen, Wettbewerbsverfälschungen zum Schaden des öffentlichen Interesses der einzelnen Unternehmen und der Verbraucher zu vermeiden.[287]
Mit etwaigen nicht-wettbewerblichen Zielen mussten sich EuGH und EuG bis jetzt noch nicht auseinandersetzen. In seinem Urteil v. 27. 5. 1995 äußert das EuG die Auffassung, *„dass nach dem Sinn und Zweck der Verordnung Nr. 4064/89 die Lage der Arbeitnehmer der Unternehmen, die an dem betreffenden Zusammenschluss beteiligt sind, in bestimmten Fällen von der Kommission beim Erlass ihrer Entscheidungen berücksichtigt werden kann*".[288] Im gleichen Urteil stellt das EuG fest, dass die Kommission verpflichtet sei, eine wirtschaftliche Bilanz aufzustellen, in die gegebenenfalls Erwägungen sozialer Art eingehen können. Das EuG stützt diese Argumente auf den 13. Erwägungsgrund, nach dem die Ziele des EG-Vertrages bei der Beurteilung von Zusammenschlüssen zu berücksichtigen sind. Bei dieser Entscheidung ging es jedoch lediglich um die Frage der Klagebefugnis von Personalvertretungsorganen und nicht um die materielle Prüfung eines Zusammenschlusses. Eine eindeutige Aussage der Rechtsprechung, ob die Fusionskontrolle über den Schutz des Wettbewerbs hinaus Ziele verfolgt, gibt es daher nicht.

e) Zusammenfassung

Das Hauptziel der Fusionskontrolle ist der Schutz des Wettbewerbs vor Verfälschungen mittels einer Strukturkontrolle. Daneben verfolgt die Fusionskontrolle die Wohlfahrtsoptimierung im Gemeinsamen Markt als direktes Ziel. Damit dient die Fusionskontrolle den beiden Zielen, die in der Mehrzahl der Jurisdiktionen als die Hauptziele der Wettbewerbspolitik angesehen werden: Die Gewährleistung und den Schutz des Wettbewerbprozesses und die Erzielung größtmöglicher ökonomischer Effizienz.[289]

2. Schlussfolgerungen

Nachdem die Praxis zum Tatbestandsmerkmal der „Begründung oder Verstärkung einer beherrschenden Stellung" erläutert und das Ziel der Fusionskontrollverordnung herausgearbeitet wurde, soll nun in diesem Abschnitt erörtert werden, ob sich mit der Prüfung einer marktbeherrschenden Stellung die Ziele der Fusionskontrollverordnung verwirklichen lassen, oder ob der Marktbeherrschungstest Schwächen aufweist. Können Schwächen beim Marktbeherrschungstest festgestellt werden, so muss es die Funktion des Tatbestandsmerkmals der „erheblichen Behinderung wirksamen Wettbewerbs" sein, diese Schwächen des Marktbeherrschungstest auszugleichen. Die Begründung oder Verstärkung einer beherrschenden Stellung ist notwendige

---

[287] EuGH U. v. 26. 6. 1980 Rs. 136/79*National/Panasonic/Kom.*, Tz. 20.
[288] EuG U. v. 27. 4. 1995 Rs. T-12/93 *Comite Central d'Enterprise de la Societe Anonyme Vittel und Comite d'Etablissement de Pierval und Federation Generale Agroalimentaire/Kom.*, Tz. 40.
[289] Vgl. hierzu *OECD*, OECD Journal of Competition Law and Policy, Vol. 5, Nr. 1, 15.

Voraussetzung für die Untersagung eines Zusammenschlusses. Auch mit Hilfe des Tatbestandsmerkmals der „erheblichen Behinderung wirksamen Wettbewerbs“ können daher keine Zusammenschlüsse untersagt werden, die keine beherrschende Stellung begründen oder verstärken. Die Bedeutung des Tatbestandsmerkmals der „erheblichen Behinderung wirksamen Wettbewerbs“ im Sinne der Verordnung Nr. 4064/89 kann daher nur darin liegen, Zusammenschlüsse, die eine marktbeherrschende Stellung begründen oder verstärken, aber mit den Zielen der Fusionskontrollverordnung vereinbar sind, von einer Untersagungsentscheidung auszunehmen.

a) Die Funktion der Marktbeherrschung

Ein Unternehmen ist marktbeherrschend, wenn es über die Macht verfügt, sich gegenüber seinen Wettbewerbern, Abnehmern und letztlich den Verbrauchern unabhängig zu verhalten.[290] Im Kern wird bei der Marktbeherrschungsprüfung auf den Wettbewerbsdruck abgestellt. Die Intensität des Wettbewerbsdrucks wird anhand von Marktstrukturkriterien wie Marktkonzentration, Marktzutrittschranken und der Macht der Marktgegenseite bestimmt. Wird durch den Zusammenschluss eine marktbeherrschende Stellung begründet oder verstärkt, so ist das marktbeherrschende Unternehmen keinem ausreichenden Wettbewerbsdruck mehr ausgesetzt. Es verfügt über einen unabhängigen Verhaltensspielraum. Dieser große Freiheitsspielraum geht einher mit der Beschränkung der Freiheitsräume der anderen Markteilnehmer. Die Freiheitsfunktion des Wettbewerbs ist nicht mehr erfüllt. Dies führt in den allermeisten Fällen auch dazu, dass der Wettbewerb seine anderen Funktionen nicht mehr erfüllt. Es kommt zu Wohlfahrtsverlusten.[291]

Die Genehmigung eines Zusammenschlusses, der eine beherrschende Stellung begründet oder verstärkt, würde daher in aller Regel den Zielen der Fusionskontrollverordnung entgegenstehen. Ein Zusammenschluss, der eine marktbeherrschende Stellung begründet oder verstärkt, ist somit grundsätzlich für unvereinbar mit dem Gemeinsamen Markt zu erklären.

b) Schwäche der Marktbeherrschungsprüfung

Der Marktbeherrschungstest weist jedoch auch Schwächen auf. Der Marktbeherrschungstest kann nicht die in Art. 2 Abs. 1 lit. b der Verordnung Nr. 4064/89 genannten Kriterien „die Interessen der Zwischen- und Endverbraucher“ sowie „die Entwicklung des technischen und wirtschaftlichen Fortschritts“ unmittelbar berücksichtigen. Es sind vielmehr nur solche Faktoren für die Marktbeherrschungsprüfung relevant, die geeignet sind, den Verhaltensspielraum des neuen Unternehmens einzuschränken oder zu vergrößern. Faktoren, die dem durch den Zusammenschluss neu entstandenen Unternehmen gegenüber seinen aktuellen und potentiellen Wettbewerbern Vorteile bringen, werden als Argument für eine Begründung oder Verstärkung einer

---

[290] Vgl. Kom. E. v. 19. 7. 1991 *TetraPak/Alfa Laval* Az. IV/M. 68, Tz. 4; Kom. E. v. 9. 12. 1991 *Lucas/Eaton* Az. IV/M. 149, Tz. 37; Kom. E. v. 30. 4. 1992 *DuPont/ICI* Az. IV/M. 214, Tz. 47; Kom. E. v. 26. 6. 2002 *Haniel/Cementbouw/JV* Az. COMP/M. 2650, Tz. 122.

[291] *Herdzina*, 35.

marktbeherrschenden Stellung gewertet. Faktoren, die es den aktuellen und potentiellen Wettbewerbern erleichtern, mit dem neuen Unternehmen zu konkurrieren, werden als Argument gegen die Begründung oder Verstärkung einer marktbeherrschenden Stellung herangezogen.
Gesichtspunkte dagegen, die den gesamten Markt betreffen, im Verhältnis zwischen dem neuen Unternehmen und seinen Wettbewerbern aber neutral sind, können nicht berücksichtigt werden.
Bei der Prüfung der Marktbeherrschung kann zum Beispiel nicht angemessen gewürdigt werden, ob allein durch den Zusammenschluss ein Unternehmen gerettet werden kann, so dass dessen Produktionskapazitäten im Markt verbleiben und dadurch auf mittelfristige Sicht eine bestimmte Angebotsmenge erhalten bleibt.[292] Dieser Gesichtspunkt kann unter bestimmten Voraussetzungen dazu führen, dass der Preis für eine bestimmte Ware nach dem Zusammenschluss niedriger sein wird, als ohne den Zusammenschluss. Ein niedrigerer Produktpreis oder ein größeres Angebot an Produkten liegt zwar im Interesse der Zwischen- und Endverbraucher, dieser Gesichtspunkt begrenzt jedoch nicht den Verhaltensspielraum des neuen Unternehmens. Er kann daher nicht bei der Marktbeherrschungsprüfung berücksichtigt werden.
Ebenso verhält es sich bei Gesichtspunkten, die nach dem Ziel der Fusionskontrolle, der Förderung der allgemeinen Wohlfahrt im Gemeinsamen Markt, zwar erwünscht sein mögen, die jedoch den Abstand zwischen dem neuen Unternehmen und seinen potentiellen und aktuellen Wettbewerbern vergrößern. Durch den Zusammenschluss erzielte Effizienzen können dazu führen, dass auf mittlere Sicht die Preise für den Verbraucher sinken, sie führen jedoch gleichzeitig zu einem Wettbewerbsvorsprung des neuen Unternehmens gegenüber seinen Wettbewerbern.[293] Bei der Marktbeherrschungsprüfung kann jedoch nur der zweite Gesichtspunkt berücksichtigt werden, da allein dieser zur Bestimmung des auf das neue Unternehmen wirkenden Wettbewerbsdrucks herangezogen werden kann. Eine positive Berücksichtigung von Effizienzen bei der Marktbeherrschungsprüfung ist daher ohne Systembruch nicht möglich.
Die Schwäche des Marktbeherrschungstests besteht also darin, dass er bestimmte Faktoren nicht berücksichtigen kann, obwohl diese zum Beispiel zu niedrigeren Preisen oder einem vergrößerten Produktangebot führen. Diese Faktoren müssten aber sowohl nach dem Wortlaut des Art. 2 Abs. 1 lit. b Verordnung Nr. 4064/89 „Interessen der Zwischen- und Endverbraucher“ und „Entwicklung des technischen und wirtschaftlichen Fortschritts“ als auch nach dem Ziel der Fusionskontrolle, die Wohlfahrt im Gemeinsamen Markt zu fördern, berücksichtigt werden.

c) Funktion der erheblichen Behinderung wirksamen Wettbewerbs

Die wörtliche und die historische Auslegung haben ergeben, dass dem Tatbestandsmerkmal der „erheblichen Behinderung wirksamen Wettbewerbs“ eine eigenständige Bedeutung zukommen muss. Bei einer

[292] Diese Problematik wird ausführlich bei der Sanierungsfusion auf Seite 108ff. erläutert.
[293] Diese Problematik wird ausführlich bei den Effizienzen auf Seite 85ff. erläutert.

eigenständigen Funktion dieses Tatbestandsmerkmals sollten die Kriterien „die Interessen der Zwischen- und Endverbraucher“ und „die Entwicklung des wirtschaftlichen und technischen Fortschritts“ berücksichtigt werden. Wie die wörtliche Auslegung zeigte, liegt es nahe, beim Begriff des „wirksamen Wettbewerbs“ auf die Wettbewerbsfunktionen abzustellen.

Es wird daher hier folgende Konkretisierung des Tatbestandesmerkmals der „erheblichen Behinderung wirksamen Wettbewerbs“ vorgeschlagen: Ein Zusammenschluss führt zu einer erheblichen Behinderung wirksamen Wettbewerbs im Sinne des Art. 2 Abs. 3 Verordnung Nr. 4064/89, wenn bei Untersagung des Zusammenschlusses die Wettbewerbsfunktionen in einem höheren Maß erfüllt wären als bei einer Genehmigung des Zusammenschlusses.

Bei dem Tatbestandsmerkmal der „erheblichen Behinderung wirksamen Wettbewerbs“ können demnach die Auswirkungen des Zusammenschlusses auf die verschiedenen Wettbewerbsfunktionen gegeneinander abgewogen werden.

Diese Funktion des Tatbestandsmerkmals der „erheblichen Behinderung wirksamen Wettbewerbs“ soll anhand eines Vergleichs von zwei fiktiven Zusammenschlüssen verdeutlicht werden. An dieser Stelle sei darauf hingewiesen, dass ein Unternehmen nicht entweder über Marktmacht verfügt oder nicht über Marktmacht verfügt. Die Marktmacht eines Unternehmens kann vielmehr stufenlos gemessen werden. Ab einem bestimmten definierten Grad von Marktmacht, ist ein Unternehmen als marktbeherrschend im Sinne von Art. 2 Abs. 3 der Verordnung Nr. 4064/89 anzusehen.

Bei dem ersten der beiden zu vergleichenden Zusammenschlüsse sollen die Unternehmen gemeinsam über einen Marktanteil von 45 Prozent verfügen. Auf dem Markt bestehen relativ hohe Marktzutrittschranken und die Abnehmer der Unternehmen verfügen nicht über eine starke Nachfragemacht. Nach einer Analyse weiterer Faktoren würde man zu dem Schluss kommen, dass durch den Zusammenschluss die Grenze zur Marktbeherrschung knapp überschritten würde. Der Zusammenschluss wäre zu untersagen.

Bei dem zweiten Zusammenschluss würden die beteiligten Unternehmen auf einen Marktanteil von 42 Prozent kommen. Die anderen Bewertungsfaktoren sind ähnlich. Nach der Analyse des Zusammenschlusses würde man zum Ergebnis kommen, dass der Zusammenschluss knapp unter der Grenze der Marktbeherrschung bleibt. Der Zusammenschluss wäre zu genehmigen.

Nun sei angenommen, dass durch den ersten Zusammenschluss hohe Effizienzen erzielt würden und die Unternehmen dieses auch nachweisen könnten. Ferner sei angenommen, dass in Folge dieser Effizienzen das neue Unternehmen seine Produkte zu einem niedrigeren Preis anbieten würde, als bei einer Untersagung des Zusammenschlusses. Nach einem reinen Marktbeherrschungstest würde es bei dem obigen Ergebnis bleiben, da die Erzielung von Effizienzen bei der Beurteilung eines Zusammenschlusses nicht berücksichtigt werden kann. Die Effizienzgewinne führen dazu, dass die Faktorleistungen effizienter eingesetzt werden als ohne den Zusammenschluss. Die Allokationsfunktion des Wettbewerbs wird bei einer Genehmigung des

Zusammenschlusses somit besser erfüllt als bei einer Untersagung. Das Tatbestandsmerkmal der erheblichen Behinderung führt dazu, dass der Zusammenschluss genehmigt werden kann. Die durch den Zusammenschluss verursachte Verringerung der Wettbewerbsfreiheit wird durch die bessere Allokation der Faktorleistungen ausgeglichen.

d) Vorteile dieser Definition

Die oben vorgenommene Auslegung weist dem Tatbestandsmerkmals der „erheblichen Behinderung wirksamen Wettbewerbs" eine eigenständige Bedeutung zu. Sie steht daher mit dem Wortlaut des Art. 2 Abs. 3 und der Entstehungsgeschichte der Verordnung Nr. 4064/89 im Einklang, die eine eigenständige Bedeutung des Tatbestandsmerkmals nahe legen. Es ist ferner möglich, das Kriterium des „technischen und wirtschaftlichen Fortschritts" sowie das Kriterium der „Interessen der Zwischen und Endverbraucher" als Beurteilungskriterien angemessen zu berücksichtigen. Das Tatbestandsmerkmal der erheblichen Behinderung erlaubt es bei Fällen, die an der Grenze zur Marktbeherrschung liegen, Faktoren zu berücksichtigen, die zu niedrigern Preisen oder einem besseren Produktangebot führen. Das Tatbestandsmerkmal dient daher dem Ziel der Fusionskontrollverordnung, die Wohlfahrt im Gemeinsamen Markt zu steigern.

V. Ergebnisse der Auslegung des Art. 2 Abs. 3 der Verordnung Nr. 4064/89

- Die wörtliche Auslegung ergibt, dass dem Tatbestandsmerkmal der „erheblichen Behinderung wirksamen Wettbewerbs" eine eigenständige Bedeutung zukommen muss.

- In Art. 2 Abs. 3 FKVO wird der Wettbewerb mit dem Adjektiv „wirksam" beschrieben. Dies legt es nahe, bei der Frage, ob wirksamer Wettbewerb erheblich behindert wird, auf die Wettbewerbsfunktionen abzustellen.

- Die historische Auslegung unterstützt das Ergebnis der wörtlichen Auslegung. Die Begründung oder Verstärkung einer beherrschenden Stellung ist notwendige, nicht aber hinreichende Bedingung für die Untersagung eines Zusammenschlusses. Die beherrschende Stellung muss auch eine erhebliche Behinderung wirksamen Wettbewerbs zur Folge haben.

- Ziel der Fusionskontrolle ist es, den Wettbewerb durch eine Marktstrukturkontrolle zu schützen und die allgemeine Wohlfahrt im Gemeinsamen Markt zu steigern.

- Die Kriterien „die Interessen der Zwischen- und Endverbraucher" und „die Entwicklung des technischen und wirtschaftlichen Fortschritts" sind nicht nur ein Fernziel der Fusionskontrollverordnung, sondern sind bei der Prüfung eines Zusammenschlusses unmittelbar zu berücksichtigen. Dies ist bei dem Tatbestandsmerkmal der erheblichen Behinderung wirksamen Wettbewerbs, nicht aber beim Marktbeherrschungstest möglich.

- Bei der Marktbeherrschungsprüfung wird gefragt, ob nach dem Zusammenschluss der Wettbewerbsdruck auf das Unternehmen noch stark genug ist, um den Verhaltensspielraum dieses Unternehmens hinreichend zu kontrollieren.

- Mit dem Kriterium der Marktbeherrschung wird allein die Auswirkung des Zusammenschlusses auf die Wettbewerbsfreiheit gemessen. Mögliche Konflikte zwischen den Wettbewerbsfunktionen können nicht berücksichtigt werden.

- In aller Regel führt ein Zusammenschluss, der eine marktbeherrschende Stellung begründet oder verstärkt, auch zu einer erheblichen Behinderung des wirksamen Wettbewerbs. Die Begründung oder Verstärkung einer marktbeherrschenden Stellung indiziert daher eine erhebliche Behinderung wirksamen Wettbewerbs.

- Ein Zusammenschluss führt zu einer erheblichen Behinderung wirksamen Wettbewerbs im Sinne des Art. 2 Abs. 3 der Verordnung Nr. 4064/89, wenn bei einer Untersagung des Zusammenschlusses die Wettbewerbsfunktionen in einem höheren Maß erfüllt wären als bei einer Genehmigung des Zusammenschlusses.

III. Teil: Der neue Test des Art. 2 Abs. 3 der Verordnung Nr. 139/2004

„Zusammenschlüsse, durch die wirksamer Wettbewerb im Gemeinsamen Markt oder in einem wesentlichen Teil desselben erheblich behindert würde, insbesondere durch Begründung oder Verstärkung einer beherrschenden Stellung, sind für mit dem Gemeinsamen Markt unvereinbar zu erklären."
(Art. 2 Abs. 3 Verordnung Nr. 139/2004)

Der zweite Teil dieser Arbeit hatte die Auslegung des Tatbestandsmerkmals der „erheblichen Behinderung wirksamen Wettbewerbs" des Art. 2 Abs. 3 der Verordnung Nr. 4064/89 zum Gegenstand. Als Ergebnis kann festgehalten werden, dass immer dann - aber auch nur dann - der wirksame Wettbewerb erheblich behindert wird, wenn die Wettbewerbsfunktionen bei Untersagung des Zusammenschlusses besser erfüllt würden als bei Freigabe des Zusammenschlusses.

In diesem dritten Teil der Arbeit wird nun das Untersagungskriterium der neuen Verordnung Nr. 139/2004 untersucht. Dabei ist zu prüfen, ob die Bedeutung des Tatbestandsmerkmals der „erheblichen Behinderung wirksamen Wettbewerbs" des Art. 2 Abs. 3 der Verordnung Nr. 4064/89 mit der Bedeutung des Untersagungstatbestandes der neuen Verordnung Nr. 139/2004 *„Zusammenschlüsse, durch die wirksamer Wettbewerb erheblich behindert würde (...) sind für mit dem Gemeinsamen Markt unvereinbar zu erklären"* übereinstimmt. Ein Zusammenschluss wäre dann nach der neuen Fusionskontrollverordnung Nr. 139/2004 zu untersagen, wenn im Fall seiner Genehmigung die Wettbewerbsfunktionen schlechter erfüllt werden würden als bei einer Untersagung.

Im folgendem achten Kapitel werden die Entstehungsgeschichte und die Beweggründe für den neuen materiellen Test der Verordnung Nr. 139/2004 dargestellt, um die Motive für die Änderung des materiellen Tests der Fusionskontrollverordnung aufzuzeigen. Im neunten Kapitel wird versucht, die in der Einleitung gestellte Frage zu beantworten, welche Zusammenschlüsse den wirksamen Wettbewerb erheblich behindern, ohne eine marktbeherrschende Stellung zu begründen oder zu verstärken und daher nach der alten Verordnung Nr. 4064/89 genehmigt werden mußten, nach der neuen Verordnung Nr. 139/2004 aber unter den gleichen Voraussetzungen zu untersagen sind. Im zehnten Kapitel werden die Rechtfertigungsgründe der Effizienzgewinne und der Sanierungsfusion untersucht und gefragt, ob es Zusammenschlüsse gibt, die eine marktbeherrschende Stellung begründen oder verstärken, ohne den wirksamen Wettbewerb erheblich zu behindern.

8. Kapitel: Entstehungsgeschichte und Beweggründe des neuen Art. 2 Abs. 3 Verordnung Nr. 139/2004

I. Entstehungsgeschichte

1. Grünbuch der Kommission von 1998

Bereits im Grünbuch von 1998 wandte sich die Kommission mit der Frage an die Öffentlichkeit, ob man den Marktbeherrschungstest beibehalten oder ob man besser einen Substantial Lessening of Competition Test (im folgenden SLC Test) einführen sollte.[294] In der sich anschließenden Diskussion sprach sich die Mehrheit aus Gründen der Rechtssicherheit für die Beibehaltung des Marktbeherrschungstests aus.[295] Die Befürworter des Marktbeherrschungstests verwiesen auch darauf, dass die Ergebnisse des SLC Tests in Amerika und des Marktbeherrschungstests in Europa im Wesentlichen die gleichen gewesen sind.[296] Diese Position kann man mit der Phrase zusammenfassen: „When it ain't broke, don't fix it".[297] Es sprachen sich aber auch gewichtige Gegenstimmen für die Einführung des SLC Tests aus.[298] Man argumentierte, dass mit dem Marktbeherrschungstest nicht alle wettbewerbsschädlichen Zusammenschlüsse erfasst werden könnten. Der Marktbeherrschungstest weise eine Lücke bei Zusammenschlüssen auf, die unilaterale Effekte in oligopolistischen Märkten zur Folge haben. Diese unilateralen Effekte könnten nicht mit Hilfe der gemeinsamen Marktbeherrschung erfaßt werden, da eine gemeinsame Marktbeherrschung den Nachweis eines koordinierten Verhaltens der Oligopolmitglieder erfordere. Diese Meinung kann mit der Phrase „Mind the gap" beschrieben werden.[299] Die Diskussion über das Bestehen einer Lücke im Marktbeherrschungstest bekam durch das *Airtours* Urteil des EuG vom 6. 6. 2002[300] neuen Auftrieb. Mit diesem Urteil hob das EuG eine Entscheidung der Kommission mit der Begründung auf, dass die Kommission den Nachweis über das Vorliegen der Voraussetzungen einer kollektiven Marktbeherrschung nicht erbracht habe.[301]

In ihrem Grünbuch bat die Kommission unabhängig von der eventuellen Änderung des Wortlauts des materiellen Tests der Fusionskontrollverordnung um Stellungnahmen zu der Frage, welcher Stellenwert Effizienzerwägungen in der Fusionskontrolle zukommt und in welchem Umfang sie berücksichtigt werden sollten.[302] In der Mehrzahl der Stellungnahmen zum Grünbuch wurde eine stärkere

---

[294] *Kommission*, Grünbuch über die Revision der Verordnung (EWG) Nr. 4064/89 des Rates Kom (2001) 745 endg. vom 11. 12. 2001 (im folgenden: Grünbuch).

[295] Vgl. Stellungnahmen zum Grünbuch insbesondere *Cleary Gottlieb Steen & Hamilton*, S. 15; *Bundeskartellamt*, S. 49ff.

[296] Vgl. Hierzu vor allem *Bundeskartellamt*, Diskussionspapier für die Sitzung des Arbeitskreises Kartellrecht am 8. und 9. Oktober 2001.

[297] Vgl. *Lowe* (2002, I), S. 3.

[298] Vgl. vor allem *Vickers (2002 I); ders. (2002 II)*; *Fingleton*, Fordham Corporate Law Institute 2003, 181; *Whish; Schwalbe* in FIW Heft 196, 29ff.

[299] Vgl. *Fingleton/Nolan*.

[300] EuG E. v. 6. 6. 2002 Rs. T-342/99 *Airtours/Kom.*

[301] Vgl. ausführlich zu dieser Entscheidung unter S. 81f.

[302] *Kommission*, Grünbuch, Tz. 172.

Berücksichtigung von Effizienzgewinnen als Argument für eine Genehmigung von Zusammenschlüssen befürwortet.[303]

2. Kommissionsvorschlag von 2002

Der Kommissionsvorschlag vom 11. Dezember 2002 für eine neue Fusionskontrollverordnung[304] berücksichtigte die sich an das Grünbuch anschließende Diskussion und sah folgenden Kompromiss vor: Der alte Untersagungstatbestand sollte beibehalten werden. Dafür sollte in einem neu einzufügenden 2. Absatz der Begriff der marktbeherrschenden Stellung definiert werden. Der vorgeschlagene neue zweite Absatz lautete wie folgt:

„Im Sinne dieser Verordnung wird eine beherrschende Stellung eines oder mehrerer Unternehmen angenommen, wenn sie mit oder ohne Koordinierung ihres Verhaltens über die wirtschaftliche Macht verfügen, spürbar und nachhaltig Einfluss auf die Wettbewerbsparameter, insbesondere auf die Preise, auf die Art, Quantität und Qualität der Produktion, auf den Vertrieb oder die Innovation, zu nehmen oder den Wettbewerb spürbar zu beschränken"

Die Kommission wollte aus Gründen der Rechtssicherheit am Marktbeherrschungstest festhalten.[305] Gleichzeitig wollte sie mit der neuen Definition der beherrschenden Stellung klarstellen, dass der Marktbeherrschungstest auch eine Untersagung von Zusammenschlüssen in ganz bestimmten Oligopolsituationen erlaubt, in denen die fusionierenden Unternehmen in der Lage wären, einseitig die Preise anzuheben und so Marktmacht ausüben, ohne ihr Verhalten zu koordinieren und ohne unbedingt über den größten Marktanteil zu verfügen.[306] Die Definition sollte also die eventuell bestehende Lücke des Marktbeherrschungstests schließen. Ferner sollte die neue Definition einen stärkeren Bezug zu wirtschaftlichen Auswirkungen von Zusammenschlüssen herstellen.[307]

Neben der Einführung der Definition der beherrschenden Stellung in die Fusionskontrollverordnung sah der Kommissionsvorschlag die Einfügung eines Beweggrundes vor, nach dem bei der Beurteilung von Auswirkungen eines Zusammenschlusses begründeten Effizienzargumenten Rechnung zu tragen sei, da diese Effizienzgewinne die Auswirkungen auf den Wettbewerb und insbesondere den Schaden für die Verbraucher neutralisieren könnten.[308]

Zusammen mit ihrem Vorschlag zur Neufassung der Fusionskontrollverordnung veröffentlichte die Kommission einen

---

[303] Siehe Stellungnahmen von: *Sherman & Sterling*, 18ff; *Cleary Gottlieb Steen & Hamilton*, 20ff., *AFEBP AGREF*, Tz. 49; *Allen & Overy*, Tz. 2.2.; *American Bar Association*, 14f; *Assonime*, 4f; *Baker & McKenzie's* Tz. 4. 6.; *BDI*, 11; *Bruce Lyons*, Tz. 9; *CBI*, Tz. 58; *CEFIC*, 4; *Clifford Chance*, 7; ablehnend aber: *Bundeskartellamt*, 51; *Bundesministerium für Wirtschaft*, 29.

[304] *Kommission*, Vorschlag für eine Verordnung des Rates über die Kontrolle von Unternehmenszusammenschlüssen KOM(2002) 711, Abl. 2003 Nr. C 20/4 (im folgenden: Kommissionsvorschlag)

[305] *Kommission*, Kommissionsvorschlag, Begründung Tz. 55.

[306] *Kommission*, Kommissionsvorschlag, Tz. 54.

[307] *Kommission*, Kommissionsvorschlag, Tz. 56 Fn. 18.

[308] *Kommission*, Kommissionsvorschlag, Beweggrund Nr. 23.

Mitteilungsentwurf[309], der die Beurteilungskriterien der Kommission bei der Prüfung von Zusammenschlüssen erläuterte und dadurch die Transparenz der Kommissionsentscheidungen fördern sollte.

3. Stellungnahme des Europäischen Wirtschafts- und Sozialausschusses

Der Europäische Wirtschafts- und Sozialausschuss schlug in seiner Stellungnahme vom 24. 9. 2003 vor, die Beurteilungskriterien des Art. 2 Abs. 1 lit. b zu ändern.[310] Der neue Art. 2 Abs. 1 lit. b sollte lauten:

„die Marktstellung sowie die wirtschaftliche Macht und die Finanzkraft der beteiligten Unternehmen, die Wahlmöglichkeiten der Lieferanten und Abnehmer, ihren Zugang zu den Beschaffungs- und Absatzmärkten, rechtliche oder tatsächliche Marktzutrittschranken, die Entwicklung des Angebots und der Nachfrage sowie des ***"Preisniveaus"*** *bei den jeweiligen Erzeugnissen und Dienstleistungen, die Interessen der Zwischen- und Endverbraucher,* ***"die Entwicklung der Beschäftigungslage in der Branche und an den Niederlassungsstandorten der fusionierten Unternehmen"*** *sowie die Entwicklung des technischen und wirtschaftlichen Fortschritts, sofern diese dem Verbraucher dient und den Wettbewerb nicht behindert."*

Diese Änderung hätte zur Folge gehabt, dass die Kommission und die Rechtsprechung nun ausdrücklich verpflichtet wären, industriepolitische Argumente bei der Beurteilung von Zusammenschlüssen zu berücksichtigen.[311] Diese Änderung hätte wahrscheinlich den Charakter der Fusionskontrolle mehr verändert als die letztlich verabschiedete Änderung des Untersagungstatbestands selbst. Der Europäische Wirtschafts- und Sozialausschuss konnte sich jedoch (glücklicherweise) mit seiner Forderung nicht durchsetzen.

4. Stellungnahme des Europäischen Parlaments

Das Europäische Parlament schlug in seiner Stellungnahme zum Kommissionsvorschlag vor, die von der Kommission geplante Definition der marktbeherrschenden Stellung zu streichen.[312] Das Europäische Parlament befürchtete, dass die neue Definition eher zu Rechtsunsicherheit führe, als dass sie Klarheit über die Beurteilung von Zusammenschlüssen schaffe, da die neue Definition fast jeden Zusammenschluss erfassen würde.[313]

5. Politische Einigung

Im Ausschuss der ständigen Vertreter wurde ausgehend vom Kommissionsvorschlag und den Stellungnahmen des Parlaments und des

---

[309] Entwurf einer Mitteilung der Kommission über die Kontrolle horizontaler Zusammenschlüsse gemäß der Fusionskontrollverordnung 11. 12. 2002 (im folgendem Mitteilungsentwurf).

[310] *Europäischer Wirtschafts- und Sozialausschuss*, Stellungnahme vom 24. 9. 2003 zum Kommissionsvorschlag für eine Verordnung des Rates über die Kontrolle von Unternehmenszusammenschlüssen ('EG-Fusionskontrollverordnung').

[311] Vgl. zum Trend der letzten Jahre der Industriepolitik im Verhältnis zur Wettbewerbspolitik ein immer stärkeres Gewicht einzuräumen *Schmidt* WuW 1995, 971ff.

[312] *Europäisches Parlament*, 9. Juli 2003 endg. A5-0257/2003 Änderung 5.

[313] *Europäisches Parlament*, 9. Juli 2003 endg. A5-0257/2003 Änderung 5.

Europäischen Wirtschafts- und Sozialausschusses auf den Sitzungen am 19. Oktober sowie dem 14. und 21. November 2003 ein Kompromiss erarbeitet, der dann schon fast den endgültigen Text der Verordnung Nr. 139/2004 enthielt. Allein über den materiellen Test konnte keine Einigung erzielt werden.[314]

In der Ratssitzung am 25./26. November 2003 einigte man sich schließlich auf folgenden Kompromiss.[315] Es wurde ein neuer materieller Test eingeführt, der im Grunde ein Art SLC-Test ist, jedoch mit dem Zusatz, dass insbesondere die Begründung oder Verstärkung einer marktbeherrschenden Stellung eine erhebliche Behinderung wirksamen Wettbewerbs ist. Der neue Untersagungstatbestand lautet:

„Zusammenschlüsse, durch die wirksamer Wettbewerb im Gemeinsamen Markt oder in einem wesentlichen Teil desselben, insbesondere durch Begründung oder Verstärkung einer beherrschenden Stellung erheblich behindert würde, sind für mit dem Gemeinsamen Markt unvereinbar zu erklären.“[316]

Die Kommission begrüßte diesen neuen Kompromiss.[317] In ihrer gemeinsamen Stellungnahme wiesen die Kommission und der Rat darauf hin, dass der Ausdruck „erhebliche Behinderung wirksamen Wettbewerbs“ im Licht der Ziele des EG Vertrages nach Art. 2 Abs. 1 EG Vertrag und in Hinblick auf die Beweggründe, insbesondere Beweggrund Nr. 25, auszulegen sei.[318]

Am 20. Januar beschloss der Rat die neue Fusionskontrollverordnung Nr. 139/2004. Gleichzeitig mit der neuen Fusionskontrollverordnung wurde auch die endgültige Fassung des Mitteilungsentwurfes der Kommission über horizontale Zusammenschlüsse veröffentlicht.[319]

II. Beweggründe der neuen Verordnung Nr. 139/2004

Der letztlich verabschiedete Untersagungstatbestand soll sowohl der Rechtssicherheit dienen als auch gleichzeitig die vermeintliche Lücke des alten Untersagungstatbestands schließen. Diese beiden Motive finden sich auch in den Beweggründen der neuen Verordnung Nr. 139/2004 wieder.

Der Beweggrund Nr. 25 lautet:

„In Anbetracht der Auswirkungen, die Zusammenschlüsse in oligopolistischen Marktstrukturen haben können, ist die Aufrechterhaltung wirksamen Wettbewerbs in solchen Märkten umso mehr geboten. Viele oligopolistische Märkte lassen ein gesundes Maß an Wettbewerb erkennen. Unter bestimmten Umständen können

---

314 Bericht des Ausschusses der ständigen Vertreter an den Rat vom 21. November 2003, Nr. 15122/03.

315 Entwurf eines Ratsprotokolls der 2547. Tagung des Rats der Europäischen Union „Wettbewerbsfähigkeit“ vom 26/27. November in Brüssel.

316 Verordnung (EG) Nr. 139/2004 vom 20. Januar 2004 über die Kontrolle von Unternehmenszusammenschlüssen („Fusionskontrollverordnung“), Abl. 2004 Nr. L 24/1.

317 Pressemitteilung der Kommission vom 27. 11. 2003, IP/03/1621.

318 Addendum zum Entwurf eines Protokolls Betr. 2257. Tagung des Rates am 20. 1. 2004 (Nr. 5501704 ADD1).

319 Bekanntmachung der Kommission, Leitlinien zur Bewertung horizontaler Zusammenschlüsse gemäß der Ratsverordnung über die Kontrolle von Unternehmenszusammenschlüssen, vom 28. 1. 2004, Abl. 2004 Nr. C 31/5 (im folgenden Leitlinien).

Zusammenschlüsse, in deren Folge der beträchtliche Wettbewerbsdruck beseitigt wird, den die fusionierenden Unternehmen aufeinander ausgeübt haben, sowie der Wettbewerbsdruck auf die verbleibenden Wettbewerber gemindert wird, zu einer erheblichen Behinderung wirksamen Wettbewerbs führen, auch wenn eine Koordinierung zwischen Oligopolmitgliedern unwahrscheinlich ist. Die Gerichte der Gemeinschaft haben jedoch bisher die Verordnung (EWG)Nr.4064/89 nicht ausdrücklich dahingehend ausgelegt, dass Zusammenschlüsse, die solche nicht koordinierten Auswirkungen haben, für mit dem Gemeinsamen Markt unvereinbar zu erklären sind. Daher sollte im Interesse der Rechtssicherheit klargestellt werden, dass diese Verordnung eine wirksame Kontrolle solcher Zusammenschlüsse dadurch vorsieht, dass grundsätzlich jeder Zusammenschluss, der einen wirksamen Wettbewerb im Gemeinsamen Markt oder einem wesentlichen Teil desselben erheblich behindern würde, für mit dem Gemeinsamen Markt unvereinbar zu erklären ist. Für die Anwendung der Bestimmungen des Artikels 2 Absätze 2 und 3 wird beabsichtigt, den Begriff „erhebliche Behinderung wirksamen Wettbewerbs "dahin gehend auszulegen, dass er sich über das Konzept der Marktbeherrschung hinaus ausschließlich auf diejenigen wettbewerbsschädigenden Auswirkungen eines Zusammenschlusses erstreckt, die sich aus nicht koordiniertem Verhalten von Unternehmen ergeben, die auf dem jeweiligen Markt keine beherrschende Stellung haben würden."
Dieser Beweggrund stellt klar, dass der neue materielle Test in bestimmten Oligopolfällen zu einer Untersagung des Zusammenschlusses führen soll. Der letzte Satz dieses Beweggrunds wurde noch in letzter Minute eingefügt, um die alleinige Veränderung des neuen materiellen Tests gegenüber dem Marktbeherrschungstest auf diese bestimmten Oligopolfälle einzuschränken. Mit dieser Problematik beschäftigt sich die Arbeit ausführlich im nächsten - dem neunten - Kapitel.
Der Beweggrund Nr. 24 lautet: *„Zur Gewährleistung eines unverfälschten Wettbewerbs im Gemeinsamen Markt im Rahmen der Fortführung einer Politik, die auf dem Grundsatz einer offenen Marktwirtschaft mit freiem Wettbewerb beruht, muss diese Verordnung eine wirksame Kontrolle sämtlicher Zusammenschlüsse entsprechend ihren Auswirkungen auf den Wettbewerb in der Gemeinschaft ermöglichen. Entsprechend wurde in der Verordnung (EWG) Nr. 4064/89 der Grundsatz aufgestellt, dass Zusammenschlüsse von gemeinschaftsweiter Bedeutung, die eine beherrschende Stellung begründen oder verstärken, durch welche ein wirksamer Wettbewerb im Gemeinsamen Markt oder in einem wesentlichen Teil desselben in erheblichem Ausmaß behindert wird, für mit dem Gemeinsamen Markt unvereinbar zu erklären sind."*
Der Beweggrund Nr. 26 lautet: *„Eine erhebliche Behinderung wirksamen Wettbewerbs resultiert im Allgemeinen aus der Begründung oder Stärkung einer beherrschenden Stellung. Im Hinblick darauf, dass frühere Urteile der europäischen Gerichte und die Beschlüsse der Kommission gemäß der Verordnung(EWG) Nr. 4064/89 weiterhin als Orientierung dienen sollten und gleichzeitig die Übereinstimmung mit den Kriterien für einen Wettbewerbsschaden, die die Kommission und die*

Gerichte der Gemeinschaft bei der Prüfung der Vereinbarkeit eines Zusammenschlusses mit dem Gemeinsamen Markt angewendet haben, gewahrt werden sollte, sollte diese Verordnung dementsprechend den Grundsatz aufstellen, dass Zusammenschlüsse von gemeinschaftsweiter Bedeutung, die wirksamen Wettbewerb im Gemeinsamen Markt oder in einem wesentlichen Teil desselben erheblich behindern würden, insbesondere infolge der Begründung oder Stärkung einer beherrschenden Stellung, für mit dem Gemeinsamen Markt unvereinbar zu erklären sind."

Diese beiden Beweggründe stellen klar, dass sich die Praxis auch in Zukunft bei der Beurteilung von Zusammenschlüssen an dem Merkmal der Begründung oder Verstärkung einer beherrschenden Stellung orientieren wird.

Die neue Fusionskontrollverordnung enthält wie bereits der Kommissionsvorschlag auch einen Beweggrund zu der in Kapitel 10 behandelten Frage der Effizienzen. Der Beweggrund Nr. 29 lautet: *„Um die Auswirkungen eines Zusammenschlusses auf den Wettbewerb im Gemeinsamen Markt bestimmen zu können, sollte begründeten und wahrscheinlichen Effizienzvorteilen Rechnung getragen werden. Es ist möglich, dass die durch einen Zusammenschluss bewirkten Effizienzvorteile die Auswirkungen des Zusammenschlusses auf den Wettbewerb, insbesondere den möglichen Schaden für die Verbraucher, ausgleichen, so dass durch den Zusammenschluss wirksamer Wettbewerb im Gemeinsamen Markt oder in einem wesentlichen Teil desselben, insbesondere durch Begründung oder Stärkung einer beherrschenden Stellung, nicht erheblich behindert würde. Die Kommission sollte Leitlinien veröffentlichen, in denen sie die Bedingungen darlegt, unter denen sie Effizienzvorteile bei der Prüfung eines Zusammenschlusses berücksichtigen kann."*

9. Kapitel: Erweiterung des Untersagungstatbestandes

I. Einleitung

In diesem Kapitel soll die Frage beantwortet werden, ob es Zusammenschlüsse gibt, die nach dem materiellen Test der Verordnung Nr. 4064/89 nicht untersagt werden konnten, die aber nach dem neuen materiellen Test der Verordnung Nr. 139/2004 zu untersagen sind. Beim alten Test war die Begründung oder Verstärkung einer marktbeherrschenden Stellung notwendige Voraussetzung für eine Untersagung. In diesem Kapitel ist daher zu prüfen, ob es Zusammenschlüsse gibt, die zwar den wirksamen Wettbewerb erheblich behindern, jedoch weder eine Einzelmarktbeherrschung noch eine kollektive Marktbeherrschung begründen oder verstärken.

Der Beweggrund Nr. 25 der neuen Fusionskontrollverordnung Nr. 139/2004 gibt einen Hinweis darauf, welche Zusammenschlüsse diese Bedingung erfüllen. In diesem Beweggrund heißt es, dass in oligopolistischen Märkten Zusammenschlüsse, in deren Folge der Wettbewerbsdruck verringert wird, zu einer erheblichen Behinderung des Wettbewerbs führen, auch wenn eine Koordinierung zwischen den Oligopolisten unwahrscheinlich ist. Die Gerichte hätten über solche Zusammenschlüsse bisher noch nicht entscheiden müssen. Der neue materielle Test der Fusionskontrollverordnung solle daher klarstellen, dass solche Zusammenschlüsse für mit dem Gemeinsamen Markt unvereinbar zu erklären sind.[320] Bei den Zusammenschlüssen, die eventuell nach der alten Verordnung nicht untersagt werden konnten, aber nach der neuen Verordnung zu untersagen sind, handelt es sich folglich um Zusammenschlüsse in einem Oligopol, die nicht koordinierte Effekte, sondern unilaterale Effekte zur Folge haben.

Im zweiten Teil dieses Kapitels soll eine Begriffsbestimmung erfolgen und der ökonomische Hintergrund dieser bestimmten Zusammenschlüsse im Oligopol in aller gebotenen Kürze beschrieben werden. Anschließend werden mögliche zukünftige Beurteilungskriterien der Kommission anhand ihrer Mitteilung über die Beurteilung horizontaler Zusammenschlüsse dargestellt, um eventuell bestehende Unterschiede der Beurteilung von Zusammenschlüssen aufzuzeigen. Im dritten Teil wird anhand der neuen Verordnung Nr. 139/2004 und der Bekanntmachung der Kommission über die Beurteilung horizontaler Zusammenschlüsse untersucht, ob sich die Meßlatte, ab der Zusammenschlüsse zu untersagen sind, verändert hat. Danach sollen diese theoretischen Erörterungen anhand von Beispielfällen verdeutlicht werden. Schließlich wird versucht, aus diesen Überlegungen heraus allgemeine Aussagen über die Bedeutung des neuen Untersagungstatbestandes der „erheblichen Behinderung wirksamen Wettbewerbs" zu treffen.

II. Ökonomischer Hintergrund

Der neue materielle Test der Fusionskontrollverordnung soll es ermöglichen, Zusammenschlüsse in oligopolistisch geprägten Märkten zu untersagen, die unilaterale Effekte zur Folge haben. Es sollen hier daher zuerst kurz koordinierte und unilaterale Effekte gegenübergestellt werden und dann der ökonomische Hintergrund von unilateralen Effekten dargelegt werden. Diese Darstellung erfolgt in der gebotenen Kürze. Sie nimmt für sich nicht in Anspruch, den Stand der Wissenschaft zur Preisbildung und zum Wettbewerbsprozess im Oligopol annähernd wiederzugeben. Sie soll lediglich der Begriffsbestimmung und dem besserem Verständnis der rechtlichen Problematik dienen. Die folgende Darstellung der ökonomischen Modelle und Überlegungen, auf die sich die Kommission bei ihrer Beurteilung von Zusammenschlüssen stützt und die auch als Begründung für die Änderung des materiellen Tests der Fusionskontrollverordnung herangezogen wurden, lehnt sich an die beiden für die Kommission erstellten Gutachten von Europe Economics[321] und dem IDEI Toulouse[322] an.

---

[320] Verordnung (EG) Nr. 139/2004 vom 20. Januar 2004 über die Kontrolle von Unternehmenszusammenschlüssen („Fusionskontrollverordnung"), Abl. 2004 Nr. L 24/1, Beweggrund Nr. 25.

[321] *Europe Economics*, Study on Assessment Criteria for Distinguishing between Competitive and Dominant Oligopolies in Merger Control.

[322] *IDEI Toulouse*, the Economics of Unilateral Effects.

1. Koordinierte Effekte und unilaterale Effekte

Zusammenschlüsse können grundsätzlich entweder durch koordinierte Effekte oder durch unilaterale Effekte den wirksamen Wettbewerb behindern.[323]

a) Koordinierte Effekte

Als koordinierte Effekte werden gesamtwirtschaftliche Nachteile bezeichnet, die aus einem gleichförmigen und reaktionsverbundenen Handeln der einzelnen Unternehmen resultieren.[324] Ein reaktionsverbundenes Oligopol wird auch als „collusiv" bezeichnet. Der Begriff „Collusion" kann in „tacit collusion" und in „explicit collusion" unterteilt werden. „Tacit collusion" erfolgt nicht durch Absprachen oder aufeinander abgestimmte Verhaltensweisen im Sinne des Art. 81 Abs. 1. EG. Ein einheitliches Vorgehen der Oligopolmitglieder ergibt sich vielmehr von selbst aus der Marktstruktur. Die Marktstruktur erlaubt es ihnen, ihre Marktaktionen ohne Austausch von Informationen zu koordinieren. Bei der „explicit collusion" dagegen erfolgt ein gemeinsames Vorgehen der Unternehmen aufgrund von Absprachen oder anderen aufeinander abgestimmten Verhaltensweisen. Das Marktergebnis von „tacit collusion" und „explit collusion" ist jedoch das gleiche. Beide führen im Vergleich zum Wettbewerbspreis zu höheren Preisen. Zusammenschlüsse, die koordinierte Effekte zur Folge haben, konnten bereits nach dem alten Test der Verordnung Nr. 4064/89 für unvereinbar mit dem gemeinsamen Markt erklärt werden. Denn wie bereits dargelegt, wird durch solche Zusammenschlüsse eine kollektive Marktbeherrschung begründet oder verstärkt.[325]

b) Unilaterale Effekte

Als unilaterale Effekte werden solche gesamtwirtschaftliche Nachteile von Zusammenschlüssen bezeichnet, die zum Beispiel aus der Verringerung des Produktionsvolumens oder der Erhöhung von Preisen von Unternehmen entstehen, die individuell und unabhängig von den Reaktionen der anderen Wettbewerber handeln.[326] Die Oligopolisten stehen also in einem Rivalitätsverhältnis. Sie nehmen die Entscheidungen ihrer Wettbewerber als gegeben hin und glauben nicht, direkt durch ihr Verhalten das Verhalten der Wettbewerber beeinflussen zu können.[327] Aus diesen Begriffsbestimmungen ergibt sich, dass ein Zusammenschluss entweder unilaterale Effekte oder koordinierte Effekte zur Folge hat, beide Effekte schließen sich gegenseitig aus. Unilaterale Effekte können im Gegensatz zu koordinierten Effekten nicht von der kollektiven Marktbeherrschung erfaßt werden. Denn kollektive Marktbeherrschung setzt ein gleichförmiges und reaktionsverbundenes Vorgehen der Oligopolisten voraus, welches bei unilateralen Effekten im Oligopol gerade nicht gegeben ist.[328]

---

[323] *Kommission*, Leitlinien, Tz. 22; sowie *U.S. Department of Justice und Federal Trade Commission*, 1992 Horizontal Merger Guidelines, Ziffer 2.1. und 2.2.

[324] *Europe Economics*, S. 7; vgl. auch *U.S. Department of Justice und Federal Trade Commission*, 1992 Horizontal Merger Guidelines, Ziffer 2.1.

[325] Vgl. Seite 32.

[326] *Wu/Hofer/Williams*, 5; *Europe Economics*, 7.

[327] *IDEI Toulouse*, 3f.

[328] Vgl. Seite 32.

2. Unilaterale Effekte im Oligopol

Der Wettbewerb und die Preisbildung im Oligopol können danach unterschieden werden, ob es sich um einen Markt handelt, auf dem Preiswettbewerb herrscht (Bertrand Modell) oder um einen Markt, auf dem die Wettbewerber in erster Linie ihre Produktionsmenge als Wettbewerbsparameter einsetzen (Cournot Modell). Im realen Wirtschaftsleben dürfte ein Oligopolmarkt, auf dem ein homogenes Gut angeboten wird und die Wettbewerber vor allem ihre Produktionsmenge als Wettbewerbsparameter einsetzten, eher die Ausnahme bilden.[329] Die folgende Darstellung fängt daher entgegen der zeitlichen Reihenfolge der Entwicklung der Modelle mit dem Bertrand Modell an.

a) Bertrand Modell

Beim Bertrand Modell konkurrieren die Anbieter auf Ebene des Preises. Es wird angenommen, dass die Preissetzung eines Unternehmens unter dem Gesichtspunkt der Gewinnmaximierung erfolgt und die Unternehmen die Preise ihrer Wettbewerber als gegeben hinnehmen.[330] Ferner wird im Folgenden von einem Markt mit differenzierten Produkten[331] ausgegangen.

Wenn ein Anbieter auf einem Markt mit differenzierten Produkten den Preis für ein Produkt erhöht, wechseln nicht alle Abnehmer zu anderen Anbietern, die ein ähnliches Produkt zu einem geringfügig niedrigeren Preis anbieten. Denn der Preis ist bei differenzierten Produkten für den Abnehmer nicht die allein ausschlaggebende Komponente bei der Wahl seines Anbieters. Erhöht ein Anbieter den Preis für sein Produkt, so weicht ein Teil seiner Abnehmer auf die Produkte anderer Anbieter aus. Fusionieren nun zwei Anbieter auf einem Markt, so stellt bei einer Preiserhöhung für das Produkt eines an der Fusion beteiligten Unternehmens der Wegfall der Kunden, die auf das Produkt des anderen beteiligten Unternehmens ausweichen, keinen Verlust mehr da.[332] Diese Tatsache kann einen Anreiz für das neue Unternehmen bilden, seine Preise für die Produkte nach dem Zusammenschluss zu erhöhen. Dieser Mechanismus soll anhand eines Beispiels verdeutlicht werden.[333]

Angenommen es gibt vier Anbieter (A, B, C, D) auf einem Markt, die jeweils 100 Produkteinheiten verkaufen. Ferner sei angenommen, dass bei einer Preiserhöhung von A in Höhe von 5 % A einen Verkaufsverlust von 20% erleidet. Wie die folgende Tabelle zeigt, kann B von den 20 Produkteinheiten 10 auf sich ziehen, da das Produkt von B das engste Substitut zu dem Produkt von A bildet. C kann 7 und D kann 3 von den frei werdenden Produkteinheiten auf sich vereinigen. Wenn nun A und B fusionieren, dann erleiden sie zusammen nur einen Verlust von 10 Produkteinheiten. Eine Gewinnsteigerung durch eine Preiserhöhung erscheint nun eher möglich.

[329] *Siebke*,100; *Europe Economics*, 57.
[330] *IDEI Toulouse*, 30.
[331] Unter differenzierten Produkten versteht man Produkte, die für den Abnehmer nur im begrenzten Maß untereinander substituierbar sind, da sie zum Beispiel eine unterschiedliche Qualität oder ein unterschiedliches Image haben.
[332] Vgl. *IDEI Toulouse*, 35.
[333] Das Beispiel und die Tabelle sind aus *Bishop/Walker*, Tz. 6.15 f. entnommen.

Tabelle 1:

Unternehmen	Produkteinheiten bei Ausgangspreis	Produkteinheiten, wenn A Preis um 5% erhöht
A	100	80
B	100	110
C	100	107
D	100	103
AB	200	190

Dieses Beispiel verdeutlicht weitere wichtige Aussagen bei der Preisbildung im Bertrand Modell mit differenzierten Produkten. Der Anreiz für eine Preiserhöhung hängt nicht in erster Linie vom Marktanteil des fusionierten Unternehmens ab. Er richtet sich vielmehr nach dem Grad der Substituierbarkeit der Produkte von den fusionierenden Unternehmen untereinander und nach dem Grad der Substituierbarkeit im Verhältnis zu den Produkten ihrer Wettbewerber. Je höher die Substituierbarkeit der Produkte der beiden fusionierenden Anbieter ist, umso wahrscheinlicher ist eine Preiserhöhung nach dem Zusammenschluss. Je höher die Substituierbarkeit der Produkte der verbleibenden Wettbewerber im Vergleich zu den Produkten des fusionierten Unternehmens ist, umso geringer wird eine mögliche Preiserhöhung ausfallen.[334]

b) Cournot Modell

Beim Cournot Modell konkurrieren die Wettbewerber in erster Linie mittels ihrer Produktionsmenge miteinander. Die Unternehmen legen ihre Produktion fest und wählen dann den Preis für das Produkt so, dass sie ihre gewählte Produktionsmenge absetzen können.[335] Der Cournot-Wettbewerb findet vor allem bei homogenen Gütern statt. Generell sind Preiserhöhungen nach einer Fusion von zwei Wettbewerbern weniger wahrscheinlich als bei einem Bertrand-Wettbewerb, da die anderen Marktteilnehmer perfekte Produktsubstitute anbieten, und daher bei einer geringen Preiserhöhung die Abnehmer auf andere Anbieter wechseln würden. Ein fusioniertes Unternehmen wird daher kaum eine Preiserhöhung vornehmen, soweit die Wettbewerber aufgrund ihrer Kapazitäten in der Lage sind, die freiwerdende Nachfrage auf sich zu vereinigen. Eine Preiserhöhung ist aber immer dann wahrscheinlich, wenn die anderen Anbieter aufgrund ihrer geringen Produktionsmöglichkeiten ihr Angebot nicht ausweiten können.[336] Erhöht ein Unternehmen seine Preise für ein bestimmtes Produkt, so können die Abnehmer nicht auf die Produkte anderer Anbieter wechseln, da diese nicht in der Lage sind, zusätzliche Produkte herzustellen. Eine Preiserhöhung erscheint daher besonders dann für das fusionierte Unternehmen profitabel, wenn durch die Fusion ein Wettbewerber mit freien Kapazitäten übernommen wurde und die verbleibenden Wettbewerber aufgrund ihrer begrenzten Produktionskapazitäten ihr Angebot nicht ausweiten können.

---

334 *IDEI Toulouse*, 36.

335 *IDEI Toulouse*, 42.

336 *Bishop/Walker*, Tz. 6. 20.

3. Ergebnis

Als Ergebnis dieser kurzen Darstellung kann die folgende Aussage festgehalten werden:

Ein Zusammenschluss in einem engen Oligopol kann zu höheren Preisen führen ohne dass,

a) die Oligopolmitglieder ihr Verhalten koordinieren und ohne dass,

b) ein einzelnes Unternehmen über eine überragende Marktstellung im Verhältnis zu seinen Wettbewerbern verfügt.

III. Beurteilungskriterien der Kommission

Die Antwort auf die Frage, ob ein Zusammenschluss den Untersagungstatbestand erfüllt, hängt maßgeblich davon ab, anhand welcher konkreten Kriterien der Zusammenschluss beurteilt wird. Es soll daher in diesem Kapitel geprüft werden, ob die Änderung des Wortlauts des Untersagungstatbestands auch dazu führt, dass die Kommission in der Zukunft andere Kriterien anwenden wird als in ihrer bisherigen Praxis. Auf den ersten Blick scheint dies nicht der Fall zu sein, da Art. 2 Abs. 1 der Verordnung Nr. 4064/89, der die Kriterien für die Beurteilung von Zusammenschlüssen aufzählt, unverändert in die Verordnung Nr. 139/2004 übernommen wurde. Es ist jedoch zu bedenken, dass dieser Absatz die Kriterien nur beispielhaft aufzählt.[337] Es könnte daher trotz des gleichen Wortlauts möglich sein, dass sich die Beurteilungskriterien ändern werden. Die zukünftige Praxis der Kommission kann natürlich nicht vorausgesagt werden. Die Kommission hat aber die Kriterien, nach denen sie horizontale Zusammenschlüsse beurteilen will, in ihrer Bekanntmachung vom Januar 2004 erläutert.[338] Nach einer Analyse dieser Bekanntmachung wird anschließend die bisherige Praxis der Kommission unter der Verordnung 139/2004 ausgewertet.

1. Leitlinien der Kommission zur Bewertung horizontaler Zusammenschlüsse

Die Bekanntmachung der Kommission kann man wie folgt untergliedern:[339] Erstens den Ansatz der Kommission in Bezug auf Marktanteils- und Konzentrationsschwellen. Zweitens die Wahrscheinlichkeit, dass ein Zusammenschluss wettbewerbswidrige Wirkungen in den relevanten Märkten hätte, wenn keine Ausgleichsfaktoren vorhanden wären. In diesem Gliederungspunkt unterscheidet die Bekanntmachung wiederum zwischen der Beurteilung von Zusammenschlüssen mit nicht koordinierten Wirkungen und der Beurteilung von Zusammenschlüssen mit koordinierten Wirkungen.[340] Einen dritten Gliederungspunkt bilden schließlich die Ausgleichsfaktoren (starke Macht der Marktgegenseite, Eintritt neuer Unternehmen, Effizienzvorteile, Sanierungsfusion) die dazu führen, dass keine erhebliche Behinderung wirksamen Wettbewerbs vorliegt. Für die in

---

[337] *Rösler* NZG 2000, 856.

[338] Bekanntmachung der Kommission, Leitlinien zur Bewertung horizontaler Zusammenschlüsse gemäß der Ratsverordnung über die Kontrolle von Unternehmenszusammenschlüssen, vom 28. 1. 2004 (im folgenden: Leitlinien).

[339] Vgl. *Kommission*, Leitlinien, Tz. 11.

[340] Vgl. *Kommission*, Leitlinien, Tz. 22.

diesem Kapitel zu beantwortende Frage, welche Zusammenschlüsse nach der neuen Verordnung Nr. 139/2004 zu untersagen sind, die nicht nach der alten Verordnung Nr. 4064/89 untersagt werden konnten, interessieren nur die Kriterien, die zur Untersagung eines Zusammenschlusses führen können, der unilaterale Effekte zur Folge hat. Denn Zusammenschlüsse mit koordinierten Wirkungen konnten bereits mit der Figur der kollektiven Marktbeherrschung untersagt werden. An dieser Stelle kann sich daher die Analyse der Leitlinien auf die beiden Gliederungspunkte „Marktanteils- und Konzentrationsschwellen" sowie „wettbewerbswidrige Wirkungen von Zusammenschlüssen ohne koordinierte Wirkung" beschränken.[341]

a) Marktanteils- und Konzentrationsschwellen

In den Leitlinien der Kommission wird dem Kriterium der Marktanteile und dem Kriterium der Marktkonzentration als einzigem der unterschiedlichen Beurteilungskriterien ein eigenständiger Abschnitt gewidmet.[342] Dieses lässt darauf schließen, dass auch weiterhin die Marktanteile und die Marktkonzentration das entscheidende Kriterium für die Beurteilung von Zusammenschlüssen sein werden. In diesem Abschnitt der Leitlinien wird die bisherige Praxis der Kommission und der Gerichte zu den Marktanteilen und dem Konzentrationsgrad des Marktes wiedergegeben. Besonderes Gewicht wird auf den HHI Index[343] gelegt, den die Kommission in mehreren neueren Entscheidungen bereits angewandt hat.[344] Es ergeben sich im Vergleich zur alten Praxis keine neuen Gesichtspunkte.

Interessant für die Frage nach welchen Kriterien Zusammenschlüsse in einem Oligopol beurteilt werden, die unilaterale Effekte zur Folge haben, ist dagegen die Textziffer 18 der Leitlinien. Dort heißt es: *„Bei Zusammenschlüssen, die angesichts der beschränkten Marktanteile der beteiligten Unternehmen nicht geeignet sind, einen wirksamen Wettbewerb zu behindern, ist zu vermuten, dass sie mit dem Gemeinsamen Markt vereinbar sind. Unbeschadet der Artikel 81 und 82 EGV kann ein Marktanteil von 25%, sei es im Gemeinsamen Markt oder einem wesentlichen Teil davon, als Anhaltspunkt dazu dienen."*[345] In einer Fußnote wird darauf hingewiesen, dass eine solche Annahme nicht vorliege, wenn ein Zusammenschluss eine gemeinsame marktbeherrschende Stellung begründet oder verstärkt, an der die „beteiligten Unternehmen" und Dritte beteiligt sind.[346] Nach der hier vertretenen Auffassung können unilaterale Effekte nicht mit Hilfe der kollektiven Marktbeherrschung erfaßt werden.[347] Daher müßte auch für Zusammenschlüsse, die unilaterale Effekte im Oligopol zur Folge haben, der „safe harbor" eines Marktanteils von 25 Prozent gelten.

---

[341] Im 10. Kapitel wird ausführlich auf die Gliederungspunkte Effizienzen und Sanierungsfusion eingegangen.

[342] *Kommission*, Leitlinien, Tz. 14ff.

[343] Siehe zum Herfindahl-Hirschman-Index Seite 31.

[344] Vgl. Kom. E. v. 22. 9. 1999 Az. IV/M. 1524 *Airtours/First Choice*, Tz. 139, Kom. E. v. 25. 11. 1998 Az. IV/M. 1225 *Enso/Stora*, Tz. 67.

[345] *Kommission*, Leitlinien, Tz. 18.

[346] *Kommission*, Leitlinien, Fußnote 24.

[347] Siehe Seite 32.

Jedoch haben nach Auffassung der Kommission die europäischen Gerichte bisher nicht entschieden, ob Zusammenschlüsse, die unilaterale Effekte im Oligopol zur Folge haben, eine kollektive Marktbeherrschung begründen oder verstärken können.[348] Nach Ansicht der Kommission könnten daher auch Zusammenschlüsse, die unilaterale Effekte zur Folge haben, unter den Begriff der kollektiven Marktbeherrschung subsumiert werden. Die Leitlinien der Kommission können somit nicht dahingehend interpretiert werden, dass der „safe harbor" eines Marktanteils von unter 25 Prozent auch für Zusammenschlüsse gilt, bei denen die Gefahr von unilateralen Effekten im Oligopol besteht.
Aus der Analyse der Leitlinien der Kommission ergibt sich daher, dass die Kommission auch in Zukunft die Marktkonzentration und die Marktanteile der beteiligten Unternehmen bei der Beurteilung von Zusammenschlüssen wahrscheinlich unter den selben Gesichtspunkten werten wird, wie unter der alten Verordnung Nr. 4064/89.

b) Wettbewerbswidrige Wirkungen horizontaler Zusammenschlüsse

In dem nun zu analysierenden Abschnitt der Leitlinien erörtert die Kommission mehrere Kriterien, die sie bei der Beurteilung von Zusammenschlüssen, die unilaterale Effekte zur Folge haben, anwenden wird.
Ausgangspunkt der Beurteilung von Zusammenschlüssen wird weiterhin der Marktanteil des fusionierten Unternehmens sein.[349]
Ferner wird die Kommission bei ihrer Beurteilung berücksichtigen, ob die fusionierenden Unternehmen nahe Wettbewerber sind.[350] Denn wie oben bereits gezeigt, ist eine Preiserhöhung nach einer Fusion umso wahrscheinlicher, je nähere Substitute die fusionierenden Unternehmen herstellen.[351] Diesen Gesichtspunkt hat die Kommission auch in ihren bisherigen Entscheidungen gewürdigt.[352]
Als weiteres Beurteilungskriterium zählt die Kommission in ihren Leitlinien die begrenzte Möglichkeit der Kunden auf, zu einem anderen Anbieter zu wechseln.[353] Auch dieses Kriterium ist kein neues Kriterium. Es war nach der alten Fusionskontrollverordnung Nr. 4064/89 gerade Ziel der Beurteilung eines Zusammenschlusses herauszufinden, ob die Abnehmer (Kunden) über eine Ausweichmöglichkeit verfügen und dadurch den Verhaltensspielraum des durch den Zusammenschluss entstandenen Unternehmens beschränken können.
Ein weiteres Kriterium der Leitlinien ist die Erhöhung des Angebots der anderen Wettbewerber bei einer Produktionsverringerung der beteiligten Unternehmen nach dem Zusammenschluss.[354] Auf einen Markt mit homogenen Gütern wird ein fusioniertes Unternehmen seine Produktion nicht verringern, wenn seine Mitbewerber in der Lage sind, die frei werdende Nachfrage aufgrund ihrer Kapazitäten gewinnbringend auf sich

---

[348] *Kommission*, Kommissionsvorschlag, Einleitung Tz. 54.
[349] *Kommission*, Leitlinien, Tz. 27.
[350] *Kommission*, Leitlinien, Tz. 28f.
[351] Vgl. Seite 70 f.
[352] Vgl. z. Bsp. Kom. E. v. 30. 4. 2003 COMP/M. 2861 *Siemens/Drägerwerk/JV*, Tz. 72ff; Kom. E. v. 8. 5. 2002 Az. COMP/M. 2817 – *Barilla/BPS/Kamps*, Tz. 34; Kom. E. v. 29. 5. 2001 COMP/M 1672 *Volvo/Scania* Tz. 107ff.
[353] *Kommission*, Leitlinien, Tz. 31.
[354] *Kommission*, Leitlinien, Tz. 32.

zu vereinigen.[355] Auch diesen Gesichtspunkt hat die Kommission in ihren bisherigen Entscheidungen berücksichtigt.[356]
Als ein Beurteilungskriterium zählt die Kommission ferner auf, die Fähigkeit des fusionierten Unternehmens, die Wettbewerber am Wachstum zu hindern.[357] Unter dieses Kriterium fasst die Kommission Sachverhalte, in denen das fusionierte Unternehmen aufgrund von Patenten oder Markenrechten oder wegen seiner vertikalen Integration über einen Wettbewerbsvorsprung gegenüber seinen Wettbewerbern verfügt. Diese Kriterien wurden in der Vergangenheit von der Kommission in einer Vielzahl von Entscheidungen angewandt.[358]
Als letztes Beurteilungskriterium führt die Kommission in ihren Leitlinien die Beseitigung einer wichtigen Wettbewerbskraft durch den Zusammenschluss an.[359] Wird durch den Zusammenschluss ein kleineres Unternehmen beseitigt, dass sich durch innovative Wettbewerbsvorstöße besonders ausgezeichnet hat (so genannte „maverick firm“), so kann der Zusammenschluss zu einer größeren Erlahmung des Wettbewerbs führen, als nach einer reinen Marktanteilsbetrachtung zu erwarten gewesen wäre. Auch dieses letzte Beurteilungskriterium hat die Kommission in ihrer bisherigen Praxis berücksichtigt.[360]

2. Kommissionsentscheidungen
Die Kommission prüft in ihren bisherigen Entscheidungen unter der Verordnung Nr. 139/2004 die Frage, ob ein Zusammenschluss eine beherrschende Stellung begründet oder verstärkt und die Frage, ob ein Zusammenschluss unilaterale Effekte im Oligopol zur Folge hat, anhand derselben Beurteilungskriterien. [361]

3. Ergebnis
Die Leitlinien der Kommission über horizontale Zusammenschlüsse weisen somit keine neuen Kriterien zur Beurteilung von Zusammenschlüssen auf.[362] Die bisherigen Entscheidungen der Kommission unter der Verordnung Nr. 139/2004 lassen nicht darauf schließen, dass die Kommission bei der Prüfung von unilateralen Effekten im Oligopol andere Kriterien verwenden wird, als sie bereits unter der Verordnung Nr. 4064/89 bei der Prüfung einer Begründung oder Verstärkung einer Einzelmarktbeherrschung angewandt hat. Es hat sich daher die anfänglich aufgestellte Vermutung bestätigt, dass die Kommission auch in Zukunft die gleichen Kriterien anwenden wird, die sie unter der alten Fusionskontrollverordnung bereits angewandt hat. Es kann somit festgehalten werden, dass die Kommission auch Zusammenschlüsse im Oligopol, die möglicherweise unilaterale Effekte

---

[355] Siehe Seite 71.
[356] Kom. E. v. 17. 10. 2001 Az. IV/M. 2187 *CVC/Lenzing*, Tz. 162ff.
[357] *Kommission*, Leitlinien, Tz. 36.
[358] Vgl. nur: Kom. E. v. 9. 11. 1994 Az. IV/M. 469 *MSG Media Service*; Kom. E. v. 3. 5. 2000 Az. IV/M. 1671 *Dow Chemical/Union Carbide*, Tz. 107ff.
[359] *Kommission*, Leitlinien, Tz. 37.
[360] Kom. E. v. 8. 5. 2000 Az. IV/M. 1846 *Glaxo Wellcome/Smithline Beecham*, Tz. 188ff.; Kom. E. v. 30. 7. 1997 Az. IV/M. 877 *Boeing/McDonnell Douglas*, Tz. 58ff.
[361] Vgl. nur: Kom. E. v. 9. 8. 2004 Az. COMP/M. 3439 *Agfa Gevaert/Lastra*; Kom. E. v. 17. 8. 2004 Az. COMP/M. 3465 *Syngenta CP/ Advanta*.
[362] Im Ergebnis auch *Böge* WuW 2004, 145; *Berg* BB 2004, 563.

zur Folge haben, anhand der alten unter der Verordnung Nr. 4064/89 angewandten Beurteilungskriterien prüfen wird.

IV. Die neue Meßlatte für Zusammenschlüsse

Im letzten Abschnitt wurde festgestellt, dass die Beurteilungskriterien für Zusammenschlüsse unter der neuen Verordnung Nr. 139/2004 die gleichen sind, wie unter der alten Verordnung Nr. 4064/89. Man wird daher nur dann zu einer unterschiedlichen Beurteilung von Zusammenschlüssen unter der neuen Verordnung gelangen, wenn sich der Maßstab, anhand dessen ein Zusammenschluss zu beurteilen ist, im Vergleich zur alten Verordnung verändert hat.

Nach der Verordnung Nr. 4064/89 war ein Zusammenschluss zu untersagen, wenn infolge des Zusammenschlusses ein oder mehrere Unternehmen zusammen über die Macht verfügen würden, sich gegenüber Wettbewerbern, Abnehmern und letztlich gegenüber den Verbrauchern unabhängig zu verhalten („Begründung oder Verstärkung einer beherrschenden Stellung"). Nach dem im zweiten Teil dieser Arbeit gefundenen Ergebnis, mussten darüber hinaus die Wettbewerbsfunktionen bei einer Untersagung besser erfüllt werden als bei einer Genehmigung des Zusammenschlusses („erhebliche Behinderung wirksamen Wettbewerbs"). Dieses ist jedoch in aller Regel der Fall, wenn durch den Zusammenschluss eine beherrschende Stellung begründet oder verstärkt wird.

Nach der neuen Verordnung ist ein Zusammenschluss zu untersagen, wenn er den wirksamen Wettbewerb erheblich behindert. Es soll nun anhand des Textes der Verordnung Nr. 139/2004 und der Bekanntmachung der Kommission über die Beurteilung von horizontalen Zusammenschlüssen versucht werden, diese Meßlatte zu konkretisieren.

1. Verordnung Nr. 139/2004

Die Verordnung Nr. 139/2004 enthält in ihren Beweggründen gegenüber der Verordnung Nr. 4064/89 zwei neue Aussagen, die das Ziel der Fusionskontrollverordnung erläutern.

Der Beweggrund Nr. 2 lautet:

„Zur Verwirklichung der allgemeinen Ziele des Vertrags ist der Gemeinschaft in Artikel 3 Absatz 1 Buchstabe g) die Aufgabe übertragen worden, ein System zu errichten, das den Wettbewerb innerhalb des Binnenmarkts vor Verfälschungen schützt. Nach Artikel 4 Absatz 1 des Vertrags ist die Tätigkeit der Mitgliedstaaten und der Gemeinschaft dem Grundsatz einer offenen Marktwirtschaft mit freiem Wettbewerb verpflichtet. Diese Grundsätze sind für die Fortentwicklung des Binnenmarkts wesentlich."

Der Beweggrund Nr. 6 lautet am Ende:

„Im Einklang mit dem Subsidiaritätsprinzip und dem Grundsatz der Verhältnismäßigkeit nach Artikel 5 des Vertrags geht die vorliegende Verordnung nicht über das zur Erreichung ihres Ziels, der Gewährleistung eines unverfälschten Wettbewerbs im Gemeinsamen Markt entsprechend dem Grundsatz einer offenen Marktwirtschaft mit freiem Wettbewerb, erforderliche Maß hinaus."

Durch diese beiden Beweggründe wird das Prinzip der offenen Marktwirtschaft und des freien Wettbewerbs betont.

Der Beweggrund Nr. 29 lässt Rückschlüsse auf einen neuen Bewertungsmaßstab für Zusammenschlüsse zu. Dort heißt es:
„Es ist möglich, dass die durch einen Zusammenschluss bewirkten Effizienzvorteile die Auswirkungen des Zusammenschlusses auf den Wettbewerb, insbesondere den möglichen Schaden für die Verbraucher, ausgleichen, so dass durch den Zusammenschluss wirksamer Wettbewerb im Gemeinsamen Markt oder in einem wesentlichen Teil desselben, insbesondere durch Begründung oder Stärkung einer beherrschenden Stellung, nicht erheblich behindert würde."
Dieser Beweggrund ist aufgrund von zwei Formulierungen besonders interessant. Zum einen heißt es dort, dass Effizienzvorteile die Auswirkungen des Zusammenschlusses auf den Wettbewerb „*ausgleichen*" (*„counteract", „contrebalancer"*) können, so dass wirksamer Wettbewerb nicht erheblich behindert würde. Die Verwendung des Wortes „ausgleichen" impliziert, dass ein und derselbe Zusammenschluss sowohl positive als auch negative Effekte zur Folge haben kann. Der neue Bewertungsmaßstab muss es daher ermöglichen, diese gegensätzlichen Effekte gegeneinander abzuwägen.
Die zweite interessante Aussage dieses Beweggrundes ist der Einschub „*insbesondere den Schaden für die Verbraucher*". Hierdurch wird festgelegt, dass ein wesentlicher - wenn nicht der wesentliche - Gesichtspunkt bei der Beurteilung eines Zusammenschlusses ist, ob der Zusammenschluss zu Nachteilen oder Vorteilen für die Verbraucher führt.

2. Die Bekanntmachung der Kommission

Eine ziemlich deutliche Konkretisierung des neuen Bewertungsmaßstabes für die Beurteilung von Zusammenschlüssen findet sich in der Bekanntmachung der Kommission über die Beurteilung von horizontalen Zusammenschlüssen. Dort heißt es in einem einleitenden Abschnitt:
„Ein wirksamer Wettbewerb erbringt den Verbrauchern Vorteile, zum Beispiel in Form niedriger Preise, hochwertiger Produkte, einer großen Auswahl an Waren und Dienstleistungen und Innovationen. Mit der Fusionskontrolle verhindert die Kommission Zusammenschlüsse, die geeignet wären, den Verbrauchern diese Vorteile vorzuenthalten, indem die Marktmacht der Unternehmen spürbar erhöht würde."[363]
Der wirksame Wettbewerb wird hier aufgrund seiner Vorteile für die Verbraucher als schutzwürdig angesehen. Ein Zusammenschluss ist immer dann zu untersagen, wenn er zu Marktmacht eines oder mehrerer Unternehmen und damit zu Nachteilen für die Verbraucher führt.

3. Reden der Kommissionsmitglieder

Der Schutz der Verbraucher wurde in mehreren Reden von Kommissionsmitgliedern als das Ziel der Wettbewerbspolitik angesehen. In ihren Reden während der Reform der Fusionskontrollverordnung betonten die Kommissionsmitglieder immer wieder, dass es zentrales Ziel der Fusionskontrolle sei, die Wohlfahrt der Verbraucher zu sichern.[364] So heißt es beispielsweise in einer Rede des Generaldirektors

[363] *Kommission*, Leitlinien, Tz. 8.
[364] Vgl. nur *Lowe* (2002 II), 3; *Monti* (2003); *ders.* (2004 I), 3; *ders.* (2002 II).

für Wettbewerb Lowe: „*The protection of consumer welfare is naturally central to the Commission's analysis of mergers.*"[365] Wettbewerbskommissar Monti zieht folgenden Schluss in einer Rede im November 2003 in Tokio: „*The European Commission is committed to develop a modern and efficient competition policy. A policy which reflects a realistic economic analysis of the market place. A policy that takes into account the concerns of the business world in terms of transparency, certainty and predictability. But above all, a policy which ensures that the market functions in such a way as to maximise the benefits for the consumer.*"[366]

Nach Erlass der Fusionskontrollverordnung stellte Monti in einer Rede in den USA fest: „*It is fair to say that the far reaching policy shift which occurred in US antitrust enforcement during the 1980's - namely, the shift towards a focus on the economic welfare of consumers - has been mirrored in the policy priorities of the European Commission during the 1990's.*[367]

Auch wenn Reden von Kommissionsmitgliedern nicht unmittelbar zur Auslegung des Untersagungstatbestandes der neuen Verordnung Nr. 139/2004 herangezogen werden können, so unterstützen sie doch das Ergebnis, dass der Bewertungsmaßstab der neuen Fusionskontrollverordnung maßgeblich darauf abstellt, ob der Zusammenschluss zu Nachteilen für die Verbraucher führt oder nicht.

4. Ergebnis

Als Ergebnis zur Konkretisierung des neuen Untersagungstatbestands kann folgendes festgehalten werden: Das Ziel der Fusionskontrolle, die allgemeine Wohlfahrt zu fördern und den Verbraucher so vor wirtschaftlichen Nachteilen zu schützen, wird stärker betont. Die Kommission wird anhand ökonomischer Modelle und Aussagen prüfen, ob der Zusammenschluss höhere Preise, eine schlechtere Produktqualität oder eine geringere Produktauswahl zur Folge hat.[368] Aus der Bekanntmachung der Kommission lässt sich entnehmen, dass sie eine erhebliche Behinderung wirksamen Wettbewerbs immer dann annehmen wird, wenn der Zusammenschluss zu Nachteilen für die Verbraucher insbesondere durch höhere Preise, minderwertige Produkte oder eine geringere Auswahl an Waren oder Dienstleistungen führen würde.[369]

V. Beispielsfälle

Nachdem die Unterschiede zwischen dem materiellen Test der Verordnung Nr. 4064/89 und dem materiellen Test der Verordnung Nr. 139/2004 auf einer sehr abstrakten Ebene erörtert wurden, sollen diese Unterschiede nun anhand von Beispielen verdeutlicht werden. Die Beispielsfälle sind im Vorfeld der Änderung der Fusionskontrolle diskutiert worden, da diese Zusammenschlussvorhaben angeblich nach dem alten Marktbeherrschungstest der Verordnung Nr. 4064/89 nicht

---

[365] *Lowe* (2002 II), 3.
[366] *Monti* (2003).
[367] *Monti* (2004 I), 3.
[368] In diesem Sinne auch *Nitsche/Thielert* WuW 2004, 252f.
[369] Vgl. *Kommission*, Leitlinien, Tz. 8.

untersagt werden konnten, obwohl sie den Wettbewerb erheblich behindern.[370]

1. Zusammenschluss in einem oligopolistischen Markt mit differenzierten Produkten

Auf dem Markt für Fertigsuppen gibt es vier große Anbieter: [371] Anbieter A und B verfügen über einen Marktanteil von jeweils ca. 30 %. Anbieter C und D haben einen Marktanteil von jeweils ca. 15 %. Anbieter A stellt billige Fertigsuppen her. B bietet normale Standardsuppen, C bietet Qualitätssuppen und D bietet hochwertigste Premiumsuppen an. Anbieter C und D fusionieren. Der Markt sei nicht transparent, daher könne eine Koordinierung der verbleibenden drei Anbieter nicht nachgewiesen werden. Ein einheitliches Vorgehen der Oligopolmitglieder ist aber Voraussetzung für die Annahme einer kollektiven Marktbeherrschung.[372] Trotz der geringen Anbieterzahl und der symmetrischen Marktanteilsverteilung kann der Zusammenschluss daher nicht auf Basis der kollektiven Marktbeherrschung untersagt werden. Keines der Unternehmen verfügt allein über eine marktbeherrschende Stellung, da jedes Unternehmen noch zwei starken Wettbewerbern ausgesetzt ist. Eine Untersagung könnte daher auch nicht auf die Begründung oder Verstärkung einer Einzelmarktbeherrschung gestützt werden. Nach der hier vorgenommenen Marktabgrenzung könnte der Zusammenschluss daher nicht nach der alten Verordnung Nr. 4064/89 untersagt werden.
Nach der neuen Verordnung Nr. 139/2004 wäre zu prüfen, ob der Zusammenschluss zu einer erheblichen Behinderung wirksamen Wettbewerbs führt. Nach Auffassung der Kommission führt ein Zusammenschluss auf jeden Fall dann zu einer erheblichen Behinderung wirksamen Wettbewerbs, wenn er zu Nachteilen für die Verbraucher insbesondere zu höheren Preisen führt. Dieses scheint bei dem Beispielsfall prima facie der Fall zu sein. Es sei angenommen, dass D einen Absatzverlust von 20 Prozent erleidet, wenn er seine Preise um 5 Prozent erhöht. Von dieser frei werdenden Nachfrage könnte Anbieter C 67 Prozent auf sich vereinigen, da seine Suppen die engsten Substitute zu den Suppen des Anbieters D bilden. B könnte 20 Prozent und A 10 Prozent auf sich vereinigen. Die restliche Nachfrage würde von den restlichen Konkurrenten befriedigt werden. Wie nachfolgende Tabelle zeigt, erscheint eine Preiserhöhung nach der Fusion zwischen C und D wahrscheinlich, während vorher der große Verlust von Abnehmern an den Wettbewerber C eine Preiserhöhung durch D wahrscheinlich verhindert hätte.

---

[370] Vgl. unter anderem: *Selvam* ECLR 2004, 52; *Alfter* WuW 2003, 23ff; *Wish*.
[371] Das Beispiel ist angelehnt an das Beispiel bei *Alfter* WuW 2003, 23f; vgl. auch das ähnliche Beispiel bei *Völcker* ECLR 2004, 395f.
[372] Siehe Seite 32.

Tabelle 2:

Unternehmen	Produkteinheiten bei Ausgangspreis	Produkteinheiten, wenn D Preis um 5% erhöht
A	300	303
B	300	306
C	150	170
D	150	120
CD	300	290

Dieses Beispiel ist natürlich stark vereinfachend. Es verdeutlicht jedoch, dass es theoretisch Zusammenschlüsse geben kann, die wahrscheinlich zu einer Preissteigerung führen und somit nach der neuen Verordnung grundsätzlich zu untersagen sind, ohne dass sie eine marktbeherrschende Stellung begründen oder verstärken.
Ob der oben beschriebene Zusammenschluss wirklich nicht nach der alten Verordnung Nr. 4064/89 untersagt werden konnte, ist jedoch nicht so eindeutig, wie das simple Beispiel es zunächst vorgibt.
Denn es ist fraglich, ob in dem obigen Beispiel der Markt richtig abgegrenzt wurde. Wenn bei einer Preiserhöhung in Höhe von 5 Prozent bei den hochwertigen Premiumsuppen 2/3 der Abnehmer auf die Qualitätssuppen umsteigen und nur ein 1/3 auf normale Standardsuppen und billige Fertigsuppen wechselt, so liegt es nahe, einen eigenen Markt für hochwertige Suppen und einen Markt für billige Suppen anzunehmen. Der Zusammenschluss zwischen D und C könnte dann untersagt werden, da er eine Einzelmarktbeherrschung auf dem Markt für hochwertige Suppen begründen würde.

2. Der Babyfood Merger

Als Beleg für eine Lücke des Marktbeherrschungstests ist des öfteren der so genannte Baby Food Merger angeführt worden.[373] Der drittgrößte amerikanische Babynahrungsmittelhersteller Heinz wollte mit dem zweitgrößten Babynahrungshersteller Beech-Nut fusionieren. Die Federal Trade Commission untersagte den Zusammenschluss, da sie unilaterale Effekte befürchtete;[374] der District Court hob die Entscheidung auf und genehmigte den Zusammenschluss aufgrund der zu erwartenden Effizienzvorteile;[375] schließlich wurde der Zusammenschluss durch den Court of Appeal im Jahr 2001 untersagt.[376] Durch die Fusion hätte das neue Unternehmen Heinz/Beech-Nut über einen Marktanteil von ca. 30% verfügt. Unangefochtener Marktführer wäre weiterhin das Unternehmen Gerber mit einem Marktanteil von ca. 70 % gewesen. Es wurde festgestellt, dass in den meisten Supermärkten nur Babynahrungsmittel von zwei verschiedenen Herstellern angeboten wurden, wobei einer der Hersteller fast immer der Marktführer Gerber war. Der Zusammenschluss

---

373 Vgl. Besprechung bei *Alfter* WuW 2003, 24f.; *Lowe* (2002,I), 2f; *Selvam* ECLR 2004, 59. *Bundeskartellamt* 21ff.

374 FTC v. Heinz, 116 F. Supp. 2 d 190(200).

375 United States district Court of the District Columbia, civil Action No 00_1688, abrufbar unter: http//www.dcd.uscourts.gov/00-1688.pdf

376 United states Court of appeals for the district Columbia Entscheidung vom 27.4.2001 No. 00-5362 abrufbar unter: http//paver.cadc.uscourts.gov./common/opinions/200104/00-5362a.txt

wurde letztlich untersagt, da Heinz und Beech-Nut in einem regen Wettbewerb miteinander um den „zweiten Platz“ im Warenangebot von Supermärkten standen. Dieser Wettbewerb wäre bei einer Fusion weggefallen.

Auch dieser Zusammenschluss hätte jedoch nach dem bisherigen Marktbeherrschungstest angemessen beurteilt werden können.[377] Es sind zwei unterschiedliche Begründungen für eine Untersagung denkbar.

Erstens: Nach Auffassung der Kommission muss ein Zusammenschluss nicht unbedingt zu einer Begründung oder Verstärkung der beherrschenden Stellung bei den beteiligten Unternehmen führen, es reiche vielmehr aus, dass der Zusammenschluss eine beherrschende Stellung bei Dritten Unternehmen begründet oder verstärkt und dadurch der Wettbewerb erheblich behindert wird.[378] Nach Ansicht des Bundeskartellamts hätte hier demnach argumentieren werden können, dass durch die Fusion zwischen Heinz und Beech-Nut die marktbeherrschende Stellung von dem Marktführer Gerber verstärkt worden wäre.[379]

Zweitens: Wenn sich aus der Marktanalyse ergibt, dass zwischen Gerber und Heinz nach dem Zusammenschluss kein Wettbewerb mehr herrscht und die beiden Unternehmen sich daher gleichförmig gegenüber ihren Abnehmern verhalten würden, könnte der Zusammenschluss aufgrund der Begründung einer kollektiven Marktbeherrschung untersagt werden.

3. Der *Airtours* Fall

Vor allem das *Airtours* Urteil[380] des EuG wurde als Beweis für das Bestehen einer Lücke im Marktbeherrschungstest angeführt.[381]

Die Kommission untersagte in ihrer Entscheidung *Airtours/First Choice* dem britischen Reiseveranstalter Airtours die Übernahme seines Konkurrenten First Choice.[382] Der Zusammenschluss hätte zu einem Oligopol der drei Anbieter Airtours/First Choice, Thomas Cook und Thomson geführt, die zusammen über einen Marktanteil von ca. 80 Prozent auf dem britischen Markt für Kurzstrecken-Auslandspauschalreisen verfügt hätten. In dieser Entscheidung stellt die Kommission allgemeine Überlegungen zum Konzept der kollektiven Marktbeherrschung an. So heißt es in Textziffer 54 der Entscheidung: „*Furthermore, – contrary to the apparent view of Airtours - it is not a necessary condition of collective dominance for the oligopolists always to behave as if there were one or more explicit agreements (e.g. to fix prices or capacity, or share the market) between them. It is sufficient that the merger makes it rational for the oligopolists, in adapting themselves to market conditions, to act – individually – in ways which will substantially reduce competition between them, and as a result of which*

---

[377] Vgl. hierzu *Bundeskartellamt*, 22; *Böge/Müller* ECLR 2002, 496.

[378] Kom. E. v. 29. 9. 1999 Az. IV/M. 1383 *Exxon/Mobile*, Tz. 225; die Kommission stützt sich hierbei auf das Urteil des EuGH v. 31.3.1998 verb. Rs. C-68/94 und C-30/95 *Frankreich/Kom.*, Tz. 171. Ob diese Argumentation – wie von der Kommission behauptet - von der bisherigen Rechtssprechung gedeckt war, ist jedoch höchst zweifelhaft; so auch *Völcker* ECLR 2004, 409.

[379] *Bundeskartellamt*, 22.

[380] EuG E. v. 6. 6. 2002 Rs. T-342/99 *Airtours/Kom.*

[381] *Whish*.

[382] Kom. E. v. 22. 9. 1999 Az. IV/M. 1524 *Airtours/First Choice*.

they may act, to an appreciable extent, independently of competitors, customers and consumers.“[383] Aus dieser allgemeinen Erwägung folgern einige Autoren, dass die Kommission in dieser Entscheidung versucht hat, dass Konzept der kollektiven Marktbeherrschung auf unilaterale Effekte auszudehnen.[384] In der konkreten Analyse des Zusammenschlusses prüft die Kommission jedoch, ob durch den Zusammenschluss der Anreiz zu einem gemeinsamen Vorgehen der Oligopolmitglieder erhöht wird. Die Kommission prüft den Zusammenschluss anhand von Kriterien (z. B. Increased Transparency and Mutual Dependency), bei deren Vorliegen auf koordinierte Effekte des Zusammenschlusses geschlossen werden kann. Im Endeffekt stellt die Kommission daher auch in dieser Entscheidung darauf ab, dass der Zusammenschluss koordinierte Effekte zur Folge hat.[385] So zieht der damalige Direktor der Merger Task Force *Götz Drauz* die Entscheidung *Airtours/First Choice* in einem Artikel zum 10 jährigen Bestehen der Fusionskontrollverordnung als Beispiel für koordinierte Effekte an.[386]
Das EuG hob die Entscheidung der Kommission in seinem Urteil vom 6. 6. 2002 auf. Grund für die Aufhebung der Kommissionsentscheidung war nicht ein fehlerhaftes Konzept der Kommission zur Beurteilung von kollektiver Marktbeherrschung, sondern die Tatsache, dass die Kommission die von ihr gezogenen Schlußfolgerungen nicht in einem ausreichenden Maß nachgewiesen hat.[387] Das „Neue“ im *Airtours* Urteil ist daher nicht die Beschränkung der kollektiven Marktbeherrschung auf koordinierte Effekte, sondern die strengen Anforderungen an den Beweismaßstab für die Beurteilung von Zusammenschlüssen.[388]
Da die Kommission in ihrer Entscheidung den Zusammenschluss nicht aufgrund von unilateralen Effekten untersagte, kann die Entscheidung des EuG auch nicht als Beleg für eine Lücke des Marktbeherrschungstests herangezogen werden.[389]

4. Ergebnis

Diese Beispielsfälle sollen verdeutlichen, wie schwer es ist, Beispiele für Zusammenschlüsse zu bilden, die zu gesamtwirtschaftlichen Nachteilen führen ohne eine marktbeherrschende Stellung zu begründen oder zu verstärken. Tatsächlich ist es den Vertretern, die die Einführung des neuen Tests vehement gefordert haben, nicht überzeugend gelungen darzulegen, welche konkreten Zusammenschlüsse unilaterale Effekte im Oligopol zur Folge haben und daher den Wettbewerb erheblich behindern aber nicht nach der alten Verordnung Nr. 4064/89 untersagt werden konnten, da sie weder eine marktbeherrschende Stellung begründen noch verstärken.[390]

---

[383] Kom. E. v. 22. 9. 1999 Az. IV/M. 1524 *Airtours/First Choice*, Tz. 54 ähnlich auch in Tz. 150.
[384] *Montag/Wolfsgruber* 289f.; *Whish*.
[385] Im Ergebnis auch *Schwalbe* in FIW Heft 196, 22.
[386] *Drauz*, 110f.
[387] EuG E. v. 6. 6. 2002 Rs. T-342/99 *Airtours/Kom.*, vgl. nur Tz. 84, 89, 91, 96.
[388] So auch *Bartosch* EuZW 2002, 649,
[389] Im Ergebnis auch *Böge/Müller* ECLR 2004, 497.
[390] So auch *Böge* WuW 2004,143 Fußnote 13; *Montag/Wolfsgruber,* 296ff; wohl auch *Selvam* ECLR, 2004, 58ff.

V. Allgemeine Aussagen

Als Ergebnis dieses Kapitels kann folgendes festgehalten werden:

In erster Linie war es Ziel der Änderung des Untersagungstatbestandes, eine vermeintliche Lücke des alten Untersagungstatbestandes der Verordnung Nr. 4064/89 zu schließen. Diese Lücke sollte bei Zusammenschlüssen in einem Oligopol bestehen, die nur unilaterale Effekte zur Folge haben, und daher keine beherrschende Stellung begründen oder verstärken. Wie der kurze Ausflug in die Wirtschaftswissenschaften gezeigt hat, können im Oligopol Zusammenschlüsse zu einer Preissteigerung führen, ohne dass ein Unternehmen gegenüber seinen Wettbewerbern über einen unabhängigen Verhaltenspielraum verfügt (d. h. es besteht keine Einzelmarktbeherrschung) und ohne dass die Oligopolmitglieder ihr Verhalten koordinieren (d. h. es besteht keine kollektive Marktbeherrschung). Diese Zusammenschlüsse sollen nun aufgrund des neuen Untersagungstatbestandes der Verordnung Nr. 139/2004 untersagt werden.

Grund für die Untersagung dieser Zusammenschlüsse ist der Wohlfahrtsverlust für die Verbraucher, der zum Beispiel durch die erwartete Preissteigerung und/oder die Verschlechterung des Produktangebots oder der Produktqualität verursacht wird. Die neue Verordnung Nr. 139/2004 betont das Ziel der Fusionskontrolle, die Wohlfahrt in der Gemeinschaft zu fördern und den Verbraucher zu schützen. Die Kommission setzt eine durch den Zusammenschluss verursachte Preissteigerung mit einer erheblichen Behinderung wirksamen Wettbewerbs gleich.

Diese Gleichsetzung der Kommission ist mit der Systematik und dem Wortlaut der Fusionskontrollverordnung vereinbar. Dies zeigt das im zweiten Teil dieser Arbeit gewonnene Ergebnis. Dort wurde das Tatbestandsmerkmal der erheblichen Behinderung wirksamen Wettbewerbs dahingehend konkretisiert, dass eine erhebliche Behinderung immer dann vorliegt, wenn bei Untersagung des Zusammenschlusses die Wettbewerbsfunktionen besser erfüllt würden als bei einer Genehmigung. Führt ein Zusammenschluss in einem Oligopol zu einer Preissteigerung, so führt er auch zu einer Verschlechterung der ökonomischen Wettbewerbsfunktionen. Denn kommt es aufgrund einer Fusion zu einer Preissteigerung, so ist auch die Allokationsfunktion des Wettbewerbs beeinträchtigt. Die Faktorleistungen werden nicht mehr dorthin gelenkt, wo sie am dringendsten benötigt werden. Es kommt zu Wohlfahrtsverlusten für die Verbraucher.

Anhand der Wettbewerbsfunktionen kann auch der Unterschied zwischen dem neuen Untersagungstatbestand der Verordnung Nr. 139/2004 und dem alten Untersagungstatbestand der Verordnung Nr. 4064/89 verdeutlicht werden. Unter der Verordnung Nr. 4064/89 war notwendige Voraussetzung für eine Untersagungsentscheidung, dass der Zusammenschluss eine beherrschende Stellung begründet oder verstärkt. Wie unter Teil II dieser Arbeit herausgearbeitet wurde, kann die Freiheitsfunktion des Wettbewerbs nicht mehr gewährleistet werden, wenn ein oder mehrere Unternehmen zusammen über eine marktbeherrschende Stellung verfügen. In Bezug auf die

Wettbewerbsfunktionen war unter der Verordnung Nr. 4064/89 also Untersagungsvoraussetzung, dass die Freiheit des Wettbewerbs durch den Zusammenschluss beeinträchtigt wird. Unter der neuen Verordnung Nr. 139/2004 muss nicht die Freiheit des Wettbewerbs beeinträchtigt werden, es reicht eine Beeinträchtigung einer der Wettbewerbsfunktionen aus.

Der Unterschied der beiden Untersagungstatbestände kann somit theoretisch klar herausgearbeitet werden. Ob diese Erweiterung des Untersagungstatbestandes auch in der Praxis zu einer strengern Fusionskontrolle durch die Kommission führt, ist jedoch fraglich.[391] Zwar kann man davon ausgehen, dass eine Behörde grundsätzlich neues Recht erst einmal bis zu seinen Grenzen austestet, nur um herauszufinden, wie weit es trägt.[392] Jedoch konnte oben gezeigt werden, dass es bis jetzt nicht überzeugend gelungen ist, praktische Beispiele anzuführen, die nach dem neuen Test zu untersagen sind, nicht aber unter der Verordnung Nr. 4064/89 untersagt werden konnten. Ferner ist zu bedenken, dass das Europäische Gericht Erster Instanz seine Anforderungen an den Nachweis von für den Wettbewerb schädlichen Folgen von Zusammenschlüssen in seinen letzten Urteilen verschärft hat.[393] Es kann daher mit *Mestmäcker* davon ausgegangen werden, dass die Änderung des Untersagungstatbestandes der Fusionskontrollverordnung in der Praxis nicht zu einer strengern Fusionskontrolle führen wird.[394]

10. Kapitel: Rechtfertigung einer marktbeherrschenden Stellung

I. Einleitung

Im vorangegangenen Kapitel wurde untersucht, ob es Zusammenschlüsse gibt, die nach der neuen Verordnung Nr. 139/2004 zu untersagen sind, die nach der alten Verordnung Nr. 4064/89 nicht untersagt werden konnten. Die entgegengesetzte Frage, ob es Zusammenschlüsse gibt, die nach der alten Verordnung Nr. 4064/89 untersagt werden konnten, die nach der neuen Verordnung Nr. 139/2004 aber zu genehmigen sind, stellt sich in dieser Schärfe nicht. Denn die Untersagungsvoraussetzung der neuen Verordnung Nr. 139/2004, dass der Zusammenschluss den wirksamen Wettbewerb erheblich behindert, war neben der Voraussetzung der Begründung oder Verstärkung einer marktbeherrschenden Stellung bereits zwingende Voraussetzung für eine Untersagung nach der alten Verordnung Nr. 4064/89.

Unter der Verordnung Nr. 4064/89 stellte sich die Frage, welche Bedeutung dem Tatbestandsmerkmal der erheblichen Behinderung wirksamen Wettbewerbs zukommt. Diese Frage wurde in dem zweiten Teil der Arbeit dahingehend beantwortet, dass eine erhebliche Behinderung wirksamen Wettbewerbs vorliegt, wenn die Wettbewerbsfunktionen bei einer Untersagung des Zusammenschlusses

---

[391] In diese Richtung aber *Bergmann/Burholt* EuZW 2004, 161.

[392] *Selvam* ECLR 2004, 61.

[393] EuG E. v. 6. 6. 2002 Rs. T-342/99 *Airtours/Kom.*; EuG E. v. 22. 10. 2002 Rs. T-310/01 *Schneider Electric/Kom.*; EuG E. v. verb. Rs. T-5/02 und T-80/02 *Tetra Laval BV/Kom.*; EuG E. v. 3. 4. 2003 Rs. T-114/02 *BaByliss/Kom.*

[394] *Mestmäcker* WuW 2004, 137.

besser erfüllt würden als bei einer Genehmigung. Es wurde ferner festgestellt, dass die Begründung oder Verstärkung einer marktbeherrschenden Stellung in aller Regel zu einer erheblichen Behinderung wirksamen Wettbewerbs führt. Es wurden jedoch auch Ausnahmen angedeutet. Diese sollen nun in diesem Kapitel im Rahmen der Verordnung Nr. 139/2004 näher erläutert werden.

Denn unter der neuen Verordnung Nr. 139/2004 ergibt sich genau dasselbe Problem wie unter der Verordnung Nr. 4064/89 nur in einem neuen Wortgewand. Es stellt sich nämlich die Frage, ob die Erfüllung des Regelbeispiels der „Begründung oder Verstärkung einer marktbeherrschenden Stellung" automatisch auch zu einer erheblichen Behinderung wirksamen Wettbewerbs führt.

Die Kommission zählt in ihrer Bekanntmachung über die Beurteilung horizontaler Zusammenschlüsse Ausgleichsfaktoren auf, ohne deren Vorliegen der Zusammenschluss wettbewerbswidrige Wirkungen hätte.[395] Als Ausgleichsfaktoren nennt sie eine starke Macht der Marktgegenseite, den potentiellen Wettbewerb, Effizienzvorteile und den Einwand der Sanierungsfusion. Die ersten beiden Ausgleichsfaktoren sind bereits unter der Verordnung Nr. 4064/89 bei dem Tatbestandsmerkmal der Begründung oder Verstärkung einer beherrschenden Stellung berücksichtigt worden. Wie im diesem Kapitel gezeigt werden wird, lassen sich die Einwände der Effizienzvorteile und der Sanierungsfusion nicht so einfach bei der Frage der Begründung oder Verstärkung einer beherrschenden Stellung berücksichtigen. Es wird daher im Folgenden untersucht, ob und unter welchen Voraussetzungen diese beiden Einwände dazu führen, dass ein Zusammenschluss zu genehmigen ist, obwohl er das Regelbeispiel des Art. 2 Abs. 3 der Verordnung Nr. 139/2004 erfüllt.

II. Effizienzen

1. Einleitung

Die Erzielung von Effizienzen ist das wohl wichtigste Motiv für Unternehmen sich zusammenzuschließen.[396] Unter der Verordnung Nr. 4064/89 führten Überlegungen zu durch den Zusammenschluss erzielten Effizienzen jedoch nur ein Schattendasein. Dies mag vor allem darin begründet sein, dass der Nachweis von Effizienzgewinnen äußerst schwierig ist.[397] Ein weiterer Grund für die Nichtberücksichtigung von Effizienzvorteilen mag gewesen sein, dass man nach Inkrafttreten der Verordnung Nr. 4064/89 verdeutlichen wollte, dass die Fusionskontrolle rein wettbewerblich ausgerichtet und kein Instrument der Industriepolitik ist.[398] Die Problematik der Effizienzen bei der Beurteilung eines Zusammenschlusses rückte durch die Entscheidung der Kommission im Fall *General Electric/Honeywell*[399] ins Rampenlicht. Obwohl das amerikanische Department of Justice den Zusammenschluss nach geringfügigen Zusagen der beteiligten Unternehmen freigegeben hatte,

---

[395] *Kommission*, Leitlinien, Tz. 11.

[396] *Kommission,* 21. Wettbewerbsbericht, Tz. 5; *Mano*, 7; *Kinne*, 12.

[397] In diese Richtung: *Monti/Rousseva* ELR, 48; *Griffin/Sharp* ALJ 1996, 668 *Willig*, Fordham Corporate Law Institut 2002, 342 (Panel Discussion).

[398] Vgl. *Lowe* (2002 I), 7.

[399] Kom. E. v. 3. 7. 2001 Rs. COMP/M. 2220 *General Electric/Honeywell.*

untersagte die Kommission in ihrer Entscheidung den Zusammenschluss. Es wurde der Kommission vorgeworfen, durch den Zusammenschluss erzielte Effizienzen nicht als Verteidigungsaspekt gegen eine Untersagung des Zusammenschlusses gewertet zu haben (efficiency defense) sondern im Gegenteil die Effizienzen als Argument für eine Untersagung des Zusammenschlusses angeführt zu haben (efficiency offense).[400]

An dieser Kritik der Entscheidung der Kommission wird bereits die Problematik der Effizienzen bei der Beurteilung eines Zusammenschlusses deutlich. Diese besteht in der doppelten Wirkung von durch den Zusammenschluss erzielten Effizienzen.

Die erste Wirkung von durch den Zusammenschluss erzielten Effizienzen ist, dass sie zu einem Vorteil gegenüber potentiellen und aktuellen Wettbewerbern führen. Bei der Marktbeherrschungsprüfung wird gefragt, ob das neue Unternehmen gegenüber den Wettbewerbern, Abnehmern und letztlich den Verbrauchern einen unabhängigen Verhaltensspielraum erlangt. Dieser Verhaltensspielraum ist umso größer, je überlegener das neue Unternehmen gegenüber seinen Wettbewerbern ist. Daher können Effizienzvorteile als Argument für eine marktbeherrschende Stellung herangezogen werden. Sie sprechen also für die Erfüllung des Regelbeispiels in der Verordnung Nr. 139/2004.

Die andere Wirkung von Effizienzvorteilen ist, dass durch sie Kosten gesenkt werden. Die Kostenersparnisse können dazu führen, dass insgesamt das Preisniveau gesenkt wird oder Produkte mit einer besseren Qualität hergestellt werden. Die Erzielung von Effizienzvorteilen kann also dazu führen, dass die ökonomischen Wettbewerbsfunktionen besser erfüllt werden. Dieser Effekt würde für eine Genehmigung des Zusammenschlusses sprechen.

In diesem Kapitel soll zuerst kurz der ökonomische Hintergrund der Effizienzproblematik beleuchtet werden. Bereits unter der Verordnung Nr. 4064/89 stellte sich im Kern die gleiche Frage wie unter der Verordnung Nr. 139/2004: Kann ein Zusammenschluss, der eine beherrschende Stellung begründet oder verstärkt, freigegeben werden, da er zu Effizienzen führt und daher den Wettbewerb nicht erheblich behindert? Zur Effizienzproblematik unter der neuen Verordnung Nr. 139/2004 gibt es jedoch bisher weder Kommissionsentscheidungen noch gefestigte Literaturmeinungen. Im dritten Abschnitt soll daher die Effizienzproblematik unter der alten Verordnung Nr. 4064/89 dargestellt werden. In einem vierten Teil soll die Mitteilung der Kommission über die Bewertung horizontaler Zusammenschlüsse bezüglich der Behandlung von Effizienzvorteilen unter der neuen Verordnung Nr. 139/2004 erläutert und bewertet werden.

---

[400] *Department of Justice*, Range Effects the United States Perspective, 23; *James*, 3. 7. 2001; *Gotts/Goldman*, Fordham Corporate Law Institute 2002, 225; vgl. bereits: *Jenny*, Fordham Corporate Law Institute 1992, 591ff.

2. Ökonomischer Hintergrund

a) Arten der Effizienzen

Für die Beurteilung von Effizienzen in der Zusammenschlusskontrolle werden diese in der Literatur meist in drei große Gruppen eingeteilt.[401]

Produktive Effizienz bezieht sich auf ein konkretes Unternehmen. Sie beurteilt sich nach der Frage, ob bei einer gegebenen Produktionsmenge möglichst geringe Kosten anfallen bzw. ob bei gegebenen Kosten ein möglichst großes Volumen produziert werden kann. Produktive Effizienz liegt vor, wenn die Unternehmen im langfristigen Durchschnittskostenminimum produzieren. Dieses ist der Fall, wenn alle möglichen Größenvorteile ausgeschöpft sind und keine Ineffizienzen auftreten. Produktive Effizienzgewinne können sich aus economies of scale,[402] economies of scope[403] und Synergien ergeben.

Von *dynamischen Effizienzen* spricht man im Kartellrecht, wenn Anreize und Möglichkeiten geschaffen werden, die Produktivität zu erhöhen oder neue Produkte zu entwickeln, welche auf Dauer zu billigeren oder qualitativ hochwertigeren Produkten für die Verbraucher führen können.[404]

Allokative Effizienz ist erreicht, wenn die Güter zu den Verbrauchern gelenkt werden, die sie am meisten benötigen.

b) Wirkung von Zusammenschlüssen auf Effizienzen

Zusammenschlüsse können nach ihrer Expansionsrichtung in horizontale, vertikale und konglomerate Zusammenschlüsse systematisiert werden.[405]

Als horizontale Zusammenschlüsse bezeichnet man Zusammenschlüsse von Unternehmen, die auf dem selben relevanten Markt Waren oder Dienstleistungen verkaufen oder dort potentielle Wettbewerber sind.[406] Kostenersparnisse können hier insbesondere durch Ausnutzung von betrieblichen Größenvorteilen, die aus der größeren Produktionsmenge resultieren, (economies of scale) erzielt werden. Diese können sich in allen Funktionsbereichen des Unternehmens (Produktion, Beschaffung und Absatz, Forschung und Entwicklung, Finanzierung, Verwaltung und Unternehmensleitung) ergeben.[407]

Ein vertikaler Zusammenschluss liegt vor, wenn sich zwei Unternehmen auf vor- oder nachgelagerten Märkten zusammenschließen. Bei vertikalen Zusammenschlüssen können vor allem Transaktionskosten gespart werden. Effizienzen werden dann erzielt, wenn die hierarchische

---

401 So auch *Mano*, 8f; *Jenny*, Fordham Corporate Law Institute 1992, 591; *Camesasca*, 38; eine etwas andere Einteilung (production, dynamic, pecuniary) bei OECD, General Distribution (96)65.

402 Economies of scale treten auf, wenn die gemeinsame Produktmenge es dem fusionierten Unternehmen erlaubt, zu geringeren Stückkosten zu produzieren.

403 Economies of scope werden erzielt, wenn die gemeinsame Nutzung einer Unternehmenseinrichtung zu geringeren Gesamtkosten führt.

404 Vgl. *Camesasca*, 38; *Mano*, 8f.

405 Die Einteilung in horizontale, vertikale und konglomerate Zusammenschlüsse ist eher theoretischer Natur, da in der Praxis sich die Zusammenschlüsse nicht nur „rein vertikal“ oder „rein horizontal“ auswirken. Die Einteilung ermöglicht aber eine Systematisierung der wesentlichen wettbwerblichen Auswirkungen von Zusammenschlüssen.

406 *Kommission*, Leitlinien, Tz. 5.

407 *Kinne*, 16.

Koordination innerhalb des Unternehmens günstiger ist als die Koordination über den freien Markt.[408]
Unter konglomeraten Zusammenschlüssen werden Zusammenschlüsse von Unternehmen verstanden, die auf getrennten Märkten tätig sind. Zwischen den Unternehmen bestehen weder horizontale noch vertikale Beziehungen. Kostenersparnisse können hier hauptsächlich durch economies of scope erzielt werden.[409] Diese treten typischerweise bei der Unternehmensleitung, der Werbung und im Forschungsbereich auf.[410]
Bei allen drei Zusammenschlußarten können daher grundsätzlich produktive Effizienzen erzielt werden.
Allen diesen Effizienzen können jedoch Ineffizienzen gegenüberstehen, die zum Beispiel durch höhere Organisationskosten, längere Entscheidungswege oder unterschiedliche Unternehmenskulturen entstehen.[411] Durch diese Effizienzverluste fallen die von den Unternehmen mit dem Zusammenschluss angestrebten Effizienzgewinne oft geringer aus als erwartet.
Ob größere Unternehmen zu einer höheren dynamischen Effizienz führen als kleinere Unternehmen, kann nicht generell beantwortet werden. Nach der so genannten Neo-Schumpeter Hypothese I fördern größere Unternehmen den technischen Fortschritt mehr als kleinere Unternehmen, da in Großlabors Kostenersparnisse möglich sind und Großunternehmen sich ein das wirtschaftliche Risiko minimierendes Portfolio an Forschungsprojekten zusammenstellen können.[412] Bei großen Unternehmen sind jedoch auch die Entscheidungswege länger, so dass die Chance auf die Realisierung riskanter Projekte sinkt. Dies kann wiederum einen möglichen technischen Fortschritt verhindern.

c) Wirkung von Marktmacht auf Effizienzen

Marktmacht führt regelmäßig zu produktiver Ineffizienz.[413] Der Wettbewerbsdruck wirkt disziplinierend auf die Unternehmensführung und die Mitarbeiter. Das Fehlen von Wettbewerbsdruck führt zu einer Verringerung der Leistungen der Unternehmensführung und des Personals und somit zu einer geringeren produktiven Effizienz des Unternehmens.
Die Begründung oder Verstärkung von Marktmacht führt in der Regel auch zu allokativer Ineffizienz. Ist ein Unternehmen in der Lage, sich weitgehend unabhängig von seinen Konkurrenten und seinen Abnehmern zu verhalten und kann es somit die Preise über den ehemaligen Wettbewerbspreis anheben, so entsteht der Volkswirtschaft ein Verlust, da die ehemaligen Abnehmer die verteuerten Güter in geringerem Umfang nachfragen und ihr Einkommen weniger präferierten Gütern zuwenden. Die Allokation der Ausgaben spiegelt dann nicht mehr den wahren Nutzen für die Verbraucher wider.

---

[408] *Schmidt*, 93f.
[409] *Schmidt*, 96f.
[410] *Kinne*, 17.
[411] Vgl. *Schmidt*, 79ff.
[412] Vgl. ausführlich zu dieser Problematik *Müller*, 63ff.
[413] Vgl. hierzu die statistische Untersuchung von *Nickell*, Journal of Political Economy 1996, 724ff.

Die Auswirkung von Marktmacht auf die dynamische Effizienz ist ambivalent.[414] Nach der sogenannten Neo-Schumpeter Hypothese II fördert Marktmacht die Innovationsneigung, da es mit ihrer Hilfe möglich ist, eine Innovation vor zu schneller Imitation zu schützen. Eine zeitlich begrenzte Marktmacht kann demnach förderlich für dynamische Effizienzen sein. Auf der anderen Seite sinkt der Anreiz zu neuen Innovationen, wenn das Unternehmen keinen Wettbewerber zu fürchten hat, der ihm seine erlangte Marktstellung streitig macht.
Als Ergebnis kann festgehalten werden, dass ein Zusammenschluss zwar zu Kostenersparnissen, gleichzeitig aber auch zu Marktmacht und Ineffizienzen führen kann. Diese möglichen Vor- und Nachteile müssen bei einer Zusammenschlusskontrolle berücksichtigt werden.

d) Abwägung von Effizienzen

Bei der Beurteilung eines Zusammenschlusses müssen sowohl effizienzsteigernde als auch wohlfahrtsmindernde Auswirkungen des Zusammenschlusses berücksichtigt werden. Hierbei kann ein Zielkonflikt zwischen allokativer Effizienz und produktiver Effizienz entstehen. Denn durch den Zusammenschluss können produktive Effizienzgewinne erzielt werden, während gleichzeitig die Marktmacht des fusionierten Unternehmens zu einer Verschlechterung der allokativen Effizienz führen kann. Ein weiterer Konflikt kann zwischen statischen und dynamischen Effizienzen auftreten.

aa) Allokative gegen produktive Effizienz

Die Beziehung zwischen allokativer und produktiver Effizienz kann am besten anhand eines Zusammenschlusses von zwei Unternehmen zu einem Monopol verdeutlicht werden.
Ein Monopolist setzt seine Preise nicht beliebig hoch, sondern er bietet - dem Prinzip der Gewinnmaximierung folgend - seine Produkte zu dem Preis an, mit dem er den größten Gewinn erzielen kann.[415] Das fusionierte Unternehmen wird seine Produkte zu einem höheren Preis (nämlich dem Monopolpreis) verkaufen als die beiden Unternehmen vor dem Zusammenschluss; denn es muss nach der Fusion nicht mehr befürchten, Abnehmer an den anderen Wettbewerber zu verlieren. Diese Preiserhöhung führt zu allokativer Ineffizienz: Es entstehen Wohlfahrtsverluste, da die Abnehmer die verteuerten Güter in einem geringeren Umfang nachfragen und ihr Einkommen weniger präferierten Gütern zuwenden. Ferner hat die Preiserhöhung einen Wohlfahrtstransfer von den Abnehmern zum Monopolisten zur Folge. Denn die Abnehmer müssen einen höheren Preis für das Produkt zahlen als vor dem Zusammenschluss. Dieser Differenzbetrag kommt dem Monopolisten unmittelbar als Gewinn zu Gute.

---

[414] Vgl. dazu ausführlich *Müller*, 101ff; *Schumpeter*, 143ff.

[415] Den größten Gewinn erreicht ein Monopolist dann, wenn er seine Produkte zu dem Preis anbietet, bei dem seine Grenzkosten dem Grenzerlös entsprechen (Monopolpreis); vgl. zum Beispiel die Darstellung bei *Schumann/Meyer/Ströbele*, 19f.

Werden durch einen Zusammenschluss produktive Effizienzen erzielt, so hat dies niedrigere Grenzkosten[416] zur Folge. Der Monopolpreis ist daher niedriger als er ohne die Erzielung von produktiven Effizienzen wäre.[417] Theoretisch ist es möglich, dass durch den Zusammenschluss große produktive Effizienzen erzielt werden und sich daher die Grenzkosten so stark reduzieren, dass der Monopolpreis niedriger ist als der Preis vor dem Zusammenschluss. In diesem Fall hat ein Zusammenschluss, obwohl er zu einer marktbeherrschenden Stellung führt (sogar zu einem Monopol) niedrigere Preise zur Folge.

bb) dynamische Effizienz gegen statische Effizienz

Die dynamische Effizienz gilt gemeinhin unter den drei Gruppen von Effizienzen (allokative, produktive und dynamische Effizienz) als die wichtigste für die Wohlfahrtsoptimierung.[418] Leider ist sie wesentlich schwieriger zu messen und vorherzusagen als statische Effizienzen.[419] Bevor mögliche dynamische Effizienzen mit statischen Effizienzen abgewogen werden können, muss zuerst geklärt werden, ob der konkret zu beurteilende Zusammenschluss überhaupt zu dynamischen Effizienzen führt oder ob er nicht zu weniger Innovationen führen wird. Bei der Berücksichtigung von dynamischen Effizienzen ist zu beachten, wie schnell die Innovation von den Konkurrenten imitiert werden kann.[420] Können Innovationen nur schwer durch die Konkurrenten imitiert werden, so müssen vergleichsweise höhere Kostenvorteile erzielt werden, um die negativen Effekte der Marktmacht auszugleichen, als wenn die Innovation von den Konkurrenten schnell imitiert werden kann.

e) Standard der Effizienzberücksichtigung

Effizienzen können sowohl zu einem Wohlfahrtsgewinn bei den Produzenten als auch zu einem Wohlfahrtsgewinn bei den Abnehmern/Verbrauchern führen. Welche Wohlfahrtsgewinne bei der Fusionskontrolle zu berücksichtigen sind, ist eine Wertungsfrage. Die Antwort muss durch Auslegung der Fusionskontrollverordnung ermittelt werden. Es gibt zwei grundsätzliche Standards[421] zur Berücksichtigung von Effizienzen in der Zusammenschlusskontrolle:

Nach dem „total surplus standard" ist ein Zusammenschluss dann vorteilhaft, wenn er insgesamt die Wohlfahrt steigert. Bei diesem Standard kommt es nicht auf die Unterscheidung an, bei wem (Produzent oder Verbraucher) die Wohlfahrtsgewinne eintreten.

Nach dem „consumer welfare standard" ist dagegen ein Zusammenschluss erst dann zu genehmigen, wenn er zu Wohlfahrtsgewinnen bei den Verbrauchern führt zum Beispiel durch ein

---

[416] Grenzkosten sind die Kosten einer zusätzlichen Mengeneinheit. Sie entsprechen der Steigerung der Kurve der gesamten Kosten.

[417] Die Beziehung zwischen allokativer und produktiver Effizienz wird allgemein anhand des Trade off Modells von Williamsen dargestellt: vgl. *Williamson* AER 1968, 18ff; siehe auch die Darstellung bei *Mano*, 14f.

[418] *Camesasca*, 172.

[419] Vgl. ausführlich zur Abwägung von dynamischen gegen statische Effizienzen *Kinne*, 82 ff.

[420] Vgl. dazu *Kinne*, 82ff.

[421] Zu weiteren Möglichkeiten vgl. die Zusammenstellung bei *Mano*, 23.

niedrigeres Preisniveau. Die Effizienzen müssen also an den Abnehmer/Verbraucher weitergegeben werden.
Welcher der beiden Möglichkeiten der Berücksichtigung von Effizienzen in der Fusionskontrolle anzuwenden ist, ergibt sich aus dem Wortlaut der Verordnung Nr. 139/2004. Im Beweggrund Nr. 29 der Verordnung Nr. 139/2004 heißt es: *„Es ist möglich, dass die durch einen Zusammenschluss bewirkten Effizienzvorteile die Auswirkungen des Zusammenschlusses auf den Wettbewerb, insbesondere den möglichen Schaden für die Verbraucher, ausgleichen, so dass durch den Zusammenschluss wirksamer Wettbewerb im Gemeinsamen Markt oder in einem wesentlichen Teil desselben, insbesondere durch Begründung oder Stärkung einer beherrschenden Stellung, nicht erheblich behindert würde."* Nach Art. 2 Abs. 1 lit. b der Verordnung Nr. 139/2004 darf die Entwicklung des technischen und wirtschaftlichen Fortschritts nur berücksichtigt werden, *„sofern diese dem Verbraucher dient und den Wettbewerb nicht behindert"*. Hieraus ergibt sich, dass mögliche Effizienzen nur dann berücksichtigt werden können, wenn sie an den Abnehmer/Verbraucher weitergegeben werden. Es kommt also nicht darauf an, ob der Zusammenschluss überhaupt zu einer Wohlfahrtssteigerung führt, sondern die Wohlfahrtssteigerung muss auch auf Seiten der Abnehmer/Verbraucher eintreten. Somit ist bei einer Berücksichtigung von Effizienzen bei der Fusionskontrollverordnung der „consumer welfare standard" anzuwenden.[422]

f) Zusammenfassung

In diesem Abschnitt wurde dargestellt, dass ein Zusammenschluss unterschiedliche Auswirkungen auf die allokative, produktive und dynamische Effizienz haben kann. In der Fusionskontrolle müssen mögliche Wohlfahrtsgewinne gegen mögliche Wohlfahrtverluste abgewogen werden. In der europäischen Fusionskontrollverordnung können Wohlfahrtsgewinne nur berücksichtigt werden, wenn sie an die Abnehmer/Verbraucher weitergegeben werden. Durch einen Zusammenschluss erzielte produktive Effizienzen können im Einzelfall so groß sein, dass ein Unternehmen, auch wenn es über eine marktbeherrschende Stellung verfügt, dann den größtmöglichen Gewinn erzielt, wenn es seine Produkte zu einem niedrigeren Preis verkauft als vor dem Zusammenschluss. In diesem Fall werden die durch die Effizienzsteigerung erzielten Gewinne an den Verbraucher weitergegeben.

3. Die Effizienzproblematik unter der Verordnung Nr. 4064/89

In diesem Abschnitt soll die Effizienzproblematik unter der alten Fusionskontrollverordnung Nr. 4064/89 erörtert werden. Hierzu wird zuerst die Behandlung von Effizienzen durch die Kommission unter der Verordnung Nr. 4064/89 dargestellt. Anschließend wird der Meinungsstand in der Literatur zur Beurteilung von Effizienzen unter der Verordnung Nr. 4064/89 aufgezeigt. Schließlich wird eine eigene Lösung der Effizienzproblematik anhand der im II. Teil dieser Arbeit erarbeiteten Konkretisierung des Tatbestandsmerkmals der erheblichen Behinderung wirksamen Wettbewerbs entwickelt.

[422] Im Ergebnis auch *Mano*, 26.

a) Praxis der Kommission unter der Verordnung Nr. 4064/89

aa) Effizienzen als Verteidigungseinwand

In 6 von ihren 18 Untersagungsentscheidungen setzte sich die Kommission mit dem Einwand der Parteien auseinander, dass der Zusammenschluss zu Effizienzen führen würde.[423] Als Anknüpfungspunkt für die Prüfung von Effizienzgewinnen im Rahmen der Fusionskontrolle diente der Kommission das in Art. 2 Abs. 1 lit. b genannte Kriterium der Entwicklung des technischen und wirtschaftlichen Fortschritts.[424]

In allen diesen Entscheidungen ließ es die Kommission offen, ob Effizienzgewinne im Einzelfall theoretisch zu einer Genehmigung eines Zusammenschlusses führen können.[425] Denn die Kommission sah in ihren Entscheidungen bereits die Anforderungen, die an einen solchen möglichen Verteidigungseinwand zu stellen wären, als nicht erfüllt an.[426]

In ihrer Stellungnahme im Rahmen einer OECD Konferenz ging die Kommission sogar einen Schritt weiter. Dort stellte die Kommission fest, dass es unter der Verordnung Nr. 4064/89 keine rechtliche Möglichkeit gäbe, Effizienzgewinne im Einzelfall als Argument für eine Genehmigung von Zusammenschlüssen zu berücksichtigen.[427] Für alle Zusammenschlüsse bis zur Grenze der Marktbeherrschung würden Effizienzgewinne vermutet. Begründe oder verstärke der Zusammenschluss jedoch eine marktbeherrschende Stellung, so könne die Erzielung von Effizienzgewinnen nicht mehr zu einer Genehmigung des Zusammenschlusses führen.[428]

bb) Effizienzen als Untersagungsargument

Die Kommission lehnte in ihren bisherigen Entscheidungen nicht nur die Berücksichtigung von durch den Zusammenschluss erzielten Effizienzgewinnen als Verteidigungseinwand ab, sondern führte Effizienzen als Argument für die Begründung oder Verstärkung einer marktbeherrschenden Stellung ins Feld.

In ihrer Entscheidung *A&T/NCR* prüfte die Kommission, ob durch den Zusammenschluss erzielte Synergien es dem neuen Unternehmen ermöglichen würden, neue Produkte zu niedrigeren Preisen zu entwickeln.[429] Die Kommission wertete die möglichen Effizienzgewinne als Argument gegen den Zusammenschluss, da das Unternehmen durch

---

[423] Kom. E. v. 2. 10. 1991 Az. IV/M. 53 *Aerospatiale/de Havilland;* Kom. E. v. 9. 11. 1994 Az. IV/M. 469 *MSG- Media Service;* Kom E. v. 19. 7. 1995 Az. IV/M. 490 *Nordic Satellite Distribution;* Kom. E. v. 24. 4. 1996 Az. IV/M. 619 *Gencor/Lonrho;* Kom E. v. 4. 12. 1996 Az. IV/M. 774 *Saint-Gobain/Wacker-Chemie/NOM*; Kom. E. v. 27. 5. 1998 Az. IV/M. 993 *Bertelsmann/Kirch/Premiere.*

[424] Vgl. nur: Kom. E. v. 2. 10. 1991 Az. IV/M. 53 *Aerospatiale/de Havilland*, Tz. 69; Kom. E. v. 9. 11. 1994 Az. IV/M. 469 *MSG- Media Service,* Tz. 100.

[425] Vgl. z. B.: Kom. E. v. 2. 10. 1991 Az. IV/M. 53 *Aerospatiale/de Havilland*, Tz. 65.

[426] Vgl. z. B.: Kom. E. v. 2. 10. 1991 Az. IV/M. 53 *Aerospatiale/de Havilland*, Tz. 65ff; Kom. E. v. 24. 4. 1996 Az. IV/M 619 *Gencor/Lonrho,* Tz. 213f.; Kom E. v. 4. 12. 1996 Az. IV/M. 774 *Saint-Gobain/Wacker-Chemie/NOM*, Tz. 244ff.

[427] OECD, General Distribution (96)65, 53.

[428] OECD, General Distribution (96)65, 53.

[429] Kom. E. v. 18. 1. 1991 Az. IV/M. 50 *AT&T/NCR*, Tz. 28ff.

diese einen Wettbewerbsvorsprung gegenüber anderen Konkurrenten erzielen könnte. Die Kommission erklärte jedoch letztlich den Zusammenschluss gemäß Art. 6 Abs. 1 lit. b der Verordnung Nr. 4064/89 für mit dem Gemeinsamen Markt vereinbar, da die Realisierung der Effizienzen unsicher sei und auch nach dem Zusammenschluss das neue Unternehmen sich gegenüber starken Wettbewerbern behaupten müsse.
In Ihrer Entscheidung *Delta/Pan Am* stellte die Kommission fest, dass das neue Unternehmen aufgrund des Zusammenschlusses in der Lage sei, sein Angebot an Flügen gegenüber den Verbrauchern zu erweitern.[430] Das für den Verbraucher sicherlich günstige größere Angebot des neuen Unternehmens wertete die Kommission als Grund für die Begründung einer marktbeherrschenden Stellung. Letztlich gab die Kommission den Zusammenschluss jedoch frei, da sie im Ergebnis eine markbeherrschende Stellung verneinte.
Die Kommission bewertete auch in ihrer Entscheidung *Du Pont/ICI* die Erzielung von Effizienzen im Produktionsbereich und im Bereich der Forschung und Entwicklung von Produkten als Faktor für eine Verstärkung einer marktbeherrschenden Stellung.[431]
Die unterschiedliche Einstellung der Europäischen Kommission einerseits[432] und den US-amerikanischen Wettbewerbsbehörden andererseits[433] zur Rolle von Effizienzen in der Zusammenschlusskontrolle traten im Fall *GE/Honeywell*[434] zu Tage.
General Electric und Honeywell waren in mehreren Märkten aktuelle oder potentielle Wettbewerber. Die Bedenken gegen den Zusammenschluss ergaben sich jedoch im Kern aus Sortiments- und Ausschlusseffekten, da die Unternehmen im hohen Maß komplementäre Geschäftsbereiche kombinieren konnten. Die Kommission ging bei ihrer Analyse des Zusammenschlusses davon aus, dass General Electric bereits auf dem Markt für Triebwerke für große Verkehrsflugzeuge und auf dem Markt für Triebwerke für große Regionalflugzeuge über eine marktbeherrschende Stellung verfüge und das Honeywell führender Anbieter in den verschiedenen Märkten für (i) Avionikprodukte,[435] (ii) Non-Avionikprodukte[436], (iii) Triebwerke für Firmenflugzeuge sowie (iv) für Anlasser sei. Die Kommission nahm auf den Märkten für Triebwerke für große Verkehrsflugzeuge und für große Regionalflugzeuge eine Verstärkung einer marktbeherrschenden Stellung an. Auf den Märkten für Avionikprodukte, Non-Avionikprodukte, Triebwerke für Firmenflugzeuge sowie für Anlasser stellte die Kommission eine Begründung einer marktbeherrschenden Stellung fest. Die Kommission stützte ihre Annahme vor allem auf die Stärkung der Finanzkraft des neuen Unternehmens, die vertikale Integration und die

[430] Kom. E. v. 13. 9. 1991 Az. IV/M. 130 *Delta Air Lines/Pan Am*, Tz. 20f.
[431] Kom. E. v. 30. 4. 1992 Az. IV/M. 214 *Du Pont/ICI*, Tz. 35ff.
[432] Vgl. *Kommission*, Pressemitteilung v. 18. 6. 2001 Nr. IP/01/855; *Drauz*, Fordham Corporate Law Institute 2001, 198.
[433] Vgl. *Department of Justice*, Range Effects the United States Perspective, 23; *James*.
[434] Kom. E. v. 3. 7. 2001 Rs. COMP/M 2220 *General Electric/Honeywell*.
[435] Avionikprodukte sind elektronische Flugzeugausrüstungen, die zur Kontrolle und Navigation des gesamten Flugzeugs und zur Kommunikation genutzt werden.
[436] Non-Avionikprodukte sind elektronische Geräte, die weniger komplexe Funktionen erfüllen, aber dennoch notwendige Voraussetzung für die Funktionsfähigkeit eines Flugzeuges sind (z.B. Radar, Beleuchtung, Fahrwerk).

Kombinationsmöglichkeiten der Komplementärprodukte der beiden Unternehmen.
Die Entscheidung der Kommission im Fall *GE/Honeywell* stieß in der Literatur und bei den amerikanischen Wettbewerbsbehörden teilweise auf scharfe Kritik.[437] Sie kamen zu dem Schluss, dass das Unternehmen durch den Zusammenschluss in der Lage sei, seine Produkte zu niedrigeren Preisen herzustellen und bessere Produkte anzubieten. Dieses sei gerade der Sinn und Zweck des Wettbewerbschutzes. Der Kommission wurde vorgeworfen, die Effizienzen nicht angemessen berücksichtigt zu haben und den Schutz des Wettbewerbs mit dem Schutz der Wettbewerber vor dem Wettbewerb verwechselt zu haben.[438]

cc) Zusammenfassung

Als Zwischenergebnis ist festzuhalten, dass die Kommission in ihrer bisherigen Praxis Effizienzen nicht als Gesichtspunkt für die Vereinbarkeit des Zusammenschlusses mit dem Gemeinsamen Markt gewertet hat (efficiency defense). Die Kommission hat vielmehr in einigen ihrer Entscheidungen Effizienzgewinne als Argument für eine mögliche Untersagung des Zusammenschlusses herangezogen (efficiency offence).

b) Literatur zu Effizienzen unter der Verordnung Nr. 4064/89

In diesem Abschnitt soll die Literatur daraufhin untersucht werden, ob die Erzielung von Effizienzvorteilen unter der Verordnung Nr. 4064/89 theoretisch die Begründung oder Verstärkung einer beherrschenden Stellung rechtfertigen kann.
Im Schrifttum herrscht Einigkeit darüber, dass durch den Zusammenschluss erzielte Effizienzen beim Merkmal der „Entwicklung des technischen und wirtschaftlichen Fortschritts“ zu berücksichtigen sind.[439] In welchem Umfang eine Berücksichtigung von Effizienzen zu erfolgen hat, darüber gehen die Meinungen aber weit auseinander.

aa) Effizienzen als Rechtfertigungsgrund von wettbewerbswidrigen Zusammenschlüssen

Nach einer Ansicht können Effizienzen wettbewerbswidrige Zusammenschlüsse rechtfertigen.[440] Zur Begründung dieser Lösung wird die Entstehungsgeschichte der Verordnung Nr. 4064/89 angeführt.[441] In den Entwürfen war bis kurz vor der endgültigen Fassung immer eine Freistellungsmöglichkeit für einen wettbewerbswidrigen Zusammenschluss vorgesehen, wenn dieser Zusammenschluss – neben weiteren Voraussetzungen - den technischen und wirtschaftlichen Fortschritt fördert. Das Kriterium der „Entwicklung des technischen und wirtschaftlichen Fortschritts“ müsse daher als Ausnahme ausgelegt

---

[437] *Hirsbrunner* EuZW 2002, 453; *Department of Justice*, Range Effects the United States Perspective, 23; *James*, (2001).
[438] *Department of Justice*, Range Effects the United States Perspective, 23; *James*.
[439] Vgl. nur *Drauz*, 118; *Kinne*, 365; *Immenga/Stopper* RIW 2001, 516; *Lowe*, Fordham Corporate Law Institute 2002, 340; *Griffin/Sharp* ALJ 1996, 669; wohl auch *Luescher* ECLR 2004, 77ff, 86.
[440] *Miersch*, 60; *Löffler*, Art. 2 FKVO Rn. 166; *ders.* in Langen/Bunte Art. 2 FKVO Rn. 166.
[441] *Miersch*, 57f.

werden. Ferner wird auf die Protokollerklärung der Kommission zur Verordnung Nr. 4064/89 verwiesen.[442] In dieser stellt die Kommission fest, dass der Begriff „technischer und wirtschaftlicher Fortschritt" im Lichte der in Art. 85 Abs. 3 EGV (jetzt Art. 81 EG) verankerten Grundsätze zu verstehen ist.[443] Art. 81 Abs. 3 EG stellt wettbewerbswidrige Vereinbarungen frei, wenn diese bestimmte positive gesamtwirtschaftliche Effekte haben. Daher müssten auch wettbewerbswidrige Zusammenschlüsse freigestellt werden können.

Der Hinweis auf die Entstehungsgeschichte kann nicht überzeugen. Wenn in der endgültig verabschiedeten Fassung im Gegensatz zu den vorherigen Entwürfen kein ausdrücklicher Ausnahmetatbestand enthalten ist, ist daraus doch wohl eher der nahe liegende Schluss zu ziehen, dass in der Fusionskontrollverordnung gerade keine Genehmigungsmöglichkeit für wettbewerbswidrige Zusammenschlüsse vorgesehen ist. Auch der Hinweis auf die Protokollerklärung der Kommission ist kein stichhaltiges Argument, da Protokollerklärungen der Kommission keine rechtliche Bindungswirkung entfalten können.[444] Gegen die Annahme einer Rechtfertigung eines an sich wettbewerbswidrigen Zusammenschlusses spricht vor allem der Wortlaut des Art. 2 der Verordnung Nr. 4064/89. Die „Entwicklung des technischen und wirtschaftlichen Fortschritts", darf nur berücksichtigt werden, wenn sie „den Wettbewerb nicht behindert". Ein wettbewerbswidriger Zusammenschluss stellt aber zugleich immer auch eine Behinderung des Wettbewerbs dar, er kann daher nicht mehr durch Effizienzen gerechtfertigt werden. Daher ist diese Ansicht nicht mit dem Wortlaut des Art. 2 der Verordnung Nr. 4064/89 vereinbar und somit abzulehnen.

bb) Berücksichtigung von Effizienzen innerhalb eines Beurteilungsspielraums

Nach einer anderen Auffassung können Effizienzgesichtspunkte nur berücksichtigt werden, wenn Zweifel über die zur Untersagung führenden Wettbewerbsauswirkungen bestehen.[445] Die Vertreter dieser Meinung gehen davon aus, dass Effizienzgewinne – als nicht wettbewerbliches Kriterium – keinen Beitrag zur Feststellung einer marktbeherrschenden Stellung leisten können, durch die wirksamer Wettbewerb erheblich behindert wird.[446] Kann die Begründung oder die Verstärkung einer solchen marktbeherrschenden Stellung zweifelsfrei festgestellt werden, so könnten Effizienzgewinne den Zusammenschluss nicht mehr rechtfertigen. Führt der Zusammenschluss nicht zu einer marktbeherrschenden Stellung, so sei eine Berücksichtigung von

---

442 *Löffler*, Art. 2 FKVO Rn. 166; *ders.* in Langen/Bunte Art. 2 FKVO Rn. 166.

443 *Kommission*, Erklärungen für das Ratsprotokoll vom 19. Dezember 1989 = WuW 1990, 240.

444 *Pechstein* EUR 1990, 253; *Herdegen* ZHR 1991, 65.

445 *Immenga*, 29; *ders.* WuW 1990, 377; *ders.* in Immenga/Mestmäcker Art. 2 FKVO Rn. 178; *Schmidt, Christian R.*, 153ff; *Kinne*, 125, 365; *Langeheine,* Fordham Corporate Law Institute 1990, 495; *Wagemann* in Wiedemann § 16 Rn. 66; wohl auch *Rösler*, NZG 2000, 865; *ders.* in FK Art. 2 FKVO Rn. 203 ebenso etwas unklar *Albers* in Groeben/Thiesing/Ehlermann Art. 2 FKVO Rn. 529; *Albers/Hacker* in Schröter/Jakob/Mederer Art. 2 FKVO Rn. 445 sowie *Camesasca* ECLR 1999, 27.

446 Vgl. *Immenga*, WuW 1990, 377.

Effizienzen überflüssig, da der Zusammenschluss unabhängig von Effizienzüberlegungen freizugeben sei. Die Kommission verfüge aber über einen Beurteilungsspielraum.[447] Bei der Beurteilung von Zusammenschlüssen muss die Kommission Wertungen und Prognosen treffen. Wertungen und Prognosen sind jedoch nicht immer eindeutig widerlegbar, so dass mehrere Entscheidungen rechtlich vertretbar sind. Bei wettbewerblichen Grenzfällen, die auf der Grenze zur Marktbeherrschung stehen, könne die Kommission aufgrund von nachgewiesenen Effizienzgewinnen zu dem auch wettbewerblich vertretbaren Schluss kommen, dass der Zusammenschluss mit dem Gemeinsamen Markt vereinbar ist.[448]

Denkt man diese Ansicht jedoch konsequent weiter, so können Effizienzgewinne bei der Fusionskontrollverordnung überhaupt nicht berücksichtigt werden. Ist die Kommission nur im Zweifel, ob der Zusammenschluss eine marktbeherrschende Stellung begründet oder verstärkt, durch die wirksamer Wettbewerb erheblich behindert wird, darf sie den Zusammenschluss in keinem Fall untersagen, da sie die Untersagungsvorsaussetzungen nicht nachgewiesen hat. Es bleibt auch unklar, wie diese Lösung mit der allgemeinen Lehre des Beurteilungsspielraums vereinbar ist. Auch bei Vorliegen eines Beurteilungsspielraums darf die zu treffende Entscheidung nicht auf sachfremde Erwägungen gestützt werden.[449] Nach Auffassung der Vertreter, die Effizienzüberlegungen nur in einem Beurteilungsspielraum der Kommission zulassen wollen, können Effizienzgewinne keinen Beitrag zur Frage der Begründung bzw. der Verstärkung einer marktbeherrschenden Stellung leisten. Effizienzgewinne wären konsequenterweise sachfremde Kriterien. Solche darf die Kommission jedoch auch bei Bestehen eines Beurteilungsspielraums nicht zur Begründung ihrer Entscheidung heranziehen.

Denkt man diese Auffassung zu Ende, ist daher eine Berücksichtigung von Effizienzvorteilen im Einzelfall nicht möglich. Dieses ist auch folgerichtig, wenn man die Erzielung von Effizienzgewinnen als nicht wettbewerbliches Kriterium einstuft.

cc) Keine Berücksichtigung von Effizienzvorteilen

Einige Autoren sind der Auffassung, dass Effizienzgewinne im Rahmen der Europäischen Fusionskontrollverordnung nicht in einer Einzelfallanalyse berücksichtigt werden können.[450] Sieht man in Effizienzgewinnen nicht-wettbewerbliche Faktoren, so ist dieser Schluss nur konsequent. Gegen diese Ansicht spricht jedoch, dass die „Entwicklung des technischen und wirtschaftlichen Fortschritts" bei der Fusionskontrolle nicht berücksichtigt werden könnte, obwohl diese ausdrücklich in Art. 2 Abs. 1 lit. b der Verordnung Nr. 4064/89 als zu berücksichtigender Faktor aufgezählt ist.

---

[447] Vgl. hierzu insbesondere: *Schmidt, Christian R.*, 153ff; zum Beurteilungsspielraum im europäischen Wettbewerbsrecht allgemein *Everling* WuW 1989, 877ff.

[448] *Schmidt, Christian R.*, 153ff.

[449] *Wolff*, § 31 Rn. 28; *Ossenbühl* in Ehlers/Erichsen AllgVWR, § 10 Rn. 40.

[450] *Jones* in Jones/González-Díaz, 156; *Christensen/Owen/Sjöblom* in Faull, Tz. 4.167; *Downes/MacDougall* ECLR 1994, 301f.

dd) Berücksichtigung beim Tatbestandsmerkmal der erheblichen Behinderung wirksamen Wettbewerbs

Vor allem in den Stellungnahmen zum Grünbuch der Kommission wurde vorgeschlagen, Effizienzgewinne im Einzelfall beim Tatbestandsmerkmal der erheblichen Behinderung wirksamen Wettbewerbs zu berücksichtigen.[451] Als Begründung wird darauf verwiesen, dass dieses zweite Tatbestandsmerkmal gegenüber dem Tatbestandsmerkmal der Begründung oder Verstärkung einer beherrschenden Stellung eine eigenständige Bedeutung hat.

c) Eigener Lösungsvorschlag

In diesem Abschnitt soll aus der im II. Teil dieser Arbeit erörterten Funktion des Tatbestandsmerkmals der „erheblichen Behinderung wirksamen Wettbewerbs" eine Lösung für die Beurteilung von Effizienzen unter der Verordnung Nr. 4064/89 entwickelt werden.

Nach der Systematik des Art. 2 Abs. 3 der Verordnung Nr. 4064/89 erfolgt die Beurteilung eines Zusammenschlusses in zwei Schritten. In einem ersten Schritt wird die für eine Untersagung notwendige Voraussetzung geprüft, ob der Zusammenschluss eine marktbeherrschende Stellung begründet oder verstärkt. In einem zweiten Schritt wird geprüft, ob diese marktbeherrschende Stellung zu einer erheblichen Behinderung wirksamen Wettbewerbs führt.

Bei der Marktbeherrschungsprüfung untersucht die Kommission, ob das neue Unternehmen über die Macht verfügt, sich seinen Wettbewerbern, Abnehmern und letztlich den Verbrauchern gegenüber in einem nennenswerten Umfang unabhängig zu verhalten.[452] Effizienzgewinne führen zu einem Wettbewerbsvorsprung gegenüber den Konkurrenten. Im Fall der Einzelmarktbeherrschung können Effizienzen daher nur zur Begründung von einer marktbeherrschenden Stellung herangezogen werden. Dieses liegt im Wesen des Marktbeherrschungstest, der nach dem Vorsprung des neuen Unternehmens gegenüber seinen Wettbewerbern fragt. Unter der Verordnung Nr. 4064/89 sind daher auch weiterhin Effizienzen als Argument für eine marktbeherrschende Stellung heranzuziehen. Es ist jedoch darauf zu achten, dass nur solche Effizienzen zur Begründung herangezogen werden, die nicht auch von aktuellen oder potentiellen Wettbewerbern innerhalb einer überschaubaren Zeit erzielt werden können. Denn die Erzielung von Effizienzen und die Nachahmung durch andere Wettbewerber ist gerade Wesen des Wettbewerbs.

Bei der kollektiven Marktbeherrschung können durch den Zusammenschluss erzielte Effizienzgewinne zur Verneinung einer Marktbeherrschung führen. Kollektive Marktbeherrschung liegt vor, wenn zwei oder mehrere von einander unabhängige Unternehmen - insbesondere aufgrund der zwischen ihnen bestehenden verbindenden Faktoren - zusammen die Macht haben, einheitlich und unabhängig von anderen Wettbewerbern, von ihrer Kundschaft und letztlich von den

[451] Vgl. Stellungnahmen zum Grünbuch: *Cleary Gottlieb Steen & Hamilton*, 23; *Sherman & Sterling*, 14ff; *Baker & McKenzie's* Tz. 4. 6.; auch *Mano*, 31; wohl auch *Pitofsky*, 52.

[452] EuGH U. v. 14. 2. 1978 Rs. 27/76 *United Brands/Kom.* Slg. 1978, 207.

Verbrauchern vorzugehen.[453] Ein einheitliches Vorgehen der Oligopolmitglieder kann durch mehrere Faktoren gefördert werden. Einer dieser Faktoren ist die Kostenstruktur. Je ähnlicher die Kostenstruktur der Unternehmen ist, umso leichter können die Unternehmen ihre Koordinierungsparameter festlegen.[454] Aufgrund von Effizienzgewinnen kann nun durch den Zusammenschluss ein Unternehmen geschaffen werden, welches eine günstigere Kostenstruktur hat. Für dieses Unternehmen kann es vorteilhaft sein, auf eigene Faust auf dem Markt zu agieren. Durch den Zusammenschluss entsteht ein Außenseiter (eine so genannte „maverick firm"), die ein gemeinsames Vorgehen der Oligopolmitglieder verhindert.[455] Effizienzgewinne können unter Umständen daher auch gegen die Annahme einer kollektiven Marktbeherrschung sprechen. Grund hierfür ist aber nicht primär die Steigerung der Wohlfahrt aufgrund von Effizienzgewinnen, sondern die Durchbrechung des kollusiven Verhaltens im Oligopol aufgrund von unterschiedlichen Kostenstrukturen.

Beim Tatbestandsmerkmal der „Begründung oder Verstärkung einer beherrschenden Stellung" können mögliche Effizienzgewinne nicht mit möglichen schädlichen Auswirkungen des Zusammenschlusses auf den Wettbewerb abgewogen werden. Effizienzgewinne können bei diesem Tatbestandsmerkmal nur unter dem Gesichtspunkt erörtert werden, ob sie zu einem Wettbewerbsvorsprung gegenüber anderen Wettbewerbern führen oder ob sie die Kollusionsgefahr im Oligopol verringern.

Beim Tatbestandsmerkmal der „erheblichen Behinderung wirksamen Wettbewerbs" können Effizienzen dagegen aufgrund ihrer wohlfahrtssteigernden Wirkung berücksichtigt werden. Dies setzt grundsätzlich voraus, dass nach dem Zusammenschluss noch ein gewisser Restwettbewerb besteht. Führt der Zusammenschluss zu einer völligen Ausschaltung des Wettbewerbsdrucks, so liegt meist auch eine Behinderung des Wettbewerbs vor. Denn bei einer marktbeherrschenden Stellung eines Unternehmens, die einem Monopol[456] nahe kommt, gibt es mangels Wettbewerbsdrucks keinen wirksamen Mechanismus mehr, der dafür sorgt, dass die Effizienzgewinne auch an die Verbraucher weitergegeben werden. Besteht aber ein gewisser Restwettbewerb, so kann die durch die Effizienzgewinne erzielte Wohlfahrtsförderung die Verringerung des Wettbewerbsdrucks ausgleichen. In diesem Fall würde zwar eine Funktion des durch die Zusammenschlusskontrolle zu schützenden Wettbewerbs beeinträchtigt (die Wettbewerbsfreiheit), dafür würden aber die ökonomischen Funktionen des Wettbewerbs gefördert (die Faktorallokation und der technische Fortschritt), so dass in einer Gesamtbetrachtung keine Behinderung des Wettbewerbs vorliegt.

Aus dem zweistufigen Aufbau des Art. 2 Abs. 3 der Verordnung Nr. 4064/89 ergibt sich, dass ein Zusammenschluss bis zur Grenze der Marktbeherrschung unabhängig von Effizienzüberlegungen nicht untersagt werden kann. Die Kommission kann gleichwohl, das Vorliegen

[453] EuGH U. v. 31. 3. 1998 verb. Rs. C-68/94 und C-30/95 *Frankreich/Kom.*, Tz. 221. EuG U. v. 6. 6. 2002 Rs. T-342/99 *Airtours/Kom.*, Tz. 59.

[454] EuG v. 25. 3. 1999 Rs. T-102/96 *Gencor/Kom.*, Tz. 222.

[455] Vgl. *Wirtz* EWS 2002, 64.

[456] Mit dem Begriff Monopol wird in dieser Arbeit eine Marktsituation bezeichnet, in der nur ein einziger Anbieter ein Gut anbietet, für das es keine direkten Substitute gibt.

der für die Untersagung notwendigen Voraussetzung „der Begründung oder Verstärkung einer marktbeherrschenden Stellung“ offen lassen und unter Hinweis auf die durch den Zusammenschluss erzielten Effizienzen den Zusammenschluss freigeben. Kommt die Kommission dagegen zu dem Schluss, dass eine marktbeherrschende Stellung begründet bzw. verstärkt wird, so ist damit festgestellt, dass das neue Unternehmen aufgrund der Abnahme des Wettbewerbsdrucks über die Macht verfügt, sich unabhängig gegenüber den Wettbewerbern, Abnehmern und letztlich den Verbrauchern zu verhalten. Nimmt der Wettbewerbsdruck ab, hat dies in aller Regel zur Folge, dass das neue Unternehmen ineffizient wird. Es ist auch sehr wahrscheinlich, dass es seinen Spielraum gegenüber den Wettbewerbern und den Verbrauchern zu Lasten dieser ausnutzen wird. Es besteht daher die Vermutung, dass der Zusammenschluss zu einer erheblichen Behinderung wirksamen Wettbewerbs führt. In wettbewerblichen Grenzfällen kann den Unternehmen jedoch der Beweis gelingen, dass durch den Zusammenschluss große Effizienzen erzielt werden, die auch an den Verbraucher weitergegeben werden. Der Nachweis dieser Effizienzgewinne würde die Verringerung des Wettbewerbsdrucks und die mit ihr einhergehende Vermutung des Effizienzverlustes ausgleichen. In diesem Fall würde keine Behinderung des Wettbewerbs vorliegen. Der Zusammenschluss müsste daher aufgrund der erzielten Effizienzen freigegeben werden.

Im Ergebnis können auch bei dieser Lösung Effizienzen nur in wettbewerblichen Grenzfällen berücksichtigt werden. Die Berücksichtigung kann beim Tatbestandsmerkmal der erheblichen Behinderung erfolgen. Die Verringerung des Wettbewerbsdrucks kann durch eine Wohlfahrtssteigerung ausgeglichen werden, so dass der Wettbewerb nicht behindert wird.

d) Ergebnis

Die Kommission hat in keiner ihrer Entscheidungen unter der Verordnung Nr. 4064/89 einen Zusammenschluss aufgrund von erzielten Effizienzgewinnen freigegeben. Sie hat vielmehr durch den Zusammenschluss erzielte Effizienzen als Argument für die Begründung oder Verstärkung einer beherrschenden Stellung herangezogen. In der Literatur hat sich keine Meinung zur Behandlung von Effizienzen unter der Verordnung Nr. 4064/89 durchsetzen können. Eine Extremansicht fordert, Effizienzvorteile überhaupt nicht zu berücksichtigen. Die entgegengesetzte Ansicht sieht die Effizienzen als einen eigenständigen Rechtfertigungsgrund an.

Die in dem II. Teil dieser Arbeit gewonnene Konkretisierung des Tatbestandsmerkmals der „erheblichen Behinderung wirksamen Wettbewerbs“ erlaubt eine angemessene Berücksichtigung von Effizienzvorteilen. Bei diesem Tatbestandsmerkmal ist auf die Erfüllung der Wettbewerbsfunktionen abzustellen. Die Erzielung von Effizienzen kann zu einer besseren Erfüllung der ökonomischen Funktionen des Wettbewerbs führen. Denn die Produktionsfaktoren werden effizienter eingesetzt als ohne die Erzielung von Effizienzvorteilen und die Effizienzvorteile können den technischen Fortschritt fördern. Diese bessere Erfüllung der ökonomischen Funktionen des Wettbewerbs kann die durch eine verstärkte Machtposition des Unternehmens verursachte Verringerung der Freiheit des Wettbewerbs ausgleichen.

4. Effizienzen unter der Verordnung Nr. 139/2004

Wie oben dargelegt stand die Kommission in ihrer bisherigen Praxis unter der Verordnung Nr. 4064/89 der positiven Berücksichtigung von Effizienzen skeptisch gegenüber. In ihrem Grünbuch zur Reform der Fusionskontrollverordnung[457] forderte die Kommission interessierte Kreise zu einer Diskussion über die Berücksichtigung von Effizienzen in der europäischen Fusionskontrolle auf. Der Großteil der Stellungnahmen zum Grünbuch befürwortete eine stärkere positive Berücksichtigung von Effizienzgewinnen in der europäischen Fusionskontrolle.[458] In die neue Fusionskontrollverordnung Nr. 139/2004 fanden die Effizienzen nur in die Beweggründe Eingang. Der Beweggrund Nr. 29 lautet:

„Um die Auswirkungen eines Zusammenschlusses auf den Wettbewerb im Gemeinsamen Markt bestimmen zu können, sollte begründeten und wahrscheinlichen Effizienzvorteilen Rechnung getragen werden. Es ist möglich, dass die durch einen Zusammenschluss bewirkten Effizienzvorteile die Auswirkungen des Zusammenschlusses auf den Wettbewerb, insbesondere den möglichen Schaden für die Verbraucher, ausgleichen, so dass durch den Zusammenschluss wirksamer Wettbewerb im Gemeinsamen Markt oder in einem wesentlichen Teil desselben, insbesondere durch Begründung oder Stärkung einer beherrschenden Stellung, nicht erheblich behindert würde. Die Kommission sollte Leitlinien veröffentlichen, in denen sie die Bedingungen darlegt, unter denen sie Effizienzvorteile bei der Prüfung eines Zusammenschlusses berücksichtigen kann."

Die Kommission ist dieser Verpflichtung nachgekommen und hat in ihrer Mitteilung über die Beurteilung von horizontalen Zusammenschlüssen ihre zukünftigen Grundsätze für die Beurteilung von Effizienzgewinnen dargelegt.[459]

Wurden früher Effizienzgewinne auch als Argument gegen die Genehmigung eines Zusammenschlusses ins Feld geführt, so sollen sie zukünftig für die Genehmigung eines Zusammenschlusses sprechen. Diese Entwicklung folgt - wie in vielen anderen Bereichen des Kartellrechts auch[460] - der Entwicklung im amerikanischen Recht.[461] So entsprechen die Beurteilungsgrundsätze für Effizienzgewinne in der Mitteilung der Kommission über horizontale Zusammenschlüsse weitgehend denjenigen der US-amerikanischen Horizontal Merger Guidelines von 1992[462]. Im folgenden Abschnitt soll versucht werden,

---

[457] *Kommission*, Grünbuch, Tz. 172.

[458] Siehe Stellungnahmen von: *Sherman & Sterling*, 18ff; *Cleary Gottlieb Steen & Hamilton*, 20ff., *AFEBP AGREF*, Tz. 49; *Allen & Overy*, Tz. 2.2.; *American Bar Association*, 14f; *Assonime*, 4f; *Baker & McKenzie's* Tz. 4. 6.; *BDI*, 11; *Bruce Lyons*, Tz. 9; *CBI*, Tz. 58; *CEFIC*, 4; *Clifford Chance*, 7; ablehnend aber: *Bundeskartellamt*, 51 *Bundesministerium für Wirtschaft*, 29.

[459] *Kommission*, Leitlinien, Tz. 76ff.

[460] Vgl. dazu *Fleischer/Körber* WuW 2001, 6ff.

[461] Vgl. zur Entwicklung im US amerikanischen Recht *Gotts/Goldman*, Fordham Corporate Law Institute 2002, 205ff; *Noel* ECLR 1997, 498ff.

[462] *U.S. Department of Justice und Federal Trade Commission,* 1992 Horizontal Merger Guidelines, Ziffer 4.

anhand der Mitteilung der Kommission die zukünftige Praxis der Beurteilung von Effizienzgewinnen unter der Verordnung Nr. 139/2004 aufzuzeigen. Die Darstellung der Kommissionspraxis ist nach den wichtigsten Fragen gegliedert, die sich bei einer Berücksichtigung von Effizienzen in der Zusammenschlusskontrolle stellen.

a) Effizienzstandard

Sollen Effizienzen explizit in einer Einzelfallanalyse oder in einer generellen Strukturanalyse berücksichtigt werden?

Bei dieser Frage geht es um den generellen Ansatz für die Berücksichtigung von Effizienzen in der Zusammenschlusskontrolle. *Ilzkovitz* und *Meiklejohn* unterscheiden in ihrem Gutachten für die Kommission drei mögliche Ansätze für die Berücksichtigung von Effizienzen in einer Zusammenschlusskontrolle.[463] Bei dem ersten Ansatz werden die Effizienzen bei der Zusammenschlusskontrolle durch eine generelle Vermutung berücksichtigt.[464] Bis zu einer bestimmten Schwelle, die sich aus Marktstrukturfaktoren wie Marktanteil, Marktkonzentration oder Marktzutrittschranken ergibt, wird vermutet, dass die Auswirkungen des Zusammenschlusses auf die Effizienzen positiv bis neutral sind. Wird diese Schwelle jedoch überschritten, wird davon ausgegangen, dass der Zusammenschluss zu Ineffizienzen führt und daher zu untersagen ist. Dem entgegengesetzt ist ein zweiter Ansatz. Bei diesem werden die Auswirkungen des Zusammenschlusses auf die Effizienzen in jedem einzelnen Fall gegeneinander abgewogen.[465] Für diesen Ansatz wird argumentiert, dass er zu mehr Einzelgerechtigkeit führt. Er ist jedoch mit großen Schwierigkeiten und Aufwand bei der Ermittlung und Abwägung von Effizienzen verbunden.[466] Für die Berücksichtigung von Effizienzen in der Fusionskontrolle schlagen *Ilzkovitz/Meiklejohn* einen Mittelweg vor.[467] Ähnlich wie beim ersten Ansatz wird eine Schwelle aufgrund von Marktstrukturfaktoren festgelegt, bis zu der keine wettbewerblichen Bedenken bestehen. Ferner wird anhand von Marktstrukturfaktoren eine zweite Schwelle festgelegt, ab der - trotz möglicher Effizienzgewinne - die wettbewerbsschädigenden Auswirkungen überwiegen und der Zusammenschluss zu untersagen ist. Nur zwischen diesen beiden Schwellen soll eine Berücksichtigung von Effizienzen im Einzelfall erfolgen. Dieses Vorgehen soll es ermöglichen, in wettbewerblichen Grenzfällen eine umfassende Abwägung von Effizienzvor- und nachteilen vorzunehmen. Gleichzeitig können aber Kosten vermieden werden, die bei einem Ansatz entstehen würden, der in jedem einzelnen Fall eine Abwägung von Effizienzen vorschreibt. Diesen Ansatz bezeichnen *Ilzkovitz/Meiklejohn* als „sequential approach".[468]

Unter der Verordnung Nr. 4064/89 verfolgte die Kommission den zuerst vorgestellten Ansatz. Bis zur Schwelle der Marktbeherrschung gab sie

[463] *Ilzkovitz/Meiklejohn*, Tz. 4.1.

[464] *Ilzkovitz/Meiklejohn* bezeichnen diesen Ansatz als „general presumptions approach", Tz. 4.1.1.

[465] *Ilzkovitz/Meiklejohn* bezeichnen diesen Ansatz als „case-by-case approach", Tz. 4.1.2.

[466] *Monopolkommission*, 14. Hauptgutachten, Tz. 611.

[467] *Ilzkovitz/Meiklejohn*, Tz. 4.1.3.

[468] *Ilzkovitz/Meiklejohn*, Tz. 4.1.3.

die Zusammenschlüsse frei. War die Schwelle der Marktbeherrschung überschritten, konnten Effizienzvorteile nicht mehr die wettbewerbsschädlichen Wirkungen des Zusammenschlusses ausgleichen.[469]

Diesen Ansatz gibt die Kommission nun in ihrer Mitteilung über die Beurteilung von horizontalen Zusammenschlüssen (im Folgenden „Leitlinien") auf.[470]

In ihren Leitlinien stellt die Kommission in Bezugnahme auf den Erwägungsgrund Nr. 29 der Verordnung Nr. 139/2004 fest, es sei möglich, *„dass die durch eine Fusion entstehenden Effizienzvorteile die Auswirkungen auf den Wettbewerb und insbesondere potenzielle Nachteile für Verbraucher ausgleichen, die die Fusion sonst haben könnte*".[471] Die Berücksichtigung von Effizienzen soll nach den Leitlinien der Kommission in einer Gesamtwürdigung erfolgen.[472] Die Kommission will also in Zukunft die Effizienzen in bestimmten Fällen explizit berücksichtigen, um zu prüfen, ob sie möglichen Wettbewerbsnachteilen entgegenwirken.

Des Weiteren führt die Kommission in ihren Leitlinien aus, dass es höchst unwahrscheinlich sei, dass eine Marktstellung, die einem Monopol nahe kommt, aus Effizienzgründen für mit dem Gemeinsamen Markt vereinbar erklärt werde.[473] Ähnlich wie die US-amerikanischen Horizontal Merger Guidelines[474] stellt die Kommission umso höhere Anforderungen an die Effizienzgewinne, je größer die nach dem Zusammenschluss zu erwartende Marktmacht des neuen Unternehmens ist. Die Kommission setzt somit eine obere Grenze *–Marktstellung, die einem Monopol nahe kommt–*,[475] ab der die Erzielung von Effizienzgewinnen eine Untersagung des Zusammenschlusses kaum noch verhindern kann.

Die alte Verordnung Nr. 4064/89 legte noch eine untere Grenze fest. In Art. 2 Abs. 3 der Verordnung Nr. 4064/89 war das Tatbestandsmerkmal der „Begründung oder Verstärkung einer beherrschenden Stellung" notwendige Voraussetzung für eine Untersagung eines Zusammenschlusses. Effizienzerwägungen waren daher nur im Einzelfall nachzuprüfen, wenn die Gefahr bestand, dass der Zusammenschluss eine beherrschende Stellung begründet oder verstärkt.

Auch bei der neuen Verordnung Nr. 139/2004 besteht eine untere Grenz, bis zu der mögliche Effizienzgewinne nicht im Einzelfall geprüft werden müssen. Nach dem Erwägungsgrund Nr. 25 der Verordnung Nr. 139/2004 soll der Begriff der „erheblichen Behinderung wirksamen Wettbewerbs" dahin gehend ausgelegt werden, *„dass er sich über das Konzept der Marktbeherrschung hinaus ausschließlich auf diejenigen wettbewerbsschädigenden Auswirkungen eines Zusammenschlusses*

---

[469] Vgl. nur Kom. E. v. 24. 4. 1996 Az. IV/M. 619 *Gencor/Lonrho,* Tz. 213f.; OECD, General Distribution (96)65, 53; diesem Ansatz folgt auch das Bundeskartellamt, vgl. *Bundeskartellamt* Diskussionspapier 2004, 12.

[470] *Kommission*, Leitlinien, Tz. 76ff.

[471] *Kommission*, Leitlinien, Tz. 76.

[472] *Kommission*, Leitlinien, Tz. 77.

[473] *Kommission*, Leitlinien, Tz. 84.

[474] *U.S. Department of Justice und Federal Trade Commission*, 1992 Horizontal Merger Guidelines, Ziffer 4.

[475] *Kommission*, Leitlinien, Tz. 84.

erstreckt, die sich aus nicht koordiniertem Verhalten von Unternehmen ergeben, die auf dem jeweiligen Markt keine beherrschende Stellung haben würden." Folglich kann ein Zusammenschluss nur untersagt werden, wenn er eine marktbeherrschende Stellung begründet oder verstärkt oder wenn er unilaterale Effekte im Oligopol zur Folge hat. Besteht weder die Gefahr einer Marktbeherrschung noch die Gefahr von unilateralen Effekten im Oligopol, so bedarf es keiner aufwendigen Einzelfallanalyse der Effizienzen, da keine Gefahr einer erheblichen Behinderung wirksamen Wettbewerbs besteht.
Die Kommission wird daher nur in wettbewerblichen Grenzfällen die Auswirkungen des Zusammenschlusses auf die Effizienzen untersuchen.
Damit folgt die Kommission dem von *Ilzkovitz* und *Meiklejohn* favorisierten so genanten „sequential approach"[476].

b) Nachprüfbarkeit der Effizienzen

Welche Anforderungen sind an den Nachweis von Effizienzen zu stellen und wer soll die Beweislast für die Erzielung von Effizienzen tragen?
Die Kommission fordert in ihren Leitlinien, dass Effizienzvorteile nachprüfbar sein müssen, so dass sie mit ausreichender Sicherheit mit dem Eintritt der Effizienzgewinne rechnen kann. Die Effizienzgewinne sollten nach Möglichkeit quantifiziert werden.[477] Was genau unter ausreichender Sicherheit zu verstehen ist, kann erst die zukünftige Fallpraxis zeigen. Bei dem Nachweis von Effizienzen ist jedoch zu berücksichtigen, dass es sich genau wie bei dem Feststellen einer marktbeherrschenden Stellung um eine Prognoseentscheidung handelt. Die Zukunft kann aber nicht mit Sicherheit vorhergesagt werden. An den Nachweis von Effizienzen sollte daher kein strengerer Maßstab angelegt werden, als an den Nachweis einer marktbeherrschenden Stellung.[478] Je schlechter die Effizienzen nachgewiesen werden können, umso geringer sollten sie bei der Gesamtwürdigung des Zusammenschlusses berücksichtigt werden.
Nach den Leitlinien der Kommission müssen die Unternehmen und nicht die Kommission den Nachweis erbringen, dass der Zusammenschluss Effizienzen zur Folge hat, die geeignet sind, den wettbewerbsfeindlichen Auswirkungen des Zusammenschlusses entgegenzuwirken.[479] Diese Beweislastverteilung wird mit dem praktischen Argument begründet, dass die Unternehmen im Besitz der Unterlagen sind, die zum Nachweis von Effizienzen benötigt werden.[480] Im Schrifttum wird diese Ansicht ganz überwiegend geteilt.[481] Die rechtliche Begründung für die Beweislastumkehr findet sich nun etwas versteckt in dem Beweggrund Nr. 29 der Verordnung Nr. 139/2004. Dort heißt es: *„Um die Auswirkungen eines Zusammenschlusses auf den Wettbewerb im Gemeinsamen Markt bestimmen zu können, sollte begründeten und*

[476] Vgl. Seite 101.
[477] *Kommission*, Leitlinien, Tz. 86; Formblatt CO, Tz. 9.3., Anhang zur Verordnung 802/2004 Abl. EG 2004 Nr. L 133/9.
[478] So auch *Wilmer, Cutler & Pickering / RBB Economics* in der Stellungnahme zum Mitteilungsentwurf, 11.
[479] *Kommission*, Leitlinien, Tz. 87.
[480] *Kommission*, Leitlinien, Tz. 87.
[481] Vgl. nur. *Röller/Stennek/Verboven*, Tz. 6.3.3.1.; *Albers/Hacker* in Schröter/Jakob/Mederer, Art. 2 FKVO Rn. 450.

wahrscheinlichen Effizienzvorteilen Rechnung getragen werden, die ***von den beteiligten Unternehmen dargelegt werden.*** *"*

c) Fusionsspezifische Effizienzen

Welche Beziehung muss zwischen dem Zusammenschluss und dem Erzielen von Effizienzgewinnen bestehen?

Die Kommission verlangt in ihren Leitlinien, dass die Effizienzen unmittelbare Folge des Zusammenschlusses sein müssen und nicht durch weniger wettbewerbswidrige Alternativen erzielt werden können.[482] Die Kommission wird sich dabei auf die Untersuchung realistischer und erreichbarer Alternativen konzentrieren und rein theoretischen Lösungen weniger Aufmerksamkeit widmen. Ferner wird sie die Branchenpraxis sowie die jeweiligen Fähigkeiten der fusionierenden Unternehmen berücksichtigen.[483] Das Bundeskartellamt kritisierte in seiner Stellungnahme zum Mitteilungsentwurf die Anforderungen der Kommission an den Kausalzusammenhang. Es müsse klargestellt werden, dass Effizienzgewinne nur dann kausal sind, wenn sie nicht auf andere Weise erreicht werden können.[484] Diese Anforderung an die Kausalität würde jedoch zu einer praktischen Nichtberücksichtigung von Effizienzen führen, da theoretisch fast alle Effizienzen auch ohne Zusammenschluss erreicht werden können.[485] Es ist daher zu begrüßen, dass die Kommission - im Gleichklang mit den US-amerikanischen Wettbewerbsbehörden[486]- darauf abstellt, ob die Unternehmen die Effizienzgewinne realistischer Weise auch ohne den Zusammenschluss erzielen könnten.

Die Kommission fordert darüber hinaus – im Gegensatz zu den US-amerikanischen Wettbewerbsbehörden[487] -, dass die Effizienzgewinne für die Verbraucher auf dem relevanten Markt eintreten müssen, in dem ansonsten Wettbewerbsbedenken bestehen würden.[488]

Geht man vom Ziel der Fusionskontrolle aus, die Wohlfahrt in der (gesamten) Gemeinschaft zu fördern, ist es schwer ersichtlich, wieso bedeutende Effizienzgewinne auf einem relativ größeren Markt nicht berücksichtigt werden sollen, wenn die marktbeherrschende Stellung auf einem anderen kleineren Markt droht und die Effizienzgewinne untrennbar mit dem Begründen oder Verstärken der marktbeherrschenden Stellung verbunden sind.[489] Diese Begründung kann mit dem Wortlaut des Art. 2 Abs. 1 lit. a der Verordnung Nr. 139/2004 unterstützt werden, nach dem die Kommission bei ihrer

[482] *Kommission*, Leitlinien, Tz. 85.

[483] *Kommission*, Leitlinien, Tz. 85.

[484] *Bundeskartellamt*, Stellungnahme zum Mitteilungsentwurf, 5.

[485] So auch *Gotts/Goldman*, Fordham Corporate Law Institute 2002.

[486] *U.S. Department of Justice und Federal Trade Commission*, 1992 Horizontal Merger Guidelines Ziffer 4.

[487] Die amerikanischen Merger Guidelines schreiben ausdrücklich fest, dass Effizienzen auch auf anderen Märkten berücksichtigt werden können, wenn diese so eng mit dem Zusammenschluss verbunden sind, dass es keine Abhilfe gegen die wettbewerbsschädigenden Auswirkungen gibt, die nicht zugleich auch die Effizienzgewinne vereiteln würde, *U.S. Department of Justice und Federal Trade Commission*, 1992 Horizontal Merger Guidelines, Ziffer 4.

[488] *Kommission*, Leitlinien, Tz. 79.

[489] Kritisch auch *Wilmer, Cutler & Pickering / RBB Economics* in der Stellungnahme zum Mitteilungsentwurf, 11.

Prüfung des Zusammenschlusses die Struktur *aller* betroffenen Märkte berücksichtigen soll.[490]
Es wäre jedoch politisch nur schwer zu rechtfertigen, einen Zusammenschluss zu genehmigen, der zwar in Deutschland zu einer Wohlfahrtssteigerung führt, auf dem luxemburgischen Markt aber aufgrund einer marktbeherrschenden Stellung zu einem Wohlfahrtsverlust führt. Die Kommission begründet ihre Auffassung mit dem Schutz der Verbraucher. Denn auch wenn im obigen Beispiel die Wohlfahrt insgesamt in der Gemeinschaft gefördert würde, so würden doch die Verbraucher in Luxemburg durch den Zusammenschluss einen Nachteil erleiden. Diese Argumentation überzeugt vor allem, da nach Art. 2 Abs. 1 lit. b. der Verordnung Nr. 139/2004 die Entwicklung des technischen und wirtschaftlichen Fortschritts nur berücksichtigt werden darf, sofern diese den Wettbewerb nicht behindert. Sieht man mit der überwiegenden Meinung[491] diesen Passus als Anknüpfungspunkt für die Berücksichtigung von Effizienzen an, so dürfen diese nur berücksichtigt werden, wenn der Wettbewerb nicht behindert wird. Im obigen Beispiel würde aber unzweifelhaft der Wettbewerb auf dem luxemburgischen Markt behindert, auch wenn man in Hinblick auf die Wohlfahrtsförderung in der Gemeinschaft diese Behinderung des Wettbewerbs nicht als erheblich ansehen möchte.
Die zukünftige Praxis der Kommission, Effizienzvorteile nur auf dem Markt zu berücksichtigen, auf dem ansonsten Wettbewerbsbedenken bestehen würden, ist daher überzeugend.

d) Wohlfahrtsstandard

Welcher Wohlfahrtsstandard soll in der europäischen Fusionskontrolle angewandt werden?
Wie bereits oben erörtert, ist in der Fusionskontrollverordnung der „consumer welfare standard“ anzuwenden, da der Beweggrund Nr. 29 und Art. 2 Abs. 1 lit. b der Verordnung Nr. 139/2004 vorschreiben, dass durch den Zusammenschluss erzielte Effizienzvorteile nur berücksichtigt werden können, wenn sie dem Verbraucher dienen.[492] Die Kommission stellt in ihren Leitlinien klar, dass die Effizienzen sich auf dem relevanten Markt unmittelbar zum Nutzen des Verbrauchers auswirken müssen.[493] Er reicht also nicht aus, wenn die Verbraucher indirekt über höhere Aktienkurse oder über höhere Steuereinnahmen des Staates von den Effizienzen profitieren.

e) Efficiency offence

Wird die Kommission Effizienzen in Zukunft als Argument für eine Untersagung von Zusammenschlüssen heranziehen?
In ihrer Praxis unter der Verordnung Nr. 4064/89 hatte die Kommission Effizienzgewinne als Faktor für die Untersagung eines

---

[490] Vgl. parallele Argumentation zur Abwägungsklausel bei *Schütz* in Gemeinschaftskommentar Art. 2 FKVO Rn. 158ff; *Immenga* in Immenga/Mestmäcker Art. 2 FKVO Rn. 25ff; *Bechtold* EuZW 1996, 389ff; *Kleemann* in FS Lieberknecht, 381ff.; *Rösler* NZG 2000, 859.
[491] Vgl. nur *Drauz*, 118; *Kinne*, 365; *Immenga/Stopper* RIW 2001, 516; *Lowe*, Fordham Corporate Law Institute 2002, 340; *Griffin/Sharp* ALJ 1996, 669.
[492] Vgl. Seite 90f.
[493] *Kommission*, Leitlinien, Tz. 79.

Zusammenschlusses gewertet. Im Mitteilungsentwurf der Kommission finden sich Hinweise, dass die Kommission auch in Zukunft Effizienzen als Faktor für die Begründung oder Verstärkung einer marktbeherrschenden Stellung werten will. So nennt die Kommission in der Textziffer 21 ihres Mitteilungsentwurfes, in der sie Faktoren für die Bestimmung von Marktmacht aufzählt, auch Größen- und Verbundvorteile. Diese könnten dem führenden Unternehmen einen strategischen Vorteil gegenüber dem Wettbewerber verschaffen.[494] Dieser Punkt des Mitteilungsentwurfes konnte dahingehend missverstanden werden, dass auch in Zukunft die Kommission Effizienzen als Argument für eine Untersagung des Zusammenschlusses ins Feld führen würde.[495] In den endgültigen Leitlinien finden sich keine ähnlichen Formulierungen mehr. Es ist daher davon auszugehen, dass die Kommission in Zukunft Effizienzen nicht als Argument für eine Untersagung heranziehen wird. Dieses sollte die Unternehmen ermutigen, bereits in einem frühen Stadion des Verfahrens zu versuchen, die von dem Zusammenschluss erhofften Effizienzen gegenüber der Kommission zu quantifizieren.

f) Zusammenfassung und Bewertung

Die Kommission wird in Zukunft unter der Verordnung Nr. 139/2004 die durch einen Zusammenschluss erzielten Effizienzvorteile im Einzelfall bei drei Fallgruppen berücksichtigen:

1. Der Zusammenschluss begründet oder verstärkt wahrscheinlich eine Einzelmarktbeherrschung.
2. Der Zusammenschluss begründet oder verstärkt wahrscheinlich eine kollektive Marktbeherrschung.
3. Der Zusammenschluss hat wahrscheinlich unilaterale Effekte im Oligopol zur Folge.

Nach den Leitlinien der Kommission müssen die Unternehmen nachweisen, dass die Effizienzen den Verbrauchern zu Gute kommen und fusionsspezifisch sind.[496]

Nach der in dieser Arbeit gefundenen Konkretisierung des Untersagungstatbestandes der Verordnung Nr. 139/2004 wird der wirksame Wettbewerb immer dann durch den Zusammenschluss erheblich behindert, wenn die Wettbewerbsfunktionen bei Untersagung des Zusammenschlusses besser erfüllt würden als bei einer Genehmigung des Zusammenschlusses. Die Leitlinien der Kommission stehen bezüglich der Beurteilung von Effizienzen in Übereinstimmung mit der in dieser Arbeit herausgefundenen Konkretisierung des Untersagungstatbestandes der Verordnung Nr. 139/2004. Dieses soll anhand der drei oben genannten Fallgruppen, kurz erläutert werden.

In der ersten Fallgruppe besteht die Gefahr, dass durch den Zusammenschluss eine Einzelmarktbeherrschung begründet oder verstärkt wird. Verfügt ein Unternehmen über eine beherrschende Stellung, so ist die Freiheitsfunktion des Wettbewerbs gestört. Denn das

---

494 *Kommission*, Entwurf einer Mitteilung der Kommission über die Kontrolle horizontaler Zusammenschlüsse gemäß der Fusionskontrollverordnung, Tz. 21.

495 Kritisch zu diesem Punkt des Mitteilungsentwurfes die Stellungnahmen von *Linklaters*, Tz. 4.5.7.; *ICC*, 12; *UNICE*, 4.

496 *Kommission*, Leitlinien, Tz. 78.

marktmächtige Unternehmen verfügt im Verhältnis zu den Abnehmern und den Wettbewerbern über einen unangemessenen Freiheitsraum und behindert dadurch die Freiheit der Abnehmer und Wettbewerber. Werden durch den Zusammenschluss so große Effizienzvorteile erzielt, dass sie die durch die Marktmacht verursachte Ineffizienz ausgleichen und werden diese Effizienzvorteile an den Verbraucher weitergegeben, so werden die Produktionsfaktoren effizienter eingesetzt. Die Allokationsfunktion des Wettbewerbs würde daher bei Genehmigung des Zusammenschlusses besser erfüllt als bei einer Untersagung. Diese Bessererfüllung der Allokationsfunktion kann die Verringerung der Wettbewerbsfreiheit ausgleichen, so dass der Zusammenschluss insgesamt den Wettbewerb nicht behindert und zu genehmigen ist. Dieser Ausgleich wird bei einem Zusammenschluss, der eine Marktstellung begründet oder verstärkt, die einem Monopol nahe kommt, jedoch kaum möglich sein. Denn zum einen wird in diesem Fall die Wettbewerbsfreiheit sehr stark eingeschränkt, so dass im Gegenzug für einen Ausgleich die Allokationsfunktion bei einer Genehmigung des Zusammenschlusses sehr viel besser erfüllt werden müsste als bei einer Untersagung. Zum anderen besteht bei einer Marktstellung, die einem Monopol nahe kommt, mangels Wettbewerbsdrucks kein wirksamer Mechanismus mehr, der dafür sorgt, dass die Effizienzvorteile an den Verbraucher weitergegeben werden. Die Allokationsfunktion wird daher in diesem Fall trotz möglicher Effizienzen bei einer Genehmigung des Zusammenschlusses in aller Regel nicht besser erfüllt als bei einer Untersagung.

In der zweiten Fallgruppe besteht die Gefahr, dass der Zusammenschluss eine kollektive Marktbeherrschung begründet oder verstärkt. Kollektive Marktbeherrschung liegt vor, wenn zwei oder mehrere Unternehmen zusammen die Macht haben, einheitlich und unabhängig von anderen Wettbewerbern, von ihren Abnehmern und letztlich den Verbrauchern vorzugehen.[497] Werden durch den Zusammenschluss Effizienzgewinne erzielt, kann es für das fusionierte Unternehmen aufgrund seiner neuen Kostenstruktur vorteilhafter sein, von einem gemeinsamen Vorgehen auf dem Markt abzuweichen, als ohne die Erzielung von Effizienzgewinnen.[498] In diesem Fall führen die Effizienzgewinne dazu, dass durch den Zusammenschluss keine kollektive Marktbeherrschung begründet oder verstärkt wird. Der Zusammenschluss führt daher bereits nicht zu einer Verringerung der Wettbewerbsfreiheit.

In der dritten Fallgruppe besteht die Gefahr, dass es durch den Zusammenschluss zu unilateralen Effekten im Oligopol kommt. Die Gefahr für den Wettbewerb besteht hier darin, dass der Zusammenschluss zu höheren Preisen, zu einer Verschlechterung der Produktqualität oder zu einer Verringerung des Produktangebots führen kann. Die Gefährdung des Wettbewerbs besteht hier nicht in erster Linie durch eine Gefährdung der Wettbewerbsfreiheit, sondern durch eine Verschlechterung der Allokationsfunktion. Bei der ökonomischen Analyse, ob der Zusammenschluss zu höheren Preisen führt, muss die Kommission auch durch den Zusammenschluss erzielte Effizienzen

---

[497] EuGH U. v. 31. 3. 1998 verb. Rs. C-68/94 und C-30/95 *Frankreich/Kom.*, Tz. 221. EuG U. v. 6. 6. 2002 Rs. T-342/99 *Airtours/Kom.*, Tz. 59.

[498] Vgl. Seite 97f.

berücksichtigen. Bei dieser Fallgruppe kommt es also nicht zu einer Abwägung der Beeinträchtigung der Wettbewerbsfreiheit gegen die verbesserte Allokation der Produktionsfaktoren, sondern die Effizienzen werden bei der Frage berücksichtigt, ob der Zusammenschluss überhaupt zu einer Verschlechterung der Allokationsfunktion führt.
Anhand dieser drei Fallgruppen konnte gezeigt werden, dass die in den Leitlinien der Kommission beschriebenen Grundsätze zur Behandlung von Effizienzvorteilen mit der hier gefundenen Konkretisierung des Art. 2 Abs. 3 der Verordnung Nr. 139/2004 im Einklang stehen.
Ferner kann festgehalten werden, dass die Erfüllung des Regelbeispiels der Begründung oder Verstärkung einer marktbeherrschenden Stellung nicht unbedingt eine erhebliche Behinderung wirksamen Wettbewerbs zur Folge haben muss. Denn die durch die Marktbeherrschung bewirkte Verringerung der Wettbewerbsfreiheit kann durch die aufgrund von Effizienzvorteilen erzielte bessere Erfüllung der ökonomischen Wettbewerbsfunktionen ausgeglichen werden.

III. Sanierungsfusion

1. Einleitung

In diesem Abschnitt soll untersucht werden, ob der Einwand der Sanierungsfusion zu einer Genehmigung eines Zusammenschlusses führen kann, obwohl er das Regelbeispiel der Begründung oder Verstärkung einer beherrschenden Stellung des Art. 2 Abs. 3 der Verordnung Nr. 139/2004 erfüllt. Zur Beantwortung dieser Frage wird in diesem Abschnitt auch auf die Praxis der Kommission und des Europäischen Gerichtshofs zur Sanierungsfusion unter der Verordnung Nr. 4064/89 zurückgegriffen. Denn unter der alten Verordnung stellte sich im Wesentlichen die gleiche Problematik: Kann ein Zusammenschluss genehmigt werden, obwohl er das erste Tatbestandsmerkmal der Begründung oder Verstärkung einer beherrschende Stellung erfüllt, da er das zweite Tatbestandsmerkmal der Behinderung wirksamen Wettbewerbs nicht erfüllt.
Bei der Problematik der Sanierungsfusion[499] (bzw. der failing company defence) geht es um Zusammenschlüsse, bei denen ein am Zusammenschluss beteiligtes Unternehmen von der Insolvenz bedroht ist und ohne den Zusammenschluss aus dem Markt ausscheiden würde. Die Besonderheit bei einer Sanierungsfusion besteht darin, dass auch ohne den Zusammenschluss sich die Anzahl der Wettbewerber auf dem Markt verringern und Anlagevermögen aus dem Markt ausscheiden würde. Ferner können durch eine Sanierungsfusion die negativen sozialen Folgen einer Insolvenz abgewendet werden.
Die Rechtsfigur der Sanierungsfusion hat ihren Ursprung in Amerika.[500] In seiner Entscheidung *International Shoe Company/FTC* gab der Supreme Court einen beabsichtigten Zusammenschluss der beiden weltweit größten Schuhhersteller frei.[501] Grundlage der Entscheidung war die drohende Insolvenz eines Unternehmens und die Tatsache, dass sich kein anderer Käufer für das von der Insolvenz bedrohte

---

499 Der Begriff der Sanierungsfusion leitet sich vom lateinischen sanare (gesund machen, heilen) ab.
500 Vgl. zur historischen Entwicklung *Garten*, 25ff.
501 Supreme Court E. v. 6. 1. 1930, 280 U.S., 291ff.

Unternehmen fand. Aus diesen Umständen folgerte der Supreme Court, dass der Zusammenschluss zu keiner wesentlichen Wettbewerbsbehinderung führe und darüber hinaus förderlich für das öffentliche Interesse sei.[502] Mittlerweile sind die Voraussetzungen für eine „failing firm defence" in den U. S. Horizontal Merger Guidelines festgeschrieben.[503]

Die Verordnung Nr. 4064/89 regelt die Figur der Sanierungsfusion nicht. In einigen Entscheidungen der Kommission führte der Einwand der Sanierungsfusion aber zur Freigabe des Zusammenschlusses.[504] Auch die neue Verordnung Nr. 139/2004 enthält keine Bestimmungen über die Sanierungsfusion. Die Kommission legte jedoch in ihrer Bekanntmachung zur Bewertung von horizontalen Zusammenschlüssen vom Januar 2004 ihre Grundsätze für die Beurteilung von Sanierungsfusionen fest.[505] Dieser Punkt der Leitlinien, der mit dem Entwurf der Mitteilung über die Beurteilung von horizontalen Zusammenschlüssen im wesentlichen übereinstimmt,[506] stieß bei der Wirtschaft und der Anwaltschaft ganz überwiegend auf Zustimmung.[507] Das Bundeskartellamt äußerte sich hingegen kritisch.[508]

Im folgenden Abschnitt sollen zunächst die besonderen Auswirkungen einer Sanierungsfusion erörtert werden. Anschließend wird die europäische Praxis zur Sanierungsfusion unter der Verordnung Nr. 4064/89 und deren Bewertung in der Literatur dargestellt. Danach soll ausgehend von der im II. Teil dieser Arbeit gewonnenen Konkretisierung des Tatbestandsmerkmals der erheblichen Behinderung wirksamen Wettbewerbs eine eigene Lösung der Problematik der Sanierungsfusion unter der Verordnung Nr. 4064/89 erarbeitet werden. In dem darauf folgenden Abschnitt sollen die in der Bekanntmachung der Kommission zur Bewertung horizontaler Zusammenschlüsse aufgestellten Grundsätze zur Bewertung der Sanierungsfusion unter der neuen Verordnung Nr. 139/2004 erörtert werden. Schließlich soll dann die Frage beantwortet werden, ob der Einwand der Sanierungsfusion zu einer Genehmigung eines Zusammenschlusses führen kann, obwohl dieser Zusammenschluss eine beherrschende Stellung begründet oder verstärkt und somit das Regelbeispiel des Untersagungstatbestandes der Verordnung Nr. 139/2004 erfüllt.

2. Besondere Auswirkungen von Sanierungsfusionen

Die Auswirkungen von Sanierungsfusionen können nach ihrer Wirkungsrichtung in drei verschiedene Kategorien unterteilt werden.

---

[502] Supreme Court E. v. 6. 1. 1930, 280 U.S., 302.

[503] *U.S. Department of Justice und Federal Trade Commission,* 1992 Horizontal Merger Guidelines Ziffer 5.

[504] Kom. E. v. 14. 12. 1993 Az. IV/M. 308 *Kali und Salz/MDK/Treuhand*; Kom. E. v. 11. 7. 2001 Az. COMP/M. 2314 *BASF/Eurodiol/Pantochim;* Kom. E. v. 1. 7. 2002 Az. IV/M. 2810 *Deloitte & Touche/Andersen (UK)*; Kom. E. v. 5. 9. 2002 Az. IV/M. 2816 *Ernst & Young France/Andersen France.*

[505] *Kommisson*, Leitlinien, Tz. 85ff.

[506] *Kommission*, Mitteilungsentwurf, Tz. 96ff.

[507] Vgl. Stellungnahmen von: *Cleary Gottlieb Steen & Hamilton*, 15; *ICC*, 14*; Wilmer, Cutler & Pickering and RBB Economics*, 11;

[508] Stellungnahme des *Bundeskartellamts*, 5.

a) Auswirkungen im Verhältnis zu den Wettbewerbern[509]

Die Sanierungsfusion unterscheidet sich von anderen Fusionen dadurch, dass auch ohne den Zusammenschluss ein Unternehmen aufgrund der Insolvenz aus dem Markt ausscheiden würde. Die Anzahl der Wettbewerber wird daher unabhängig vom Zusammenschluss reduziert. Im Fall einer Insolvenz können daher die gleichen wettbewerblichen Wirkungen eintreten wie im Fall eines Zusammenschlusses. Ist dies der Fall, dann ist der Zusammenschluss nicht kausal für die Verschlechterung der Wettbewerbsbedingungen.

aa) Horizontale Zusammenschlüsse

Bei einem Zusammenschluss von aktuellen Wettbewerbern sind zum einen der Wegfall des von dem jeweils anderen beteiligten Unternehmen ausgehenden Wettbewerbsdrucks und zum anderen die Kombination der Marktanteile der beteiligten Unternehmen die entscheidenden wettbewerblichen Auswirkungen des Zusammenschlusses.[510] Bei der Situation einer Sanierungsfusion besteht die Besonderheit, dass der vom sanierungsbedürftigen Unternehmen ausgehende Wettbewerbsdruck auch ohne den Zusammenschluss wegfällt, da das sanierungsbedürftige Unternehmen aus dem Markt ausscheiden würde.

Bei einem Ausscheiden des Unternehmens aus dem Markt aufgrund einer Insolvenz werden sich in aller Regel seine Marktanteile auf die anderen Wettbewerber verteilen oder von einem „Newcomer" aufgefangen.[511] Bei einem Zusammenschluss würden dagegen die gesamten Marktanteile des sanierungsbedürftigen Unternehmens auf das andere am Zusammenschluss beteiligte Unternehmen übergehen. Unter bestimmten Umständen können jedoch auch im Fall des Ausscheidens eines Unternehmens aus dem Markt aufgrund einer Insolvenz dessen Marktanteile nur bei einem einzigen Unternehmen anwachsen. Dieses dürfte vor allem bei einem Dyopol der Fall sein. Denn hier gibt es keinen anderen Wettbewerber, der die freigewordene Nachfrage auf sich lenken kann.[512]

Im Einzelfall kann es daher unabhängig davon, ob die Unternehmen fusionieren, zu einem Wegfall des Wettbewerbsdrucks und einer Kombination der Marktanteile der Unternehmen kommen. Denn auch im Fall einer Insolvenz eines Unternehmens können diese beiden wettbewerblichen Effekte auftreten.

bb) Vertikale Zusammenschlüsse

Durch vertikale Zusammenschlüsse werden insbesondere die Absatz- bzw. Bezugsmöglichkeiten der beteiligten Unternehmen intensiviert, während für die anderen Wettbewerber eine potentielle Absatz- bzw.

---

[509] Vgl. hierzu vor allem *Immenga* ZRH 1973, 337ff; *Möschel* in Festschrift für Fischer, 495ff.

[510] Vgl. *Emmerich*, 293f; *Albers/Hacker* in Schröter/Jakob/Mederer Art. 2 FKVO Rn. 270.

[511] *Catranis*, 84.

[512] Vgl. Kom. E. v. 14. 12. 1993 Az. IV/M. 308 *Kali und Salz/MDK/Treuhand*; EuGH U. v. 31.3.1998 verb. Rs. C-68/94 und C-30/95 *Frankreich/Kom.*, Tz. 90ff.

Bezugsmöglichkeit wegfällt.[513] Es kommt dadurch zu Marktausschluss- und Marktabschottungseffekten.[514]

Bei einem vertikalen Zusammenschluss sind zwei Situationen zu unterscheiden.[515] Keine Besonderheiten ergeben sich, wenn durch den Zusammenschluss eine markbeherrschende Stellung des sanierungsbedürftigen Unternehmens droht. In diesem Fall würde ohne den Zusammenschluss das sanierungsbedürftige Unternehmen wegfallen und dadurch der Wettbewerb eher intensiviert. Besteht aber durch den Zusammenschluss die Gefahr einer marktbeherrschenden Stellung auf Ebene des aufnehmenden Unternehmens, so kann im Einzelfall auch ohne den Zusammenschluss der Unternehmen eine marktbeherrschende Stellung begründet oder verstärkt werden. Dieses ist zum Beispiel der Fall, wenn das aufnehmende Unternehmen mit einem Lieferanten verbunden ist und der einzig bedeutende andere Lieferant auf dieser Ebene insolvenzbedingt vom Markt ausscheiden würde.[516] Sowohl im Fall einer Insolvenz als auch im Fall einer Fusion würde das aufnehmende Unternehmen über eine marktbeherrschende Stellung verfügen, da für die Wettbewerber in beiden Fällen kein Lieferant mehr zur Verfügung steht.

cc) Konglomerate Zusammenschlüsse

Eine Begründung oder Verstärkung einer marktbeherrschenden Stellung kann sich bei konglomeraten Zusammenschlüssen vor allem aus Ressourcen[517]- und Portfolioeffekten[518] ergeben. Hier ergeben sich keine Besonderheiten im Fall der Sanierungsfusion. Denn der Zuwachs an Ressourcen und die Vergrößerung eines Portfolios erfolgt nur bei einer Fusion der Unternehmen und nicht wenn ein Unternehmen aus dem Markt ausscheidet.

dd) Zusammenfassung

In diesem Abschnitt sind die Wettbewerbswirkungen von Zusammenschlüssen stark vereinfacht skizziert worden. Neben den aufgezeigten Wirkungen ist immer im Rahmen einer Gesamtschau zu prüfen, ob sich nicht aufgrund der Marktstruktur, des potentiellen Wettbewerbs oder aufgrund der Marktmacht der Marktgegenseite ein anderes Ergebnis ergibt. Mit der Vereinfachung der wettbewerblichen Auswirkungen konnte jedoch gezeigt werden, dass auch im Fall einer Sanierungsfusion es bei einem Großteil der Zusammenschlüsse zu einer Verringerung des Wettbewerbsdrucks und zur Begründung bzw. Verstärkung einer marktbeherrschenden Stellung kommen kann. Die

---

513 *Monopolkommission*, 5. Hauptgutachten, Tz. 725.

514 *Albers/Hacker* in Schröter/Jakob/Mederer Art. 2 FKVO Rn. 286f.

515 So *Möschel*, FS Fischer, 495; nicht differenzierend aber *Immenga* ZRH 1973, 339.

516 *Möschel*, FS Fischer, 495f.

517 Vgl. nur Kom. E. v. 30. 7. 1997 Az. IV/M. 877 *Boeing/McDonnell Douglas*, Tz. 73.

518 Als Portfolioeffekt bezeichnet man den Marktmachtzuwachs, der durch das Anbieten eines großen Sortiments- bzw. Portfolios entsteht. Der Inhaber eines großen Sortiments ist flexibler in der Gestaltung seiner Preise, verfügt über die Möglichkeiten von Kopplungsgeschäften und kann Größen- und Diversifikationsvorteile beim Marketing und Absatz erzielen. Kom. E. v. 25. 10. 1997 Az. IV/M. 938 *Guinness/Grand Metropolitan*, Tz. 39ff; Kom. E. v. 11. 9. 1997 Az. IV/M. 833 *Coca Cola Company/Carlsberg*, Tz. 67.

Marktgegebenheiten können jedoch im Einzelfall dazu führen, dass sowohl im Fall einer Insolvenz eines Unternehmens als auch im Fall einer Fusion dieses Unternehmens mit einem anderen Unternehmen im Wesentlichen die gleichen wettbewerblichen Auswirkungen auf die potentiellen und aktuellen Wettbewerber zu erwarten sind.

b) Auswirkungen im Verhältnis zu den Abnehmern/Verbrauchern

Im Fall einer Insolvenz scheidet nicht nur ein Marktteilnehmer aus dem Markt aus, sondern mit ihm auch sein Anlagevermögen und seine Produktionskapazität. Hierdurch kann – wenn kein Überangebot besteht - eine Angebotslücke entstehen. Die verbleibenden aktuellen und potentiellen Wettbewerber werden regelmäßig in der Lage sein, die entstandene Angebotslücke zu schließen.[519] In bestimmten Konstellationen kann die Angebotslücke jedoch nicht einfach von anderen Wettbewerbern ausgefüllt werden. Bedarf es zum Beispiel zur Herstellung eines Produkts aufwendiger Anlagen, die nicht innerhalb einer kurzen Zeit errichtet werden können und nutzen die Hersteller bereits ihr Produktionskapazitäten voll aus, um die Nachfrage befriedigen zu können, so kann die Angebotslücke nicht kurz- bis mittelfristig geschlossen werden. Dies hat zur Folge, dass das Angebot trotz gleichbleibender Nachfrage sinkt. Somit steigen die Preise für das betreffende Produkt. Im Fall der Sanierungsfusion bleiben jedoch die Produktionskapazitäten im Markt. Im Vergleich zur Situation ohne Sanierungsfusion ist das Angebot an den betreffenden Produkten größer. Dies kann zu niedrigeren Preisen im Vergleich zu den Preisen ohne Sanierungsfusion führen, auch wenn durch die Sanierungsfusion eine marktbeherrschende Stellung begründet oder verstärkt wird.[520] In dieser besonderen Konstellation kann für die Abnehmer und Verbraucher zumindest mittelfristig eine Fusion der beiden Unternehmen günstiger sein, als ein Ausscheiden des Anlagevermögens des Unternehmens im Fall der Insolvenz.

c) Soziale Auswirkungen

Kann durch einen Zusammenschluss ein Unternehmen vor der Insolvenz gerettet werden, so werden damit zugleich die sozialschädlichen Folgen einer Insolvenz abgewendet.[521] Durch eine Sanierungsfusion können vor allem vier Gruppen profitieren:[522] Für einen Teil der Mitarbeiter des sanierungsbedürftigen Unternehmens kann die Fusion vorteilhaft sein, da sie durch das neue Unternehmen übernommen werden. Die Gläubiger des sanierungsbedürftigen Unternehmens sind im Falle der Fusion bei ihrer Geltendmachung von Ansprüchen nicht auf die Insolvenzmasse beschränkt. Die Aktionäre verlieren nicht ihre Investition, sondern können bei einer erfolgreichen Fusion sogar einen Gewinn erzielen. Schließlich profitiert die Gebietskörperschaft, in der das sanierungsbedürftige Unternehmen ansässig ist.[523]

---

[519] *Möschel* in Festschrift für Fischer, 496.

[520] Vgl. hierzu ausführlich *Bergau*, 130ff, zu beachten ist, dass das vorgeschlagene Modell nur für den Fall gilt, dass eine Angebotslücke nicht durch potentielle oder aktuelle Wettbewerber geschlossen werden kann.

[521] Vgl. hierzu auch *Bergau*, 20f.

[522] Vgl. *Monti/Rousseva* ELR 1999, 51.

[523] So bereits schon *Supreme Court* E. v. 6. 1. 1930, 280 U.S. 291ff.

Kritisch ist hier jedoch anzumerken, dass auch in Fällen, in denen der Zusammenschluss unter dem Hinweis auf die Sicherung von Arbeitsplätzen freigegeben wurde, es trotzdem zu massiven Entlassungen aufgrund von Rationalisierungsmaßnahmen kam.[524]

3. Europäische Praxis zur Sanierungsfusion unter der Verordnung Nr. 4064/89

In vier Entscheidungen gab die Kommission aufgrund des Einwands der Sanierungsfusion einen Zusammenschluss frei.[525] Der EuGH hat in seinem Urteil *Französische Republik/Kommission* den Einwand der Sanierungsfusion grundsätzlich anerkannt.[526] Die konkrete Begründung für die Freigabe von Zusammenschlüssen hat sich im Laufe der Zeit stark verändert. Im folgenden Kapitel soll in chronologischer Reihenfolge die Entwicklung der Sanierungsfusion in der europäischen Praxis nachgezeichnet werden.

a) Aerospatiale/de Havilland[527] (1991)

Bereits im Fall *Aerospatiale/de Havilland* – der ersten Untersagungsentscheidung der Kommission – beriefen sich die Parteien darauf, dass das Unternehmen de Havilland ohnehin mittel- bis langfristig aus dem Markt ausscheiden würde. Die Kommission ließ es in dieser Entscheidung noch offen, „*ob eine solche Überlegung im Rahmen der Anwendung des Artikels 2 der Fusionskontrollverordnung überhaupt relevant ist*“, da sie das Ausscheiden von de Havilland als Wettbewerber für nicht wahrscheinlich hielt.[528]

b) Kali und Salz[529] (1993)

In ihrer Entscheidung *Kali und Salz* gab die Kommission zum ersten Mal einen Zusammenschluss aufgrund des Einwands der Sanierungsfusion frei. Gegenstand dieser Entscheidung war der Erwerb der gemeinsamen Kontrolle von Kali und Salz – einer Tochter der BASF – und von der Treuhand über das Gemeinschaftsunternehmen MdK GmbH. In dem Gemeinschaftsunternehmen sollten die Kali- und Steinsalzaktivitäten von Kali und Salz und die von der Treuhandanstalt durch die MdK verwalteten Kali- und Salzaktivitäten der ehemaligen DDR zusammengefasst werden. Kali und Salz verfügte bereits auf dem Kali Markt in Deutschland über einen Marktanteil in der Größenordnung von 80 %. Die MdK konnte einen Marktanteil in der Größenordnung von 20 % auf sich vereinigen. Der gemeinsame Marktanteil würde nach dem Zusammenschluss ca. 98 % betragen. Die Kommission kam daher zu dem Schluss, dass „*nach dem beabsichtigten Zusammenschluss die*

---

[524] *Bundesregierung* in Tätigkeitsbericht BKartA. 1976, S. II; *Emmerich* AG 1978, 133.

[525] Kom. E. v. 14. 12. 1993 Az. IV/M. 308 *Kali und Salz/MDK/Treuhand*; Kom. E. v. 11. 7. 2001 Az. COMP/M. 2314 *BASF/Eurodiol/Pantochim*; Kom. E. v. 1. 7. 2002 Az. IV/M. 2810 *Deloitte & Touche/Andersen (UK)*; Kom. E. v. 5. 9. 2002 Az. IV/M. 2816 *Ernst & Young France/Andersen France*.

[526] EuGH U. v. 31. 3. 1998 Rs. C-68/94 *Frankreich/Kom.* Slg., Tz. 90ff.

[527] Kom. E. v. 2. 10. 1991 Az. IV/M. 53 *Aerospatiale/de Havilland,* Tz. 31.

[528] Kom. E. v. 2. 10. 1991 Az. IV/M. 53 *Aerospatiale/de Havilland,* Tz. 31.

[529] Kom. E. v. 14. 12. 1993 Az. IV/M. 308 *Kali und Salz/MDK/Treuhand*.

marktbeherrschende Stellung von Kali und Salz auf dem deutschen Markt verstärkt sein würde".[530]
Die Parteien brachten als Verteidigung vor, dass MdK ohne die beabsichtigte Fusion aus dem Markt ausscheiden würde und die Marktanteile auch in diesem Fall der Kali und Salz zuwachsen würden. Damit seien die Voraussetzung einer „failing company defence" erfüllt. Die Kommission war der Auffassung, dass eine solche Argumentation unter dem Gesichtspunkt der Kausalität des Zusammenschlusses für die entstehende oder verstärkte marktbeherrschende Stellung berücksichtigt werden könne.[531] Die Kommission stellte drei Voraussetzungen auf, unter denen in der Regel der Zusammenschluss nicht kausal für die Begründung einer marktbeherrschenden Stellung ist und daher freizugeben ist.
Die erste Voraussetzung ist, dass das erworbene Unternehmen ohne die Übernahme durch ein anderes Unternehmen kurzfristig aus dem Markt ausscheiden würde. Die MdK wies eine Auslastung ihrer Produktionskapazitäten von nur ca. 50 % auf und sie erwirtschaftete exorbitante Verluste von bis zu 75 % ihres Umsatzes. Ihr Überleben konnte allein durch die staatlichen Finanzmittel der Treuhand sichergestellt werden. Nach Auffassung der Kommission könne eine dauerhafte staatliche Unterstützung aber nicht erwartet werden, zumal eine solche auch nicht mit den Beihilferegeln nach den Artikeln 92 und 93 EGV (heute Artikel 87 und 88 EG) vereinbar wäre. Die Kommission sah daher die Voraussetzung als erfüllt an.[532]
Als zweite Voraussetzung forderte die Kommission, dass die Marktposition des erworbenen Unternehmens im Falle seines Ausscheidens aus dem Markt dem erwerbenden Unternehmen zuwachsen würde. Auch diese Voraussetzung sah die Kommission als gegeben an, da es sich bei dem deutschen Kali Markt um einen abgeschotteten Markt handele und außer Kali und Salz kein Unternehmen über ausreichende Produktionsmöglichkeiten verfüge, die frei werdende Nachfrage zu befriedigen.[533]
Als letzte Voraussetzung verlangte die Kommission, dass es keine weniger wettbewerbsschädliche Erwerbsalternative gibt. Trotz intensiven Bemühens war es der Treuhandanstalt nicht gelungen, ein anderes privates Unternehmen für eine Übernahme von MdK zu gewinnen. Ein Angebot der Peine Gruppe, das Kalibergwerg Bischofferode zu übernehmen, wertete die Kommission nicht als Erwerbsalternative, da dieses Werk keinen wesentlichen Teil der MdK darstelle. Die Kommission sah daher auch diese Voraussetzung als erfüllt an[534] und gab den Zusammenschluss frei.
Ferner stellte die Kommission fest, dass die beteiligten Unternehmen für den Einwand der Sanierungsfusion die Beweislast tragen. Dieses begründete sie wie folgt: *„Normalerweise dürfte eine Vermutung dafür bestehen, dass ein Zusammenschluss, der die Entstehung oder*

[530] Kom. E. v. 14. 12. 1993 Az. IV/M. 308 *Kali und Salz/MDK/Treuhand*, Tz. 50.
[531] Kom. E. v. 14. 12. 1993 Az. IV/M. 308 *Kali und Salz/MDK/Treuhand*, Tz. 71.
[532] Kom. E. v. 14. 12. 1993 Az. IV/M. 308 *Kali und Salz/MDK/Treuhand*, Tz. 73ff.
[533] Kom. E. v. 14. 12. 1993 Az. IV/M. 308 *Kali und Salz/MDK/Treuhand*, Tz. 78ff.
[534] Kom. E. v. 14. 12. 1993 Az. IV/M. 308 *Kali und Salz/MDK/Treuhand*, Tz. 80ff.

Verstärkung einer marktbeherrschenden Stellung zur Folge hat, auch für ***diese*** *Verschlechterung der Wettbewerbsbedingungen kausal ist.*"[535]
Am Ende ihrer Entscheidung wies die Kommission noch darauf hin, dass die Freigabe des Zusammenschlusses bezüglich des deutschen Kalimarktes auch im Einklang mit dem grundlegenden Ziel der Stärkung des wirtschaftlichen und sozialen Zusammenhalts stehe.[536]

Bewertung:
In dieser Grundsatzentscheidung diskutiert die Kommission die Sanierungsfusion unter dem Gesichtspunkt der fehlenden Kausalität zwischen Zusammenschluss und Marktbeherrschung. Als Voraussetzungen für den Einwand der Sanierungsfusion fordert sie -wie bereits der US Supreme Court in seiner Entscheidung *International Shoe Company/FTC*[537]-, dass ein Unternehmen ohne die Fusion aus dem Markt ausscheiden würde und es keine weniger wettbewerbsschädliche Erwerbsalternative gibt.
Sieht man die Sanierungsfusion als Kausalitätsproblem zur Begründung oder Verstärkung einer marktbeherrschenden Stellung an, so erscheint auch die zweite Anforderung der Kommission, dass dem übernehmenden Unternehmen auch ohne die Fusion die Marktposition des sanierungsbedürftigen Unternehmens zugewachsen wäre, als notwendige Voraussetzung für den Einwand der Sanierungsfusion.[538] Dieses Erfordernis beschränkt den Anwendungsbereich der Sanierungsfusion im Wesentlichen auf Fälle, in denen die beiden einzigen Wettbewerber sich zu einem Monopol zusammenschließen.[539] Sind noch mehrere Wettbewerber vorhanden, so ist in aller Regel davon auszugehen, dass im Fall einer Untersagung der Fusion auch die anderen Wettbewerber einen Teil der frei werdenden Nachfrage auf sich vereinigen können. Nur im Ausnahmefall wird dieses anders sein, nämlich wenn das aufnehmende Unternehmen als einziges Unternehmen in der Lage ist, die durch den Wegfall des sanierungsbedürftigen Unternehmens frei werdende Nachfrage zu befriedigen, da alle anderen Wettbewerber über keine freien Produktionskapazitäten verfügen.[540] In diesem Fall würde auch bei mehreren Wettbewerbern der Marktanteil im Fall einer Insolvenz nur bei einem einzigen Unternehmen anwachsen.
Auch die dritte Voraussetzung, dass es keine weniger schädliche Erwerbsalternative gibt, dient der Feststellung der Kausalität. Denn bei Untersagung des Zusammenschlusses würde das insolvente Unternehmen von einem anderen Marktteilnehmer erworben, so dass Kali und Salz nicht wie im Fall eines Zusammenschlusses über einen Marktanteil von 98 % verfügen würde.
Die Kommission gab den Zusammenschluss frei, da sie bereits die Kausalität für die Verstärkung der marktbeherrschenden Stellung verneinte. In dieser Entscheidung mußte die Kommission daher nicht auf

[535] Kom. E. v. 14. 12. 1993 Az. IV/M. 308 *Kali und Salz/MDK/Treuhand,* Tz. 72.
[536] Kom. E. v. 14. 12. 1993 Az. IV/M. 308 *Kali und Salz/MDK/Treuhand,* Tz. 95.
[537] Supreme Court E. v. 6. 1. 1930, 280 U.S. 291ff.
[538] So auch *Bergau*, 205.
[539] *Rau* BB 2002, 1974; *Monopolkommission*, 14. Hauptgutachten, Tz. 528.
[540] So auch *Bergau*, 207.

das Tatbestandsmerkmal der erheblichen Behinderung wirksamen Wettbewerbs eingehen.

c) Das Urteil des EuGH: Frankreich/Kommission (1998)[541]

Die Französische Regierung rügte bei ihrer Klage vor dem EuGH, dass die Kommission die Verordnung unrichtig angewandt habe, da sie aufgrund der „failing firm defence“ und ohne eine Bedingung aufzustellen, einen Zusammenschluss genehmigt habe, der zur Schaffung eines Monopols führt. Der EuGH wies die Klage ab und bestätigt in seinem Urteil die von der Kommission aufgestellten Grundsätze des Einwands der Sanierungsfusion.[542] Der EuGH spricht jedoch nicht wie die Kommission von einem fehlenden Kausalzusammenhang zwischen dem Zusammenschluss und *der Begründung bzw. Verstärkung einer marktbeherrschenden Stellung*. Nach Auffassung des EuGH ist der Zusammenschluss freizugeben, wenn er nicht kausal für die *Verschlechterung der Wettbewerbsstruktur des Marktes* ist. Die Kausalität sei zu verneinen, wenn der Zusammenschluss für die Verschlechterung der Wettbewerbsstruktur neutral ist.[543]

Bewertung:

Die Kommission berief sich in ihrer Entscheidung *BASF/Eurodiol/Pentochim* darauf, dass der EuGH in seinem Urteil den Anwendungsbereich der Sanierungsfusion im Vergleich zur *Kali und Salz* Entscheidung erweitert habe.[544] Dieses ist jedoch nicht die einzige Auslegungsmöglichkeit des Urteils. Der EuGH benutzte in seinem Urteil die Verschlechterung der Wettbewerbsstruktur als Synonym für den Untersagungstatbestand des Art. 2 Abs. 3 der Verordnung Nr. 4064/89. Geht man davon aus, dass das Tatbestandsmerkmal der „Begründung oder Verstärkung einer beherrschenden Stellung“ das allein entscheidende Merkmal des Untersagungstatbestandes ist, so ergibt sich keine Abweichung zur *Kali und Salz* Entscheidung der Kommission. Der Einwand der Sanierungsfusion würde nur bei fehlender Kausalität zwischen Zusammenschluss und marktbeherrschender Stellung zu einer Freigabe des Zusammenschlusses führen. Geht man jedoch mit der in dieser Arbeit vertretenen Auffassung davon aus, dass dem Tatbestandsmerkmal der "erheblichen Behinderung wirksamen Wettbewerbs" eine eigenständige Bedeutung zukommt, so stellt das Urteil des EuGH eine Erweiterung dar. Der Einwand der Sanierungsfusion würde immer dann eingreifen, wenn der Zusammenschluss nicht kausal für die Begründung bzw. Verstärkung einer marktbeherrschenden Stellung ist oder wenn er nicht kausal für die erhebliche Behinderung wirksamen Wettbewerbs ist.

d) BASF/Eurodiol/Pantochim[545] (2001)

In ihrer Entscheidung *BASF/Eurodiol/Pantochim* stellte die Kommission neue Grundsätze für den Einwand der Sanierungsfusion auf.

---

[541] EuGH U. v. 31.3.1998 verb. Rs. C-68/94 und C-30/95 *Frankreich/Kom.*, Tz. 90ff.

[542] EuGH U. v. 31.3.1998 verb. Rs. C-68/94 und C-30/95 *Frankreich/Kom.*, Tz. 90ff.

[543] EuGH U. v. 31.3.1998 verb. Rs. C-68/94 und C-30/95 *Frankreich/Kom.*, Tz. 116.

[544] Kom. E. v. 11. 7. 2001 Az. COMP/M. 2314 *BASF/Eurodiol/Pantochim*, Tz. 139.

[545] Kom. E. v. 11. 7. 2001 Az. COMP/M. 2314 *BASF/Eurodiol/Pantochim*.

BASF plante die Übernahme von Eurodiol und Pantochim, deren Mutter der von der Insolvenz bedrohte SISAS-Konzern war. Nach dem Zusammenschluss wäre das fusionierte Unternehmen der einzige Hersteller des speziellen Lösungsmittels Gamma Butyrolacton (GBL) im Europäischen Wirtschaftsraum gewesen, der das Produkt auch auf dem freien Markt anbietet. Die Kommission kam daher zu dem Schluss, dass die Gefahr besteht, dass durch den geplanten Zusammenschluss eine beherrschende Stellung der Parteien auf dem EWR-weiten Markt für GBL begründet würde. Die Kommission sah auch auf dem Markt für das Lösungsmittel N-Methylpyrrolidon (NMP) und auf dem Markt für das Lösungsmittel Tetrahydrofuran (THF) die Gefahr einer marktbeherrschenden Stellung. Die Kommission stützte diese Annahme auf die hohen Marktanteile der Unternehmen und die hohen Marktzutrittschranken.

Letztlich gab die Kommission den Zusammenschluss aufgrund des Einwands der Sanierungsfusion frei. Nach Auffassung der Kommission setzt die Anwendung der Figur der Sanierungsfusion voraus, dass die zu übernehmenden Unternehmen vor dem Bankrott stehen und die Fusion nicht ursächlich für die Verschlechterung der Wettbewerbsstruktur ist. Auf jeden Fall dürfe die Wettbewerbsstruktur durch die Fusion nicht mehr verschlechtert werden als ohne die Fusion.

Wie in der *Kali und Salz* Entscheidung verlangte die Kommission, dass das erworbene Unternehmen ohne den Erwerb kurzfristig aus dem Markt ausscheiden würde. Sowohl Eurodiol und Pantochim als auch deren Mutter SISAS waren hoch verschuldet. Gegen Eurodiol und Pantochim lief ein Vergleichsverfahren nach belgischem Recht. Die Vergleichsverwalter verzichteten aufgrund mangelnder Liquidität und hoher Schulden der Unternehmen auf einen Sanierungsplan, so dass eine konkrete Konkursgefahr bei den beiden Unternehmen bestand.[546]

Als zweite Voraussetzung forderte die Kommission - wie in ihrer *Kali und Salz* Entscheidung -, dass keine weniger wettbewerbsschädliche Erwerbsalternative besteht. Auch diese Voraussetzung sah die Kommission als erfüllt an, da weder die Vergleichsverwalter trotz intensiver Bemühungen noch die Kommission selbst einen anderen Erwerber auffinden konnten.[547]

Die Kommission verzichtete jedoch auf das Erfordernis, dass die Marktposition des erworbenen Unternehmens auch ohne die Fusion dem übernehmenden Unternehmen zuwächst. Dieses Erfordernis wäre wohl auch nicht erfüllt gewesen, da auf den Märkten für NMP und THF auch noch andere Wettbewerber aktiv waren, die einen Teil der frei werdenden Nachfrage hätten abdecken können.

Stattdessen verlangte die Kommission, dass die zur Übernahme anstehenden Vermögenswerte ohne die Fusion unweigerlich für den Markt verloren gehen würden. Die Kommission sah es als unwahrscheinlich an, dass eine dritte Partei Eurodiol oder Pantochim noch nach dem Konkurs übernehme. Eine Übernahme würde erhebliche Betriebskosten und Umweltrisiken mit sich bringen. Bei einer Übernahme innerhalb von sechs Monaten bestehe darüber hinaus nach belgischem Recht die Verpflichtung, die gesamte Belegschaft des

[546] Kom. E. v. 11. 7. 2001 Az. COMP/M. 2314 *BASF/Eurodiol/Pantochim*, Tz. 144f.

[547] Kom. E. v. 11. 7. 2001 Az. COMP/M. 2314 *BASF/Eurodiol/Pantochim*, Tz. 146ff.

erworbenen Betriebes zu übernehmen. Auch einen Kauf bestimmter Vermögenswerte nach Konkurseröffnung hielt die Kommission für unwahrscheinlich. Sie sah daher auch diese Voraussetzung als erfüllt an.
Nachdem die Kommission diese drei Voraussetzungen bejaht hatte, verglich sie die Wettbewerbsstruktur im Falle einer Fusion mit der Wettbewerbsstruktur, die sich ohne die Fusion ergeben würde. Ohne eine Fusion würden die Anlagen von Eurodiol aus dem Markt ausscheiden. Dieses hätte eine Verringerung des Angebots an NMP, GBL und THF in Höhe von 10-30 % zur Folge. Weder BASF noch ihre Wettbewerber seien in der Lage, die dadurch entstehende Angebotslücke zu füllen. Auch ein Import aus Drittländern sei unwahrscheinlich, da die Preise in der Regel höher liegen als innerhalb des EWR. Die Kommission stellte ferner fest, dass die Nachfrage nach diesen Produkten unelastisch ist. Sie folgerte hieraus, dass es ohne die Fusion zu einer erheblichen Preiserhöhung kommen würde.[548]
Nach Auffassung der Kommission wären die Marktbedingungen für die Kunden im Falle einer Fusion günstiger. Die Anlagen von Eurodiol seien nur rentabel, wenn sie voll ausgelastet sind. Daher sei davon auszugehen, dass BASF nach der Fusion versuchen wird, ihre Kosten durch eine Absatzsteigerung bei THF, GBL und NMP zu senken. Daher dürften die Kunden unter diesen Umständen nach der Fusion bessere Versorgungsbedingungen und Preise erwarten, als bei einem Konkurs, bei dem die Anlagen aus dem Markt ausscheiden würden.[549]

Bewertung:
Mit dieser Entscheidung nähert sich die Kommission der in den US horizontal Merger Guidelines festgelegten Praxis der US-amerikanischen Wettbewerbsbehörden an.[550] Die Kommission erörtert die Problematik auch in dieser Entscheidung ausdrücklich unter dem Gesichtspunkt der Kausalität: „*In general terms, the concept of the „rescue merger" requires that the undertakings to be acquired can be regarded as „failing firms" and that the merger* ***is not the cause*** *of the deterioration of the competitive structure*."[551] Die Marktposition von Eurodiol und Pantochim fällt durch die Fusion allein an die BASF. Ohne die Fusion hätte jeder Wettbewerber auf dem Markt ein Teil der Marktposition von Eurodiol und Pantochim auf sich vereinigen können. Bei der Marktbeherrschung wird danach gefragt, ob sich ein Unternehmen unabhängig von seinen Wettbewerbern, Abnehmern und letztlich den Verbrauchern verhalten kann. Ein wesentliches Merkmal zur Beantwortung dieser Frage ist der Marktanteil.[552] Dieser ist aber im Fall der Fusion höher als ohne die Fusion. Der Zusammenschluss ist daher auch kausal für die Begründung

---

[548] Kom. E. v. 11. 7. 2001 Az. COMP/M. 2314 *BASF/Eurodiol/Pantochim*, Tz. 157ff.
[549] Kom. E. v. 11. 7. 2001 Az. COMP/M. 2314 *BASF/Eurodiol/Pantochim*, Tz. 160ff.
[550] So auch *Fiedler* EuZW 2001, 589; *Heineke*, 84; *Monopolkommission*, 14. Hauptgutachten Tz. 528; a.A. aber *Rau* BB 2002, 1975.
[551] Kom. E. v. 11. 7. 2001 Az. COMP/M. 2314 *BASF/Eurodiol/Pantochim*, Tz. 140; nur schwer vertretbar daher die Ansicht von *Fiedler*, der in der Entscheidung eine Abkehr vom Kausalitätserfordernis sieht, *Fiedler* EuZW 2001, 589.
[552] EuGH U. v. 13. 2 1979 Rs. 85/76 Hoffmann-La Roche/Kom., Tz. 41; Kom. E. v. 12. 11. 1992 Az. IV/M. 222 *Mannesmann/Hoesch*, Tz. 91.

einer marktbeherrschenden Stellung.[553] Die Kommission spricht in dieser Entscheidung auch nicht von fehlender Kausalität zwischen Zusammenschluss und marktbeherrschender Stellung sondern zwischen Zusammenschluss und der *„Verschlechterung der Wettbewerbsstruktur*".[554] Zugleich stellt sie fest, dass der Anwendungsbereich der Sanierungsfusion durch die Entscheidung des EuGH im Vergleich zu ihrer *Kali und Salz* Entscheidung erweitert wurde.[555] Hieraus kann man folgern, dass die Kommission in dieser Entscheidung die Begründung einer marktbeherrschenden Stellung nicht als ausreichend für eine Untersagung angesehen hat. Ein Zusammenschluss muss jedoch nach Art. 2 Abs. 3 der Verordnung Nr. 4064/89 untersagt werden, wenn er eine marktbeherrschende Stellung begründet, es sei denn man nimmt an, dass trotz des Begründens einer marktbeherrschenden Stellung keine erhebliche Behinderung wirksamen Wettbewerbs vorliegt. Auch wenn die Kommission es nicht ausdrücklich erwähnt, hat sie daher in dieser Entscheidung geprüft, ob der Zusammenschluss auch kausal für die „erhebliche Behinderung wirksamen Wettbewerbs" war.[556]

e) Deloitte & Touche / Andersen[557] (2002)

In der Entscheidung *Deloitte & Touche/Andersen* prüfte die Kommission die Übernahme von Andersen (UK) durch Deloitte & Touche. Die weltweite Gruppe Andersen befand sich im Zuge des Enron-Skandals in Auflösung, und die nationalen Unternehmen versuchten mit verschiedenen anderen großen Wirtschaftsprüfungsgesellschaften zu fusionieren. Die Kommission betrachtete hier nur Andersen (UK) und nicht Andersen Worldwide als Unternehmen im Sinne der Fusionskontrollverordnung, da in der weltweiten Andersen Gruppe aufgrund der verschiedenen Fusionen der einzelnen nationalen Unternehmen keine einheitliche Entscheidungsfindung mehr möglich war.[558] Die Fusion rief wettbewerbliche Bedenken auf dem nationalen Markt für Abschlussprüfungs- und Buchführungsdienste für große Unternehmen hervor. Auf diesen Markt gab es nur fünf Wettbewerber, die aufgrund ihrer weltweiten Netzwerke und ihrer Reputation diese Dienste anbieten konnten. Dieses waren Andersen Worldwide, Ernst & Young, Pricewaterhouse Coopers (PWC), Deloitte & Touche Tohmatsu sowie KPMG. Marktführer auf diesem Markt war PWC mit einem Marktanteil von 38-47 %. Das neue Unternehmen hätte durch die Fusion einen Marktanteil von 14-19% erreicht. Die Kommission stellte fest, dass

---

553 Im Ergebnis auch: *Fiedler* EuZW 2001, 589; *Monopolkommission,* 14. Hauptgutachten Tz. 528; *Strohm* WuW 2001, 1204; *Pape/Hossenfelder/Töllner*, Rn. 907; unklar *Rau* BB 2002, 1974 einerseits und *ders*. BB 2002, 1976 andererseits.

554 Kom. E. v. 11. 7. 2001 Az. COMP/M. 2314 *BASF/Eurodiol/Pantochim*, Tz. 140.

555 Kom. E. v. 11. 7. 2001 Az. COMP/M. 2314 *BASF/Eurodiol/Pantochim*, Tz. 139.

556 Im Ergebnis auch *Strohm*, WuW 2001, 1204; *Monopolkommission,* 14. Hauptgutachten Tz. 527; wohl auch *Adt* in Groeben/Schwarze, Fusionskontrollverordnung Rn. 296.

557 Kom. E. v. 1. 7. 2002 Az. IV/M. 2810 *Deloitte & Touche/Andersen (UK)*; vgl. auch die Parallelentscheidung Kom. E. v. 5. 9. 2002 Az. IV/M. 2816 *Ernst & Young France/Andersen France.*

558 Kom. E. v. 1. 7. 2002 Az. IV/M. 2810 *Deloitte & Touche/Andersen (UK)*, Tz. 16ff.

aufgrund der Marktstrukturen die Begründung einer kollektiven Marktbeherrschung nicht ausgeschlossen werden könne.[559]
Die Kommission führte aus, dass die Beantwortung dieser Frage jedoch dahinstehen könne, wenn die Kausalität zwischen dem Zusammenschluss und einer möglichen kollektiven Marktbeherrschung verneint werden kann. Dies setzt nach Auffassung der Kommission zwei Bedingungen voraus: Erstens muss die Reduzierung von fünf Anbieter auf vier Anbieter unausweichlich sein. Zweitens darf kein anderes Szenario vorstellbar sein, in dem der Wettbewerb weniger geschädigt würde.[560]
Die erste Bedingung sah die Kommission als erfüllt an. Andersen (UK) sei durch den Verlust seiner Reputation in Folge des Enron-Skandals und der Auflösung des weltweiten Netzwerkes nicht mehr in der Lage, Abschlussprüfungs- und Buchführungsdienste für große Unternehmen zu erbringen. Auch im Fall einer Übernahme von Andersen (UK) durch ein kleineres Prüfungsunternehmen wäre es dem neuen Unternehmen nicht möglich, diese Dienste anzubieten, da es erst ein weltweites Netz und das nötige Know-how aufbauen müsste.[561]
Als Alternative zur Übernahme von Andersen (UK) durch Deloitte & Touche waren daher nur folgende zwei Szenarien möglich: Beim ersten Szenario würde Andersen (UK) von einem anderen der großen vier verbleibenden Prüfungsgesellschaften übernommen. Das zweite Szenario bildet das Ausscheiden von Andersen (UK) aus dem Markt und die Aufteilung seiner Marktanteile an die übrigen Prüfungsgesellschaften.[562]
Die Kommission stellte fest, dass die Kausalität zwischen dem Zusammenschluss und der Verschlechterung der Wettbewerbsstruktur verneint werden kann, wenn diese Szenarien nicht zu einer geringeren Wahrscheinlichkeit einer marktbeherrschenden Stellung führen als im Fall des geplanten Zusammenschlusses. Die Kommission verglich nun das Szenario bei einer Fusion mit den anderen beiden Szenarien in Hinblick auf die vom EuG im *Airtours* Urteil[563] aufgestellten drei Voraussetzungen für das Vorliegen einer kollektiven Marktbeherrschung.[564]
Voraussetzung für eine kollektive Marktbeherrschung ist, dass jedes Oligopolmitglied mit ausreichender Schnelligkeit das Verhalten der anderen Oligopolmitglieder auf dem Markt in Erfahrung bringen kann. Die Kommission war der Auffassung, dass der einzige Unterschied der beiden vorgestellten Szenarien zur Wettbewerbssituation im Falle einer Fusion eine andere Verteilung der Marktanteile wäre. Ähnliche Marktanteile der Oligopolmitglieder sind für ein gleichförmiges Verhalten förderlich. Die wahrscheinliche Verteilung der Marktanteile bei den Vergleichsszenarien würde in einem so geringen Maße von der Marktanteilsverteilung im Falle eines Zusammenschlusses abweichen, dass sie die Koordinierung des Verhaltens im Vergleich zur Situation bei Freigabe des Zusammenschlussvorhabens nicht erleichtern würde. Würde Andersen UK aus dem Markt ausscheiden, so würden die übrigen großen

559 Kom. E. v. 1. 7. 2002 Az. IV/M. 2810 *Deloitte & Touche/Andersen (UK)*, Tz. 39.
560 Kom. E. v. 1. 7. 2002 Az. IV/M. 2810 *Deloitte & Touche/Andersen (UK)*, Tz. 44.
561 Kom. E. v. 1. 7. 2002 Az. IV/M. 2810 *Deloitte & Touche/Andersen (UK)*, Tz. 45ff.
562 Kom. E. v. 1. 7. 2002 Az. IV/M. 2810 *Deloitte & Touche/Andersen (UK)*, Tz. 49.
563 EuG U. v. 6. 6. 2002 Rs. T-342/99 *Airtours/Kom.*
564 Kom. E. v. 1. 7. 2002 Az. IV/M. 2810 *Deloitte & Touche/Andersen (UK)*, Tz. 55.

vier Prüfungsunternehmen die Angestellten von Andersen (UK) übernehmen. Dieses würde zu einer größeren personellen Verflechtung der Prüfungsgesellschaften führen, so dass in diesem Falle eine Koordinierung sogar wahrscheinlicher sei.[565]
Die geringe Änderung der Marktanteile bei den Vergleichsszenarien hätte nach Auffassung der Kommission auch keine Auswirkungen auf die anderen beiden Voraussetzungen der kollektiven Marktbeherrschung (ausreichender Anreiz für ein gleichförmiges Verhalten und kein genügender Wettbewerbsdruck von dritten Unternehmen).
Die Kommission kam daher zu dem Schluss, dass der Zusammenschluss nicht kausal für die Begründung einer kollektiven Marktbeherrschung sei und gab den Zusammenschluss frei.

Bewertung:
Die Kommission erwähnt in dieser Freigabeentscheidung nicht explizit den Einwand der Sanierungsfusion. Wie in den Fällen, bei denen die Kommission ausdrücklich die Figur der Sanierungsfusion erwähnt, stellt sie aber auf den fehlenden Kausalzusammenhang ab: *„However, for the purpose of this decision it can be left open whether or not the proposed transaction leads to a situation of oligopolistic dominance, as a causal link between the proposed operation and the possible situation of collective dominance can be excluded."*[566] Die Kommission prüft in diesem Fall auch nicht die Voraussetzungen, die sie für den Einwand der Sanierungsfusion in ihren Entscheidungen aufgestellt hat. So fordert die Kommission nicht mehr, dass die Marktposition auch ohne Fusion dem Erwerber zugewachsen wäre. Die Kommission fordert auch nicht mehr wie in ihrer Entscheidung *BASF/Eurodiol/Pantochim*, dass das zur Übernahme anstehende Anlagevermögen ohne Fusion unabwendbar aus dem Markt ausscheiden würde. Diese Bedingung wäre in diesem Fall wohl auch nicht erfüllt gewesen.[567] Das wesentliche Vermögen einer Prüfungsgesellschaft sind deren hoch qualifizierte Mitarbeiter. Diese wären aber, wie die Kommission in ihrer Entscheidung selbst feststellt, von den anderen Prüfungsgesellschaften übernommen worden.[568] Sie wären daher auch im Markt verblieben, wenn Andersen insolvenzbedingt aus dem Markt ausgeschieden wäre.
Die Kommission forderte als Voraussetzungen für das Verneinen eines Kausalzusammenhangs nur noch, dass die Reduzierung von fünf auf vier Anbieter unausweichlich ist und dass der geplante Zusammenschluss im Vergleich zu anderen möglichen Szenarien nicht wettbewerbsschädlicher ist.
Im Unterschied zu den bisherigen Fällen, ging es in diesem Fall nicht um die Begründung einer Einzelmarktbeherrschung, sondern um die Begründung einer kollektiven Marktbeherrschung. Ob die Voraussetzungen für den Einwand der Sanierungsfusion bei einer drohenden kollektiven Marktbeherrschung andere sind als bei einer drohenden Einzelmarktbeherrschung, geht aus der Entscheidung nicht hervor. In der Entscheidung wird jedoch deutlich, dass für die

---

[565] Kom. E. v. 1. 7. 2002 Az. IV/M. 2810 *Deloitte & Touche/Andersen (UK)*.
[566] Kom. E. v. 1. 7. 2002 Az. IV/M. 2810 *Deloitte & Touche/Andersen (UK)*, Tz. 44.
[567] So auch *Poenicke/Schauenburg* WRP 2002, 917.
[568] Kom. E. v. 1. 7. 2002 Az. IV/M. 2810 *Deloitte & Touche/Andersen (UK)*, Tz. 57.

Kommission das ausschlaggebende Kriterium ist, ob bei einer Fusion im Vergleich zu anderen möglichen Szenarien der Wettbewerb mehr geschädigt wird oder nicht.

f) Zusammenfassung

Unter der Verordnung Nr. 4064/89 berücksichtigte die Kommission bis zu ihrer Entscheidung *BASF/Eurodiol/Pantochim* den Einwand der Sanierungsfusion unter dem Gesichtspunkt der Kausalität des Zusammenschlusses für die Begründung oder Verstärkung einer beherrschenden Stellung.[569] Mit dieser Entscheidung dehnte die Kommission das Konzept auf einen fehlenden Kausalzusammenhang zwischen dem Zusammenschluss und der Verschlechterung der Wettbewerbsstruktur aus. Die Beweislast dafür, dass der Zusammenschluss nicht kausal für eine Verschlechterung der Wettbewerbsstruktur ist, tragen die Unternehmen. In ihren einzelnen Entscheidungen stellt die Kommission unterschiedliche Voraussetzungen an den Einwand der Sanierungsfusion.

In ihrer Entscheidung *Kali und Salz* forderte die Kommission, dass (i) das erworbene Unternehmen ohne die Übernahme durch ein anderes Unternehmen kurzfristig aus dem Markt ausscheiden würde, (ii) keine weniger wettbewerbsschädliche Übernahmealternative besteht und schließlich (iii) dem übernehmenden Unternehmen auch ohne die Fusion die Marktposition des sanierungsbedürftigen Unternehmens zugewachsen wäre.

In ihrer Entscheidung *BASF/Eurodiol/Pantochim* stellte die Kommission die Anforderung, dass (i) das übernommene Unternehmen ohne den Zusammenschluss aus dem Markt ausscheiden würde, (ii) kein weniger wettbewerbsschädliches Übernahmeangebot besteht und (iii) das Anlagevermögen des konkursbedrohten Unternehmens ohne die Fusion aus dem Markt genommen würde.

In ihrer Entscheidung *Deloitte & Touche/Andersen* forderte die Kommission, dass (i) die Reduzierung der Anbieter von fünf auf vier unausweichlich ist und (ii) kein weniger wettbewerbsschädigendes Szenario als die Fusion denkbar ist.

So unterschiedlich die einzelnen von der Kommission geforderten Voraussetzungen auch erscheinen mögen, dienen sie dem selbem Ziel: Der Feststellung, ob der Zusammenschluss ursächlich für die Schädigung des Wettbewerbs ist.[570]

4. Literatur zur Sanierungsfusion unter der Verordnung Nr. 4064/89

In diesem Abschnitt soll die Literatur zur Sanierungsfusion ausgewertet werden.

a) Kausalitätsproblem zwischen Zusammenschluss und beherrschender Stellung

Ein Teil der Literatur und bis zu ihrer Entscheidung *BASF/Eurodiol/Pantochim* auch die Kommission erörtern die

---

569 OECD, GD (96) 23, 91.

570 So im Ergebnis auch *Baccaro* ECLR 2004, 23f.

Sanierungsfusion ausschließlich unter dem Gesichtspunkt der Kausalität zwischen dem Zusammenschluss und dem Tatbestandsmerkmal der Begründung oder Verstärkung einer beherrschenden Stellung.[571] Wird auch ohne den Zusammenschluss in Zukunft eine marktbeherrschende Stellung begründet oder verstärkt, so ist der Zusammenschluss nicht kausal. Der Zusammenschluss kann daher nicht untersagt werden. Bei diesem Ansatz handelt es sich nicht um eine eigenständige „failing firm defence".[572] Im Rahmen der Beurteilung eines Zusammenschlusses ist immer die Wettbewerbsstruktur, die sich bei einer Untersagung des Zusammenschlusses in der Zukunft ergeben würde, mit der Wettbewerbsstruktur zu vergleichen, die sich bei Vollzug des Zusammenschlusses ergeben würde.[573] Ergibt der Vergleich, dass in beiden Situationen die Unternehmen über die gleiche marktbeherrschende Stellung verfügen würden, fehlt es an der Kausalität. Ein Zusammenschluss kann in diesem Fall daher nicht untersagt werden.[574]

Diese Behandlung der Sanierungsfusion steht mit der Systematik des Art. 2 Abs. 3 der Verordnung im Einklang. Es können bei diesem Ansatzpunkt jedoch nicht die Auswirkungen der Sanierungsfusion auf die Abnehmer angemessen berücksichtigt werden. So kann mit diesem Ansatz die Entscheidung der Kommission im Fall *BASF/Eurodiol/Pantochim,* in der die Kommission den Zusammenschluss freigab, da er zu niedrigeren Preisen führen würde als bei einer Untersagung, nicht erklärt werden.

b) Ausnahme vom Wettbewerbsprinzip

Ein anderer Teil der Literatur fordert, dass ein wettbewerbswidriger Zusammenschluss ausnahmsweise zu genehmigen ist, wenn die Voraussetzung einer „failing firm defence" erfüllt sind.[575] Die Vertreter dieser Ansicht gehen davon aus, dass in der Fusionskontrolle auch nichtwettbewerbliche Kriterien zu berücksichtigen sind. Steht die Untersagung des Zusammenschlusses in krassem Widerspruch zu den Zielen des EG-Vertrages, so müsse der Zusammenschluss aufgrund des Verhältnismäßigkeitsgrundsatzes für vereinbar mit dem Gemeinsamen Markt erklärt werden.[576] Diese Meinung führt einen allgemeinen Ausnahmetatbestand wieder ein, der in der letztendlich verabschiedeten Fassung der Fusionskontrollverordnung nicht enthalten ist. Er ist auch schwer mit der Systematik der Fusionskontrollverordnung vereinbar, die keine Ausnahme für wettbewerbswidrige Zusammenschlüsse vorsieht. Erkennt man einen Ausnahmetatbestand für die Sanierungsfusion an, so öffnet man damit zugleich auch das Tor für eine allgemeine Industriepolitik. Es besteht die Gefahr, dass Zusammenschlüsse unter Hinweis auf das Verhältnismäßigkeitsprinzip für vereinbar mit dem

---

571 Vgl. hierzu Seite 113ff.; ebenso *Jones* in Jones/González-Díaz, 159f; *Rau* BB 2002, 1973.

572 So auch *Schütz* in Gemeinschaftskommentar Art. 2 FKVO Rn. 142.

573 *Kommission*, Leitlinien, Tz. 9.

574 Dieses ist allgemeine Meinung vgl. nur *Emmerich*, 464f; *Immenga* in Immenga/Mestmäcker Art. 2 FKVO Rn. 31; *Schütz* in Gemeinschaftskommentar Art. 2 FKVO Rn. 142ff.

575 *Monti/Rousseva* ELR 1999; *Bergau*, 282ff.

576 *Bergau*, 282ff.

Gemeinsamen Markt erklärt werden, da sie zum Erhalt von Arbeitsplätzen, zur Stärkung der Wettbewerbsfähigkeit der europäischen Industrie oder zur Sicherstellung der autonomen Energieversorgung notwendig sind. Eine „failling company defence", die auch wettbewerbswirdige Zusammenschlüsse rechtfertigen kann, ist daher nicht mit der europäischen Fusionskontrolle vereinbar.

c) Frage des Tatbestandsmerkmals der erheblichen Behinderung wirksamen Wettbewerbs

Strohm ist der Auffassung, dass ein Zusammenschluss, obwohl er kausal für das Begründen oder Verstärken einer marktbeherrschenden Stellung ist, im Fall einer Sanierungsfusion für vereinbar mit dem Gemeinsamen Markt erklärt werden kann, wenn er nicht zu einer erheblichen Behinderung wirksamen Wettbewerbs führt.[577] Bei der Beurteilung des Zusammenschlusses sei nicht nur entscheidend, ob das neue Unternehmen über die *Möglichkeit* verfügt, den Wettbewerb zu behindern, sondern ob das Auftreten von anti-wettbewerblichen Effekten auch *wahrscheinlich* ist. Dieser Auffassung sehr nahe stehen die Auffassungen von *Schütz* und *Fiedler*, die eine Genehmigung des Zusammenschlusses trotz des Begründens bzw. Verstärkens einer marktbeherrschenden Stellung für möglich halten, wenn der Zusammenschluss nicht kausal für die Verschlechterung der Marktstruktur ist.[578]

5. Eigener Lösungsvorschlag zur Sanierungsfusion unter der Verordnung Nr. 4064/89

Bei der Auslegung des Tatbestandsmerkmals der „erheblichen Behinderung wirksamen Wettbewerbs" wurde festgestellt, dass bei diesem Tatbestandsmerkmal auf die Erfüllung der Wettbewerbsfunktionen abzustellen ist. Die Verringerung der Wettbewerbsfreiheit durch die Erhöhung der Marktmacht eines Unternehmens kann durch die bessere Erfüllung der ökonomischen Wettbewerbsfunktionen ausgeglichen werden, so dass insgesamt keine erhebliche Behinderung wirksamen Wettbewerbs vorliegt. Geht man von dieser Funktion des Tatbestandsmerkmals der „erheblichen Behinderung wirksamen Wettbewerbs" aus, so ergibt sich eine angemessene Berücksichtigung der Besonderheiten der Sanierungsfusion von selbst.

Bei der Prüfung eines Zusammenschlusses ist immer die Situation, die bei Genehmigung des Zusammenschlusses entstehen würde mit der Situation zu vergleichen, die bei Untersagung des Zusammenschlusses entstehen würde.[579] Nach der Systematik des Art. 2 Abs. 3 der Verordnung Nr. 4064/89 ist in einem ersten Schritt zu prüfen, ob der Zusammenschluss zu einer Begründung oder Verstärkung einer beherrschenden Stellung führt. Ergibt die Prüfung, dass sowohl bei einer

---

[577] *Strohm* WuW 2001, 1204.

[578] *Fiedler* EuZW 2001, 589; *ders.* NZI 2002, 81f; *Schütz* in Gemeinschaftskommentar Art. 2 Rn. 145; so im Ergebnis auch *Glassner/Braun* RIW 2004, 891, die jedoch den Zusammenschluss als kausal für die Wettbewerbsverschlechterung ansehen – außer bei dem Anwachsen sämtlicher Marktanteile im Falle einer Insolvenz - und erst in einer Abwägung prüfen wollen, ob sich die Wettbewerbsstruktur durch die Fusion zumindest nicht stärker verschlechtert als ohne Fusion.

[579] *Kommission*, Leitlinien, Tz. 9.

Untersagung als auch bei einer Genehmigung des Zusammenschlusses eine gleich starke beherrschende Stellung entsteht, so ist der Zusammenschluss nicht kausal für die Begründung bzw. Verstärkung der marktbeherrschenden Stellung. Bei der Einzelmarktbeherrschung wird dies der Fall sein, wenn ein Unternehmen ohne den Zusammenschluss aus dem Markt ausscheiden würde und dessen Marktposition auch in diesem Fall dem aufnehmenden Unternehmen zuwachsen würde (wie im Fall *Kali und Salz*). Bei der kollektiven Marktbeherrschung wird dies der Fall sein, wenn in beiden Situationen die Wahrscheinlichkeit eines gemeinsamen Vorgehens der Oligopolmitglieder gleich hoch ist (wie in den *Andersen Fällen*).

In einem zweiten Schritt ist zu prüfen, ob der Zusammenschluss auch zu einer erheblichen Behinderung wirksamen Wettbewerbs führt. Eine erhebliche Behinderung wirksamen Wettbewerbs liegt vor, wenn bei einer Untersagung des Zusammenschlusses die Wettbewerbsfunktionen besser erfüllt würden als bei einer Genehmigung. Dieses wird vor allem dann nicht der Fall sein, wenn durch das Ausscheiden des sanierungsbedürftigen Unternehmens aus dem Markt eine Angebotslücke entsteht, die nicht durch aktuelle oder potentielle Wettbewerber aufgefüllt werden kann. Hier kann es bei einer Untersagung des Zusammenschlusses im Vergleich zur Situation bei einer Genehmigung des Zusammenschlusses zu einer Preissteigerung kommen (wie im Fall *BASF/Eurodiol/Pantochim*). Es würde dann die Allokationsfunktion des Wettbewerbs bei einer Genehmigung des Zusammenschlusses besser erfüllt werden als bei einer Untersagung. Diese bessere Erfüllung der Allokationsfunktion könnte die durch den Zuwachs an Marktmacht bewirkte Verringerung der Wettbewerbsfreiheit ausgleichen, so dass insgesamt keine erhebliche Behinderung wirksamen Wettbewerbs vorliegt.

6. Die Sanierungsfusion unter der Verordnung Nr. 139/2004

In diesem Abschnitt sollen die Leitlinien der Kommission bezüglich der Beurteilung von Sanierungsfusionen dargestellt und erörtert werden. In der zweiten Hälfte werden die Leitlinien bewertet und die Frage beantwortet, ob der Einwand der Sanierungsfusion dazu führen kann, dass ein Zusammenschluss zwar das Regelbeispiel der Begründung oder Verstärkung einer marktbeherrschenden Stellung erfüllt, aber trotzdem den Wettbewerb nicht erheblich behindert und damit nach Art. 2 Abs. 3 der Verordnung Nr. 139/2004 nicht untersagt werden darf.

a) Die Leitlinien der Kommission

In ihren Leitlinien geht die Kommission nur relativ kurz in drei Absätzen auf die Figur der Sanierungsfusion ein.[580]

Der zentrale erste Absatz über die Sanierungsfusion lautet:

„Die Kommission kann zu dem Ergebnis gelangen, dass ein eigentlich problematisches Vorhaben dennoch mit dem Gemeinsamen Markt zu vereinbaren ist, wenn eines der beteiligten Unternehmen ohne den Zusammenschluss aus dem Markt ausscheiden würde. Grundvoraussetzung ist, dass die Verschlechterung der Wettbewerbsstruktur nach dem Zusammenschluss nicht auf diesen

[580] *Kommission*, Leitlinien, Tz. 89-91.

zurückgeführt werden kann. Dies wäre der Fall, wenn sich die Wettbewerbsstruktur des Marktes ohne den Zusammenschluss zumindest im gleichen Ausmaß verschlechtern würde.“[581]
Entsprechend ihrer bisherigen Praxis unter der Verordnung Nr. 4064/89 stellt die Kommission den Grund für eine mögliche Genehmigung eines eigentlich problematischen Zusammenschlusses klar. Dieser ist der fehlende Kausalzusammenhang („*nicht auf diesen zurückgeführt werden kann*“) zwischen dem Zusammenschluss und der Verschlechterung der Wettbewerbsstruktur. Die Voraussetzung, dass der Zusammenschluss kausal für die Verschlechterung der Wettbewerbsstruktur sein muß, ist keine Besonderheit der Sanierungsfusion. Bei der Prüfung von Zusammenschlüssen sind nicht die Wettbewerbsbedingungen im Zeitpunkt der Prüfung mit den Wettbewerbsbedingungen zu vergleichen, die bei einer Untersagung des Zusammenschlusses herrschen würden. Sondern es ist vielmehr bei allen Zusammenschlüssen eine doppelte Prognoseentscheidung zu treffen: Es ist der Zustand, der sich bei Genehmigung des Zusammenschlusses in Zukunft ergeben würde, mit dem Zustand zu vergleichen, der sich bei der Untersagung des Zusammenschlusses in Zukunft ergeben würde.[582]
Ergibt dieser Vergleich eine Verschlechterung der Wettbewerbsstruktur, so ist der Zusammenschluss zu untersagen; kann eine Verschlechterung nicht festgestellt werden, so ist der Zusammenschluss zu genehmigen. Die Besonderheit der Sanierungsfusion besteht allein darin, dass sich die Wettbewerbsbedingungen im Falle der Insolvenz des Unternehmens in einem hohen Maße verändern würden. Das heißt die Wettbewerbsbedingungen, die in Zukunft bei einer Untersagung des Zusammenschlusses bestehen würden, weichen erheblich von den Wettbewerbsbedingungen zum Zeitpunkt der Prüfung des Zusammenschlusses ab.
Der zweite Absatz über die Sanierungsfusion der Leitlinien lautet:
„Die Kommission hält die nachstehenden drei Kriterien für die Anwendung des Prinzips der Sanierungsfusion für besonders wichtig: 1) das Unternehmen, welches einen Sanierungsfall darstellen soll, wäre aufgrund seiner finanziellen Schwierigkeiten gezwungen, in naher Zukunft aus dem Markt auszuscheiden, falls es nicht durch ein anderes Unternehmen übernommen wird; 2) zu dem angemeldeten Zusammenschluss gibt es keine weniger wettbewerbwidrige Verkaufsalternative, und 3) die Vermögenswerte des gescheiterten Unternehmens würden ohne den Zusammenschluss zwangsläufig vom Markt genommen werden.“[583]
In diesem Abschnitt wiederholt die Kommission ihre Anforderungen, die sie für den Einwand der Sanierungsfusion im Fall *BASF/Eurodiol/Pantochim* aufgestellt hat.[584] Auffällig an diesem Abschnitt ist die Formulierung der Kommission, dass sie diese drei Kriterien “*für besonders wichtig*“ hält. Auf den ersten Blick scheint in dieser Formulierung nur eine Betonung dieser drei Kriterien zu stecken. Auf den zweiten Blick liegt hierin aber eine enorme Abschwächung.

---

581 *Kommission*, Leitlinien, Tz. 89.
582 *Kommission*, Leitlinien, Tz. 9.
583 *Kommission*, Leitlinien, Tz. 90.
584 Kom. E. v. 11. 7. 2001 Az. COMP/M. 2314 *BASF/Eurodiol/Pantochim*, Tz. 144ff.

Diese drei Kriterien sind nur „besonders" wichtig. Es kann also zum einen noch andere Kriterien geben, die im Einzelfall zu einer Genehmigung eines Zusammenschlusses auf der Grundlage der Sanierungsfusion führen können. Zum anderen kann es Kriterien geben, die zu einer Untersagung des Zusammenschlusses führen, obwohl die drei genannten Kriterien erfüllt sind. Die Kommission erhält sich somit einen Spielraum für eine auf den Einzelfall zugeschnittene Analyse der Wettbewerbsbedingungen. Dieses ist zu begrüßen, da die Prüfung einer Sanierungsfusion anhand dieser drei Bedingungen, wie die Praxis der Kommission gezeigt hat, nicht immer zu korrekten Ergebnissen führt:
Im Fall *Deloitte & Touche/Andersen (UK)* wären auch ohne die Fusion, die wesentlichen Vermögenswerte von Andersen, die hoch qualifizierten Mitarbeiter, im Markt geblieben, da die anderen Wettbewerber diese aufgenommen hätten. Bei strikter Anwendung der drei in den Leitlinien genannten Kriterien hätte der Zusammenschluss daher nicht frei gegeben werden können, da diese nicht kumulativ vorgelegen hätten. Die Freigabeentscheidung der Kommission war jedoch richtig, da durch den Zusammenschluss die Gefahr eine kollektiven Marktbeherrschung und damit einer Behinderung des Wettbewerbs nicht erhöht wurde.
In diesem Abschnitt der Leitlinien wird ein Unterschied der europäischen Praxis zu den Grundsätzen der „failing company defence" in den Vereinigten Staaten von Amerika deutlich. Nach den amerikanischen horizontal merger guidelines ist es nicht erheblich, ob das sanierungsbedürftige Unternehmen übernommen wird oder selbst ein anderes Unternehmen übernimmt.[585] Nach dem ersten Kriterium der Kommission scheint der Einwand der Sanierungsfusion nur erfüllt zu sein, wenn das von der Insolvenz bedrohte Unternehmen von einem anderen Unternehmen übernommen wird. Auch wenn dieses der weitaus häufigere Fall sein dürfte, gibt es keinen sachlichen Grund, den Einwand der Sanierungsfusion auf diesen Fall zu beschränken.[586]
Der letzte Abschnitt über den Einwand der Sanierungsfusion in den Leitlinien lautet:
„Die anmeldenden Parteien haben rechtzeitig alle zweckdienlichen Informationen vorzulegen, um nachzuweisen, dass eine Verschlechterung der Wettbewerbsstruktur, die nach dem Zusammenschluss auftritt, nicht durch diesen verursacht würde."[587]
Hiermit stellt die Kommission klar, dass die beteiligten Unternehmen die Beweislast für die fehlende Kausalität und somit für den Einwand der Sanierungsfusion tragen. Eine dogmatisch überzeugende Begründung für eine solche Beweislastumkehr steht jedoch bis jetzt aus. In der Fusionskontrolle selbst findet sich keine Stütze für eine Beweislastumkehr. Auch kann das im Fall *Kali und Salz* angeführte Argument der Kommission nicht vollends überzeugen, dass eine Vermutung dafür bestehe, dass ein Zusammenschluss, der die Entstehung oder Verstärkung einer marktbeherrschenden Stellung zur Folge habe, auch für diese Verschlechterung der Wettbewerbsbedingungen kausal sei und daher die Unternehmen die Beweislast für die Voraussetzungen des

---

[585] *U.S. Department of Justice und Federal Trade Commission*, 1992 Horizontal Merger Guidelines, Ziffer 5.0.
[586] So auch *Hewitt*, OECD Journal of Competition Law and Policy Vol. 1 Nr. 2, 126.
[587] *Kommission*, Leitlinien, Tz. 91.

Einwands der Sanierungsfusion tragen müssten[588]. Denn in dieser Entscheidung war die angenommene zukünftige Wettbewerbsstruktur im Fall einer Untersagung des Zusammenschlusses gleich mit der angenommenen zukünftigen Wettbewerbsstruktur im Fall einer Genehmigung: In beiden Fällen hätte Kali und Salz über 89% der Marktanteile verfügt. Der Zusammenschluss hatte daher bereits keine marktbeherrschende Stellung *zur Folge*.

Die Beweislast für die Unternehmen in Bezug auf die Voraussetzungen für eine Sanierungsfusion könnte man höchstens auf folgende Überlegung stützen: Es ist davon auszugehen, dass sich in Zukunft die Wettbewerbsbedingungen auf einem Markt nicht drastisch verändern. Es besteht daher die Vermutung, dass ohne einen Zusammenschluss auch in Zukunft ähnliche Wettbewerbsbedingungen herrschen wie zum Zeitpunkt der Prüfung des Zusammenschlusses. Diese Vermutung führt dazu, dass die Unternehmen beweisen müssen, dass sich auch ohne einen Zusammenschluss die Wettbewerbsbedingungen drastisch verschlechtern würden.

Die Beweislastverteilung für den Einwand der Sanierungsfusion ist aber im Ergebnis sicherlich richtig.[589] Denn die Unternehmen befinden sich im Besitz der relevanten Daten. Müsste die Kommission beweisen, dass das betreffende Unternehmen nicht von der Insolvenz bedroht ist, so bestände die Gefahr, dass sich Unternehmen auf eine angeblich drohende Insolvenz berufen würden, um so eine Genehmigung eines wettbewerbsschädlichen Zusammenschlusses zu erreichen.

b) Zusammenfassung und Bewertung

Die Leitlinien der Kommission lassen erwarten, dass die Kommission in Zukunft an ihrer bisherigen Praxis unter der Verordnung Nr. 4064/89 zur Sanierungsfusion festhalten wird. Entscheidendes Kriterium bei der Beurteilung von Sanierungsfusionen ist für die Kommission, ob die Verschlechterung der Wettbewerbsstruktur auf den Zusammenschluss zurückgeführt werden kann.

Nach Art. 2 Abs. 3 der Verordnung Nr. 139/2004 ist ein Zusammenschluss zu untersagen, durch den ein wirksamer Wettbewerb erheblich behindert würde, insbesondere durch die Begründung oder Verstärkung einer beherrschenden Stellung. Dies kann in zwei Fallgruppen der Fall sein:

1. Der Zusammenschluss begründet oder verstärkt eine marktbeherrschende Stellung (kollektive Marktbeherrschung oder Einzelmarktbeherrschung).
2. Der Zusammenschluss hat unilaterale Effekte im Oligopol zur Folge.

Es soll nun anhand dieser beiden Fallgruppen geprüft werden, ob die in dieser Arbeit gewonnene Konkretisierung des Untersagungstatbestandes eine angemessene Beurteilung der Sanierungsfusion gewährleistet.

Für die erste Fallgruppe kann auf das Ergebnis unter der Verordnung Nr. 4064/89 zurückgegriffen werden. Ergibt die Prüfung, dass sowohl bei Untersagung als auch bei Genehmigung des Zusammenschlusses eine gleich starke beherrschende Stellung entsteht, so wird das Regelbeispiel

---

[588] Kom. E. v. 14. 12. 1993 Az. IV/M. 308 *Kali und Salz/MDK/Treuhand*, Tz. 72.

[589] a. A. aber *Heineke*, 202.

des Art. 2 Abs. 3 der Verordnung Nr. 139/2004 nicht erfüllt, da der Zusammenschluss keine beherrschende Stellung begründet oder verstärkt. Bei der Einzelmarktbeherrschung wird dies der Fall sein, wenn ein Unternehmen ohne den Zusammenschluss aus dem Markt ausscheiden würde und dessen Marktposition auch in diesem Fall dem aufnehmenden Unternehmen zuwachsen würde (wie im Fall *Kali und Salz*). Bei der kollektiven Marktbeherrschung wird dies der Fall sein, wenn in beiden Situationen die Wahrscheinlichkeit eines gemeinsamen Vorgehens der Oligopolmitglieder gleich hoch ist (wie in den *Andersen Fällen).* Ist das Regelbeispiel erfüllt, muss geprüft werden, ob der Zusammenschluss auch zu einer erheblichen Behinderung wirksamen Wettbewerbs führt. Dieses wird in aller Regel der Fall sein, da durch die Begründung oder Verstärkung einer beherrschenden Stellung die Freiheit des Wettbewerbs beschränkt wird. Im Fall der Sanierungsfusion kann es aber dazu kommen, dass obwohl durch den Zusammenschluss eine beherrschende Stellung begründet oder verstärkt wird, die Genehmigung des Zusammenschlusses zu einem niedrigeren Preisniveau führen würde als die Untersagung (wie im Fall *BASF/Eurodiol/Pantochim*). Diese bessere Erfüllung der Allokationsfunktion des Wettbewerbs kann die Reduzierung der Freiheit des Wettbewerbs ausgleichen. In diesem Fall würde der Zusammenschluss, obwohl er eine beherrschende Stellung begründet oder verstärkt, nicht kausal für die erhebliche Behinderung wirksamen Wettbewerbs sein. Der Zusammenschluss wäre daher freizugeben.

Bei der zweiten Fallgruppe besteht die Gefahr, dass es durch unilaterale Effekte zu Wohlfahrtsverlusten zum Beispiel durch eine Preiserhöhung kommt und daher die ökonomischen Funktionen des Wettbewerbs bei einer Genehmigung des Zusammenschlusses schlechter erfüllt würden als bei einer Untersagung des Zusammenschlusses. Bei der Beantwortung der Frage, ob es aufgrund unilateraler Effekte zu einer Preiserhöhung kommen wird, ist zu berücksichtigen, ob bei einer Untersagung des Zusammenschlusses es infolge der Insolvenz des Unternehmens zu einer Angebotslücke kommen würde, die die Wettbewerber nicht ausfüllen könnten. In einem solchen Fall könnten die möglichen preissteigernden Effekte durch die preissenkenden Effekte des Zusammenschlusses ausgeglichen werden. Der Zusammenschluss würde daher nicht zu einer Verschlechterung der Allokationsfunktion führen. Er behindert daher nicht den wirksamen Wettbewerb und ist somit freizugeben.

Die beiden Fallgruppen haben gezeigt, dass die in dieser Arbeit gefundene Konkretisierung des Untersagungstatbestandes im Einklang mit der nach den Leitlinien der Kommission zu erwartenden zukünftigen Praxis der Kommission steht. Ferner konnte anhand der ersten Fallgruppe erklärt werden, dass ein Zusammenschluss, obwohl er das Regelbeispiel der Begründung oder Verstärkung einer beherrschenden Stellung erfüllt, nicht zu einer erheblichen Behinderung wirksamen Wettbewerbs führen muss. Der Einwand der Sanierungsfusion kann daher dazu führen, dass obwohl ein Zusammenschluss das Regelbeispiel des Art. 2 Abs. 3 der Verordnung Nr. 139/2004 erfüllt, nicht zu untersagen ist, da er den wirksamen Wettbewerb nicht erheblich behindert.

IV. Ergebnis des 10. Kapitels

Die Analyse der beiden Verteidigungseinwände der Effizienzen und der Sanierungsfusion hat die Auslegung bestätigt, nach der eine erhebliche Behinderung wirksamen Wettbewerbs immer dann vorliegt, wenn bei Untersagung des Zusammenschlusses die Wettbewerbsfunktionen besser erfüllt würden als bei Genehmigung des Zusammenschlusses.

Beide Einwände können zur Folge haben, dass ein Zusammenschluss zu genehmigen ist, obwohl er eine beherrschende Stellung begründet oder verstärkt. Der Grund für die Genehmigung ist, dass die beiden Einwände dazu führen können, dass die ökonomischen Funktionen des Wettbewerbs bei Genehmigung des Zusammenschlusses besser erfüllt würden als bei Untersagung des Zusammenschlusses. Die bessere Erfüllung der ökonomischen Wettbewerbsfunktionen kann die Verringerung der Wettbewerbsfreiheit ausgleichen.

Unter der alten Verordnung Nr. 4064/89 sah die Kommission das Tatbestandsmerkmal der Begründung oder Verstärkung einer beherrschenden Stellung als das zentrale Kriterium des Untersagungstatbestandes an. Mit diesem Kriterium konnten die Auswirkungen des Zusammenschlusses auf die Wettbewerbsfreiheit berücksichtigt werden. In der Verordnung Nr. 139/2004 wird der Schutz der Verbraucher als Ziel der Fusionskontrolle stärker betont. Die Kommission wird ihre Prüfung von Zusammenschlüssen in stärkerem Maße an den ökonomischen Zielfunktionen des Wettbewerbs ausrichten und fragen, ob der Zusammenschluss zu einer Erhöhung der Preise oder einer Verringerung des Produktangebots führen wird. Durch die stärkere Betonung des Verbraucherschutzes hat sich die Auslegung des Tatbestandsmerkmals der erheblichen Behinderung wirksamen Wettbewerbs durch die Kommission vom Schutz der Wettbewerbsfreiheit weg und hin zum Schutz der ökonomischen Funktionen des Wettbewerbs bewegt. Dieses kann dazu führen, dass Zusammenschlüsse, die früher unter Hinweis auf die Begründung oder Verstärkung einer marktbeherrschenden Stellung untersagt wurden, in Zukunft aufgrund ihrer Vorteile für den Verbraucher frei gegeben werden.[590]

11. Kapitel: Ergebnisse der Arbeit

Am Ende sollen noch einmal stichwortartig die wichtigsten Ergebnisse dieser Arbeit zusammengefasst werden:

Verordnung Nr. 4064/89:

- Die wörtliche Auslegung ergibt, dass dem Tatbestandsmerkmal der „erheblichen Behinderung wirksamen Wettbewerbs" eine eigenständige Bedeutung zukommen muss.

- In Art. 2 Abs. 3 FKVO wird der Wettbewerb mit dem Adjektiv „wirksam" beschrieben. Dies legt es nahe, bei der Frage, ob

[590] So im Ergebnis auch *Nitsche/Thielert* WuW 2004, 252; *Mestmäcker* WuW 2004, 135; *Mestmäcker/Schweitzer* § 35 Rn. 7f.

wirksamer Wettbewerb erheblich behindert wird, auf die Wettbewerbsfunktionen abzustellen.

- Die historische Auslegung unterstützt das Ergebnis der wörtlichen Auslegung. Die Begründung oder Verstärkung einer beherrschenden Stellung ist notwendige nicht aber hinreichende Bedingung für die Untersagung eines Zusammenschlusses. Die beherrschende Stellung muss auch eine erhebliche Behinderung wirksamen Wettbewerbs zur Folge haben.

- Ziel der Fusionskontrolle ist es, den Wettbewerb durch eine Marktstrukturkontrolle zu schützen und die allgemeine Wohlfahrt im Gemeinsamen Markt zu steigern.

- Die Kriterien „die Interessen der Zwischen- und Endverbraucher" und „die Entwicklung des technischen und wirtschaftlichen Fortschritts" sind nicht nur ein Fernziel der Fusionskontrollverordnung, sondern sind bei der Prüfung eines Zusammenschlusses unmittelbar zu berücksichtigen.

- Bei der Marktbeherrschungsprüfung wird gefragt, ob nach dem Zusammenschluss der Wettbewerbsdruck auf das Unternehmen noch stark genug ist, um den Verhaltensspielraum dieses Unternehmens hinreichend zu kontrollieren.

- Mit dem Kriterium der Marktbeherrschung wird allein die Auswirkung des Zusammenschlusses auf die Wettbewerbsfreiheit gemessen. Mögliche Konflikte zwischen den Wettbewerbsfunktionen können nicht berücksichtigt werden.

- Die Begründung oder Verstärkung einer marktbeherrschenden Stellung indiziert eine erhebliche Behinderung wirksamen Wettbewerbs. Die Unternehmen müssen beweisen, dass ausnahmsweise die marktbeherrschende Stellung nicht zu einer erheblichen Behinderung wirksamen Wettbewerbs führt.

- Ein Zusammenschluss führt zu einer erheblichen Behinderung wirksamen Wettbewerbs im Sinne des Art. 2 der Fusionskontrollverordnung, wenn bei einer Untersagung des Zusammenschlusses die Wettbewerbsfunktionen in einem höheren Maß erfüllt wären als bei einer Genehmigung des Zusammenschlusses.

Verordnung Nr. 139/2004:

- Die für das Tatbestandsmerkmal der erheblichen Behinderung wirksamen Wettbewerbs gewonnene Konkretisierung kann auf den Untersagungstatbestand der Verordnung Nr. 139/2004 übertragen werden: Ein Zusammenschluss behindert dann erheblich den wirksamen Wettbewerb, wenn bei einer Untersagung des Zusammenschlusses die Wettbewerbsfunktionen besser erfüllt würden als bei einer Genehmigung.

- Die Änderung des Art. 2 der Fusionskontrollverordnung soll es ermöglichen, Zusammenschlüsse, die unilaterale Effekte im Oligopol zur Folge haben, zu untersagen. Eine erhebliche Behinderung wirksamen Wettbewerbs kann daher in drei Fallgruppen vorliegen:
  Der Zusammenschluss begründet oder verstärkt eine Einzelmarktbeherrschung.
  Der Zusammenschluss begründet oder verstärkt eine kollektive Marktbeherrschung.
  Der Zusammenschluss hat unilaterale Effekte im Oligopol zur Folge.

- Die Einwände der Sanierungsfusion und der Erzielung von Effizienzvorteilen können dazu führen, dass der Zusammenschluss den wirksamen Wettbewerb nicht erheblich behindert, obwohl der Zusammenschluss eine beherrschende Stellung begründet oder verstärkt.

- Die durch Effizienzgewinne bewirkte bessere Erfüllung der ökonomischen Wettbewerbsfunktionen kann die Verringerung der Wettbewerbsfreiheit ausgleichen, so dass insgesamt der wirksame Wettbewerb nicht erheblich behindert wird.

- Die Unternehmen müssen nachweisen, dass die Effizienzgewinne fusionsspezifisch sind und den Verbrauchern zu Gute kommen.

- Bei dem Einwand der Sanierungsfusion vergleicht die Kommission wie bei jedem Zusammenschluss in einer Prognose die Wettbewerbsbedingungen im Fall einer Genehmigung des Zusammenschlusses und im Fall einer Untersagung. Ergibt sich aus diesem Vergleich, dass der wirksame Wettbewerb erheblich behindert wird, ist der Zusammenschluss zu untersagen.

- Die Besonderheit der Sanierungsfusion besteht lediglich darin, dass aufgrund der möglichen Insolvenz des Unternehmens die Wettbewerbsbedingungen, die bei Untersagung des Zusammenschlusses herrschen würden, von den Wettbewerbsbedingungen, die zum Zeitpunkt der Prüfung des Zusammenschluss herrschen, stark abweichen können.

- Wenn nur durch die Sanierungsfusion Anlagevermögen im Markt gehalten werden kann, kann dies zur Folge haben, dass bei einer Genehmigung des Zusammenschlusses ein niedrigeres Preisniveau herrschen würde als bei einer Untersagung, obwohl durch den Zusammenschluss eine beherrschende Stellung begründet oder verstärkt wird. In diesem Fall kann die verbesserte Allokation der Faktorleistungen die Verringerung der Wettbewerbsfreiheit ausgleichen, so dass insgesamt der Wettbewerb nicht erheblich behindert wird.

Literaturverzeichnis

Albers, Michael — Auslegungsfragen und praktische Anwendung der europäischen Fusionskontrolle in: FIW Heft 146, 99.

Alfter, Mette — Untersagungskriterien in der Fusionskontrolle: SLC-Test versus Marktbeherrschende Stellung – Eine Frage der Semantik, WuW 2003, 20.

Axster, Oliver — Die europäische Fusionskontrolle in: Festschrift für Quack, Berlin New York 1991, 569.

Baccaro, Vincenzo — Failing Firm Defence and Lack of Causality: Doctrine and Practice in Europe of Two Closely Related Concepts, ECLR 2004, 11.

Bach, Albrecht — Materielle Veränderungen der deutschen Fusionskontrolle durch die EWG- Fusionskontrolle, WuW 1992, 571.

Ders. — Der Marktbeherrschungsbegriff in der EG-Fusionskontrolle, auch im Vergleich zum deutschen Kartellrecht, WuW 1993, 805.

Bartosch, Andreas — Gehorsam oder Widerstand: Reformvorschlag der Kommission zur FKVO und die Rechtsprechung des EuG im Fall Airtours/Kommission, WuW 2003, 574.

Ders. — Weiterentwicklungen im Recht der europäischen Zusammenschlusskontrolle, BB 2003, Beilage 3 zu Heft 13.

Bauer, Jürgen F. — Das Tatbestandsmerkmal Wettbewerb, ZHR 134 (1970), 97.

Bechtold, Rainer — Die Grundzüge der neuen EWG-Fusionskontrolle, RIW 1990, 253.

Ders. — Abwägung zwischen wettbewerblichen Vor- und Nachteilen eines Zusammenschlusses in der europäischen Fusionskontrolle, EuZW 1996, 389.

Bellamy, Christopher / Child, Graham — European Community Law of Competition, London 2001.

Berg, Werner — Die neue Fusionskontrollverordnung, - Praktische Auswirkungen der Reform, BB 2004, 561.

Bergau, Torsten — Die Sanierungsfusion im europäischen Kartellrecht, Schesslitz 2002 (Diss. zugl.: St. Gallen 2003).

Bergmann, Helmut / Burholt, Christian — Nicht Fisch und nicht Fleisch – Zur Änderung des materiellen Prüfungskriteriums in der Europäischen Fusionskontrollverordnung, EuZW 2004, 161.

Bishop, Simon / Walker, Mike — Economics of E.C. Competition Law: Concepts, Application and Measurement, London Dublin Hong Kong 1999.

Blank, Josef — Europäische Fusionskontrolle im Rahmen der Artt. 85, 86 EWG-Vertrages, Baden-Baden 1991 (Diss. zugl.: Trier 1990 u. d. T. europäische Fusionskontrolle).

Bleckmann, Albert — Europarecht: Das Recht der Europäischen Union und der Europäischen Gemeinschaften, Köln Berlin Bonn München 1997.

Böge, Ulf — Reform der Europäischen Fusionskontrolle, WuW 2004, 138.

Böge, Ulf / Müller, Edith	From the Market Dominance Test to the SLC Test: Are There Any Reasons for a Change? European Competition Law Review 2002, 495.
Brittan, Sir Leon	The Early Days of EC Merger Control in: EC Merger Control: Ten Years On, London 2000, 1.
Ders.	The Law and Policy of Merger Control in the EEC, European Law Review 1990, 351.
Bundeskartellamt	Das Untersagungskriterium in der Fusionskontrolle – Marktbeherrschende Stellung versus Substantial Lessening of Competition, Diskussionspapier für die Tagung Arbeitskreis Kartellrecht am 8. und 9. Oktober 2001. Abrufbar auf den Seiten des Bundeskartellamtes: www.bundeskartellamt.de/wDeutsch/publikationen/Diskussionsbeitraege/AKK.shtml
Bundeskartellamt	Wettbewerbsschutz und Verbraucherinteressen im Lichte neuer ökonomischer Methoden, Diskussionspapier Abrufbar auf den Seiten des Bundeskartellamtes: www.bundeskartellamt.de/wDeutsch/publikationen/Diskussionsbeitraege/AKK.shtml
Camesasca, Peter Detlef Nicolai	The Explicit Efficiency Defence in Merger Control: Does it Make the difference?, ECLR 1999, 14.
Ders.	European Merger Control: Getting the Efficiencies Right, Antwerpen Groningen Oxford 2000 (Diss. zugl.: Rotterdam 2000).
Caspari, Manfred / Schwarz, Dieter	Europäische Fusionskontrolle in: Festschrift Benisch, Köln Berlin Bonn München 1989, 383.
Catranis, Alexander	Die Aufgabe der Zusammenschlusskontrolle dargestellt am Beispiel der Sanierungsfusion, Berlin 1981 (Diss. zugl.: München 1980).
Clark, John Maurice	Toward a Concept of Workable Competition, The American Economic Review, 1940, 241.
Cox, Helmut / Jens, Uwe / Markert, Kurt	Handbuch des Wettbewerbs – Wettbewerbstheorie Wettbewerbspolitik Wettbewerbsrecht, München 1981.
Dauses, Manfred A.	Handbuch des EU – Wirtschaftsrechts, München 2001 Stand Mai 2001.
Deimel, Albert	Rechtsgrundlagen einer europäischen Zusammenschlusskontrolle, Baden Baden 1991 (Diss. zugl.: Göttingen 1991).
Deparment of Justice of the United States	Range Effects the United States Perspective Submission for OECD Round Table on Portfolio Effects in Conglomerate Mergers. Abrufbar auf den Internetseiten des DOJ unter: http://www.usdoj.gov/atr/public/international/9550.pdf
Downes, T. Antony / MacDougall, David, S.	Significantly Impeding Effective Competition: Substantive Appraisal under the Merger Regulation, European Law Review 19 (1994), 287.
Drauz, Götz	Recent Developments in the Assessment of Dominance in: EC Merger Control: Ten Years On, London 2000, 109.

Ders. | Unbundeling GE/Honeywell The Assessment of Conglomerate Mergers under EC Competition Law, Fordham Corporate Law Institute 2001, 183.

Drauz, Götz / Schroeder, Dirk | Praxis der Europäischen Fusionskontrolle, Köln 1995.

Ehlermann, Claus-Dieter | Die europäische Fusionskontrolle – erste Erfahrungen, WuW 1991, 534.

Ehlers, Dirk / Erichsen, Hans- Karl (Hrsg.) | Allgemeines Verwaltungsrecht, Berlin 2002.

Einsele, Dorothee | Auswirkungen der europäischen Fusionskontrollverordnung auf Gemeinschaftsunternehmen, RIW 1992, Beilage 2.

Emmerich, Volker | Kartellrecht, München 2001.

Ders. | Die bisherige Praxis der Fusionskontrolle II, AG 1978, 118.

Ders. | Fusionskontrolle 1995/1996, AG 1996, 529.

Ders. | Fusionskontrolle 2002/2003, AG 2003, 650

Esch, Bastiaan van der | Der Stellenwert des unverfälschten Wettbewerbs in der Rechtsprechung des Europäischen Ge richtshofes und der Verwaltungspraxis der Kommission, WuW 1988, 563.

Eucken, Walter | Die Grundlagen der Nationalökonomie, Berlin 1959.

Ders. | Die Wettbewerbsordnung und ihre Verwirklichung, ORDO Jahrbuch für die Ordnung von Wirtschaft und Gesellschaft, 1949, 1.

Europe Economics | Study on Assessment Criteria for Distinguishing between Competitive and Dominant Oligopolies in Merger Control, Final Report for the European Commission Enterprise Directorate General, May 2001.
Abrufbar auf den Internetseiten der Kommission unter: http://europa.eu.int/comm/enterprise/library/lib-competition/libr-competition.html

Everling, Ulrich | Zur richterlichen Kontrolle der Tatsachenfeststellung und der Beweiswürdigung durch die Kommission in Wettbewerbssachen, WuW 1989, 877.

Ders. | Zur Wettbewerbskonzeption in der neueren Rechtsprechung des Gerichtshofs der Europäischen Gemeinschaften, WuW 1990, 995.

Faull, Jonathan | The EC Law of Competition, Oxford 1999.

Feldmann, Wolfgang | Die europäische Fusionskontrolle – ein Überblick über die Praxis, WRP 1990, 577.

Fiedler, Patrick | EG-Kommission erleichtert Voraussetzungen für Sanierungsfusionen, EuZW 2001, 585.

Ders. | Sanierungsfusion und europäisches Kartellrecht: Eine Neubewertung im Lichte der Kommissionsentscheidung BASF/Pantochim/Eurodiol, NZI 2002, 79.

Fikentscher, Wolfgang — Neuere Entwicklungen der Theorie zum Tatbestandsmerkmal der Wettbewerbsbeschränkung § 1 GWB, WuW 1961, 788.

Fingleton, John — Does Collective Dominance provide suitable housing for all anti-competitive oligopolistic mergers?, Fordham Corporate Law Institute 2003, 181.

Fingleton, John / Nolan, Dermont — Mind the Gap: Reforming the EU Merger Regulation, 29. Mai 2003
Abrufbar auf den Internetseiten der Competition Authority of Ireland unter:
http://www.tca.ie/articles.html

Fleischer, Holger / Körber, Torsten — Der Einfluss des US-amerikanischen Antitrustrechts auf das Europäische Wettbewerbsrecht, WuW 2001, 6.

Garten, Gregor Nikolaus — Die Failing Company Defense im europäischen Recht, Frankfurt/Main 2004 (Diss. zug.: Bonn 2003).

Gassner, Ulrich M. / Braun, Michael — Die Failing Company Defense in der deutschen, europäis chen und US-amerikanischen Fusionskontrolle, RIW 2004, 891.

Giersch, Herbert — Allgemeine Wirtschaftspolitik Bd. I Grundlagen, Wiesbaden 1961.

Glassen, Helmut / Hahn, Helmuth v. / Kersten, Hans-Christian / Rieger, Harald — Frankfurter Kommentar zum Kartellrecht Band V (EG – Kartellrecht) 52. Lieferung, März 2003.

Gotts, Ilene Knable / Goldman, Calvin S. — The Role of Efficiencies in M&A Global Antitrust Review: Still in Flux? Fordham Corporate Law Institute 2002, 201.

Grabitz, Eberhard / Hilf, Meinhard — Das Recht der Europäischen Union, München, 18. Ergänzungslieferung Mai 2001.

Griffin, Joseph / Sharp, Leeanne — Efficiency Issues in Competition Analyses in Australia, the European Union, and the United States, 64. Antitrust Law Journal (1996), 649.

Groeben, Hans von der / Thiesing, Jochen / Ehlermann, Claus-Dieter — Kommentar zum EU,-EG-Vertrag, Baden-Baden (5. Auflage) 1999.

Groeben, Hans von der / Schwarze, Jürgen — Kommentar zum Vertrag über die Europäische Union und zur Gründung der Europäischen Gemeinschaft, Baden-Baden (6. Auflage) 2003.

Hahn, Andreas — Oligopolistische Marktbeherrschung in der Europäischen Fusionskontrolle, Berlin 2003 (Diss. zugl.: FU-Berlin 2001).

Haupt, Heiko — Kollektive Marktbeherrschung in der europäischen Missbrauchs- und Fusionskontrolle nach dem Airtours-Urteil des Gerichts Erster Instanz, EWS 2002, 361.

Heineke, Thomas — Entlastungsgründe in der europäischen und US-amerikanischen Zusammenschlußkontrolle, Baden-Baden 2004 (Diss. zugl.: Bremen 2003).

Herdegen, Matthias — Auslegende Erklärungen von Gemeinschaftsorganen und Mitgliedstaaten zu EG-Rechtsakten, ZHR 1991, 52.

Herdzina, Klaus — Wettbewerbspolitik, Stuttgart 1999.

Hewitt, Gary | The Failing Firm Defence – Background Note, OECD Journal of Competition and Policy Vol. 1 Nr. 2, 120.

Hinten-Reed, Nils v. / Camesasca, Peter / Schedl, Michael | Reform der Europäischen Fusionskontrolle, RIW 2003, 321.

Hirsbrunner, Simon | Neue Entwicklungen der EG-Fusionskontrolle im Jahre 2001, EuZW 2002, 453.

Hootz, Christian | Gesetz gegen Wettbewerbsbeschränkungen und Europäisches Kartellrecht Gemeinschaftskommentar, 5. Auflage, 3. Lieferung Köln Berlin Bonn München 2001.

Hoppmann, Erich | Wirtschaftsordnung und Wettbewerb, Baden-Baden 1988.

IDEI – Institute d'Economic Industrielle, Toulouse | The Economics of Unilateral Effects, Interim Report for DG Competition, European Commission, November 2003. Abrufbar auf den Internetseiten der Kommission unter: http://www.europa.eu.int/comm/competition/mergers/review/

Ilzkovitz, Fabienne / Meiklejohn, Roderick | European merger control: do we need an efficiency defence? in: Reports and studies No. 5 2001: The efficiency defence and the European system of merger control (European Commission Directorate General for economic and financial affairs). Abrufbar auf den Internetseiten der Kommission unter: http://www.europa.eu.int/comm/economy_finance/publications/european_economy/2001/eers0501_en.pdf

Immenga, Ulrich | Die Europäische Fusionskontrolle im wettbewerbspolitischen Kräftefeld, Tübingen 1993.

Ders. | Konzentrationskontrolle und Sanierungsfusion, ZHR 137 (1973), 334.

Ders. | Die Sicherung unverfälschten Wettbewerbs durch europäische Fusionskontrolle, WuW 1990, 371.

Immenga, Ulrich / Mestmäcker, Ernst-Joachim | EG-Wettbewerbsrecht, Kommentar, Band I, München 1997.

Immenga, Frank A. / Stopper, Martin | Impulsgeber „Baby Food Merger“: Die Berücksichtigung des Effizienzgedankens im US-amerikanischen und europäischen Fusionskontrollrecht, RIW 1990, 512.

James, Charles A. | Statement on the EU's decision regarding the GE/Honeywell acquisition. Abrufbar auf den Internetseiten des US Department of Justice unter: http://www.usdoj.gov/atr/public/press_releases/2001/8510.htm

Janicki, Thomas | EG-Fusionskontrolle auf den Weg zur praktischen Umsetzung, WuW 1990, 195.

Jickeli, Joachim | Marktzutrittschranken im EG- Kartellrecht, WuW 1992, 101.

Jenny, Frédéric | EEC Merger Control: Economies as an Antitrust Defence or an Antitrust Attack, Fordham Corporate Law Institute 1992, 591.

Jones, Christopher / Gonzáles-Díaz, Enrique | The EEC Merger Regulation, London 1992.

Kerber, Wolfgang — Die Europäische Fusionskontrollpraxis und die Wettbewerbskonzeption der EG, Bayreuth 1994.

Kinne, Konstanze — Effizienzvorteile in der Zusammenschlusskontrolle, Baden-Baden 2000 (Diss. zugl.: Hamburg 1999).

Kleemann, Dietrich — First Year of Enforcement under the EEC Merger Regulation: a Commission View, Fordham Corporate Law Institute 1991, 623.

Ders. — Enthält Art. 2 der EG- Fusionskontrollverordnung eine wettbewerbliche Abwägungsklausel? In: Festschrift für Lieberknecht 1997, 380.

Kleinmann, Werner — Geringfügige Erhöhung hoher Marktanteile eines Marktbeherrschers bei Fusionen: Rechenexempel oder wertende Gesamtschau, BB 1999, 965.

Kleinmann, Werner / Bechtold, Rainer — Kommentar zur Fusionskontrolle, Stuttgart 1989.

Knöpfle, Robert — Die Problematik der Zusammenschlusskontrolle nach dem GWB, Heidelberg 1986.

Ders. — Zum Wettbewerb im Sinne des § 1 GWB, WuW 1962, 159.

Ders. — Zur Notwendigkeit einer richtigen Bestimmung des Inhalts des Wettbewerbs für eine zutreffende Beurteilung marktübergreifender (konglomerater) Zusammenschlüsse in: Festschrift für Sölter, Köln 1982, 217.

Ders. — Wettbewerbsbeschränkungen durch Anwendung des Gesetztes gegen Wettbewerbsbeschränkungen bei Zusammenschlüssen, JZ 1982, 521.

Kommission Europäische — Mitteilung der Kommission v. 11. 12. 2002 an den Rat, das Parlament, den Wirtschafts- und Sozialausschuss und den Ausschuss der Regionen – Industriepolitik in einem erweiterten Europa.
Abrufbar auf den Internetseiten der Kommission unter : http://www.europa.eu.int/eur-lex/de/com/pdf/2002/com2002_0714de01.pdf

Dies. — I. Bericht über die Wettbewerbspolitik, Brüssel/Luxemburg 1971.
XXI. Bericht über die Wettbewerbspolitik, Brüssel/Luxemburg 1996.
XXII. Bericht über die Wettbewerbspolitik, Brüssel/Luxemburg, 1997.
XXIII. Bericht über die Wettbewerbspolitik, Brüssel/Luxemburg 1998.
XXIV. Bericht über die Wettbewerbspolitik, Brüssel/Luxemburg 1999.

Dies. — Bekanntmachung der Kommission über die Definition des relevanten Marktes im Wettbewerbsrecht, Abl. 1997, C 372 v. 9. 12. 1997.

Dies. — Grünbuch über die Revision der Verordnung (EWG) Nr. 4064/1989 des Rates KOM(2001) 745/6 /endg.) vom 11.12.2001. Abrufbar auf den Internetseiten der Kommission unter: http://www.europa.eu.int/comm/competition/mergers/review/green_paper/de.pdf

Dies.	Entwurf einer Mitteilung der Kommission über die Kontrolle horizontaler Zusammenschlüsse gemäß der Fusionskontrollverordnung 11. 12. 2002.
Dies.	Bekanntmachung, Leitlinien zur Bewertung horizontaler Zusammenschlüsse gemäß der Ratsverordnung über die Kontrolle von Unternehmenszusammenschlüssen, Abl. 2004 Nr. C 31 v. 5. 2. 2004.
Dies.	Pressemitteilung v. 18. 6. 2001 Nr. IP/01/855. Abrufbar auf den Internetseiten der Kommission unter: http://www.europa.eu.int/comm/competition/mergers/cases/index/by_nr_m_44.html
Landzettel, Stefan	Unterschiede und Gemeinsamkeiten des deutschen und europäischen Fusionskontrollrechts – ein problemorientierter Vergleich, Frankfurt am Main 1995 (Diss. zugl.: Frankfurt/Main 1995).
Langeheine, Bernd	Substantive Review under the EEC Merger Regulation, Fordham Corporate Law Institute 1990, 481.
Langen, Eugen / Bunte, Herrman-Josef	Kommentar zum deutschen und europäischen Kartellrecht, Neuwied Kriftel 2001.
Larenz, Karl	Methodenlehre der Rechtswissenschaft, Berlin Heidelberg New York 1991.
Löffler, Heinz	Kommentar zur europäischen Fusionskontrollverordnung, Neuwied Kriftel 2001.
Ders.	Europäische Fusionskontrolle (EG – Information), WuW 1995, 385.
Lowe, Philip	The substantive standard for merger control, and the treatment of efficiencies in merger analysis: an EU perspective; Rede auf der Fordham Annual Antitrust Conference, New York 30. Oktober 2002 (zitiert: Lowe (2002, I). Abrufbar auf den Internetseiten der Kommission unter: http://www.europa.eu.int/comm/competition/speeches/index_2002.html
ders.	„Review of the EC Merger Regulation – forging a way ahead, Rede auf der European Merger Control Conference, 8. November 2002, Brussels (zitiert: Lowe (2002, II). Abrufbar auf den Internetseiten der Kommission unter: http://www.europa.eu.int/comm/competition/speeches/index_2002.html
Luescher, Christoph	Efficiency Considerations in European Merger Control – Just Another Battle Ground for the European Commission, Economists and Competition Lawyers, European Competition Law Review 2004, 73.
Mano, Miguel de la	For the customer´s sake: The competitive effects of efficiencies in European merger control, Enterprise Papers No 11 2002. Abrufbar auf den Internetseiten der Kommission unter: http://europa.eu.int/comm/enterprise/library/enterprise-papers/pdf/enterprise_paper_11_2002.pdf

Marenco, Giuliano	Judical Review of the First Ten Years of the Merger Regulation in: EC Merger Control: Ten Years On, London 2000, 303.
Marko, Volker	Die erhebliche Behinderung wirksamen Wettbewerbs durch marktbeherrschende Unternehmen im Sinne des Art. 2 der EG-Fusionskontrollverordnung Nr. 4064/89 (Diss. zugl.: Regensburg 1992).
Mestmäcker, Ernst-Joachim	Zur Reform der Europäischen Fusionskontrollverordnung, WuW 2004, 137.
Mestmäcker, Ernst-Joachim / Schweitzer, Heike	Europäisches Wettbewerbsrecht, München 2004.
Miersch, Michael	Kommentar zur EG-Verordnung Nr. 4064/89 über die Kontrolle von Unternehmenszusammenschlüssen, Neuwied Frankfurt/Main 1991.
Miert, Karl van	Die Wettbewerbspolitik der neuen Kommission, WuW 1995, 553.
Mische, Harald	Nicht-wettbewerbliche Faktoren in der europäischen Fusionskontrolle, Baden-Baden 2002 (Diss. zugl.: Tübingen 2001)
Möschel, Wernhard	Die Sanierungsfusion im Recht der Zusammenschlusskontrolle In: Festschrift für Fischer, Berlin New York 1979, 487.
Monopolkommission	Hauptgutachten I. 1973/75, Baden-Baden 1976. Hauptgutachten V. 1982/82, Ökonomische Kriterien für die Rechtsanwendung, Baden-Baden 1984. Hauptgutachten XI. 1994/1995, Baden-Baden 1996. Hauptgutachten XIV. 2000/2001, Baden-Baden 2003.
Dies.	Sondergutachten 17, Konzeption einer europäischen Fusionskontrolle, Baden-Baden 1989.
Montag, Frank / Wolfsgruber, Maria	Neueste Entwicklungen in der Europäischen Fusionskontrolle in: Neueste Entwicklungen im europäischen und internationalen Kartellrecht – 10. St. Galler Internationales Kartellrechtsforum, Basel Genf München 2003, 289.
Monti, Mario	The Future of Competition Policy in the European Union, Rede vom 9. Juli 2001 in London. Pressemitteilung der Kommission SPEECH/01/340. Abrufbar auf den Internetseiten der Kommission unter: http://www.europa.eu.int/comm/competition/speeches/index_2001.html
Ders.	The New Shape of European Competition Policy, Rede vom 20. November 2003 in Tokio. Abrufbar auf den Internetseiten der Kommission unter: http://www.europa.eu.int/comm/competition/speeches/index_2003.html
Ders.	Convergence in EU-US antitrust policy regarding mergers and acquisitions: an EU perspective, Rede vom 28. Februar 2004 (zitiert: Monti 2004 I). Abrufbar auf den Internetseiten der Kommission unter: http://www.europa.eu.int/comm/competition/speeches/index_2004.html

Ders.	A reformed competition policy: achievements and challenges for the future, Rede vom 28. Oktober 2004 (zitiert: Monti 2004 II). Abrufbar auf den Internetseiten der Kommission unter: http://www.europa.eu.int/comm/competition/speeches/ index_2003.html
Monti, Giorgio / Rousseva, Ekaterina	Failing Firms in the Framework of the E.C. Merger Regulation, ELR 1999, 38.
Moosecker, Karlheinz	Praktische Erfahrungen mit der europäischen Fusionskontrolle, FIW Heft Nr. 153, 37.
Müller, Udo	Wettbewerb, Unternehmenskonzentration und Innovation, Göttingen 1975.
Nickell, Steve	Competition and Corporate Performance, Journal of Political Economy, 104 (1996), 724.
Niederleithinger, Ernst	Vier Prognosen zur Europäischen Fusionskontrolle in: Festschrift Quack, Berlin New York 1991, 645.
Niemeyer, Hans-Jörg	Die Europäische Fusionskontrolle, Heidelberg 1991.
Nitsche, Reiner / Thielert, Julia	Ökonomische Analyse in der europäischen und deutschen Wettbewerbspolitik, WuW 2004, 250ff.
Noel Pierre-Emmanuel	Efficiency Considerations in the Assessment of Horizontal Mergers under European Law and U.S. Antitrust Law, ECLR 1997, 498.
Nordemann, Jan Bernd	Gegenmacht und Fusionskontrolle, Baden Baden 1996 (Diss. zugl.: Göttingen 1994/1995).
Olten, Rainer	Wettbewerbstheorie und Wettbewerbspolitik, München Wien 1995.
Opgenhoff, Carolin	Die europäische Fusionskontrolle zwischen Wettbewerbsrecht und Industriepolitik, Berlin Bern Brüssel, 2001(Diss. zugl.: Saarbrücken 2000).
Oppermann, Thomas	Europarecht: Ein Studienbuch, München 1999.
Organisation for Economic Co-Operation and Development	OCDE/General distribution (96) 65: Competition Policy and Efficiency Claims in Horizontal Agreements, Paris 1996. Abrufbar auf den Internetseiten der OECD unter: http://www.oecd.org/dataoecd/1/4/2379526.pdf
Dies.	OCDE/General distribution (96) 23: Failing Firm Defence, Paris 1996 Abrufbar auf den Internetseiten der OECD unter: http://www.oecd.org/dataoecd/35/6/1920253.pdf
Dies.	The objectives of Competition Law and Policy and the Optimal Design of a Competition Agency, OECD Journal of Competition Law and policy Volume 5 Nr. 1, 15.
Pape, Fabian / Hossenfelder, Silke / Töllner, Wilko	Kartellrechtspraxis und Kartellrechtsprechung 2002/03, Köln 2003.

Pechstein, Matthias — Die Bedeutung von Protokollerklärungen zu Rechtsakten der EG, Europarecht 1990, 249.

Pitofsky, Robert — EU and U.S. Approaches to International Mergers – Views from the U.S. Federal Trade Commission in: EC Merger Control: Ten Years On, London 2000, 42.

Poenicke, Astrid / Schauenburg, Astrid — Die geplante Fusion von Arthur Andersen Deutschland und Ernst & Young Deutschland - Oligopole und die „Failing Firm Defence“, WRP 2002, 910.

Rau, Stephan — Der Erwerb aus der Insolvenz und die Fusionskontrolle – über die Genehmigungsfähigkeit von Sanierungsfusionen, BB 2002, 1973.

Riesenkampff, Alexander — Perspektiven und Probleme der europäischen Fusionskontrolle in: Festschrift für Rittner, München 1991, 491.

Riesenkampff, Alexander / Lehr, Stefan — European Cartel Law, New York 1997.

Rittner, Fritz — Über das Verhältnis von Vertrag und Wettbewerb, AcP 1988, 101.

Röhling, Andreas — Offene Fragen der Europäischen Fusionskontrolle, ZIP 1990, 1179.

Röller, Lars-Hendrik/ Stennek, Johan / Verboven, Frank — Efficiency Gains from Mergers in: Reports and studies No. 5 2001: The Efficiency defence and the European system of merger control (European Commission Directorate General for economic and financial affairs).
Abrufbar auf den Internetseiten der Kommission unter: http://www.europa.eu.int/comm/economy_finance/publications/european_economy/2001/eers0501_en.pdf

Rösler, Patrick — Der Begriff der marktbeherrschenden Stellung in der europäischen Fusionskontrolle, NZG 2000, 857.

Rohardt, Klaus Peter — Die europäische Fusionskontrolle beginnt Gestalt anzunehmen, WuW 1991, 365.

Ruppelt, Hans-Jürgen — Der Verordnungsentwurf für eine europäische Fusionskontrolle im EG-Ministerrat, WuW 1989, 187.

Sauter, Herbert — Ein Nachwort zur europäischen Fusionskontrolle in: Festschrift Quack, Berlin New York 1991, 657.

Schmidt, Ingo — Wettbewerbspolitik und Kartellrecht, Stuttgart 1996.

Ders. — Europäische Industriepolitik – ein Widerspruch zur Wettbewerbsordnung, WuW 1995, 971.

Schmidt, Ingo / Schmidt, André — Europäische Wettbewerbspolitik, München 1997.

Schmidt, Christian Rudolf — Die Entwicklung des technischen und wirtschaftlichen Fortschritts, Baden Baden 1992 (Diss. zugl.: Göttingen 1991).

Schröter, Helmuth — Neuere Entwicklungen in der Wettbewerbspolitik der Europäischen Gemeinschaft in: FIW Heft Nr. 140, 69.

Schröter, Helmuth / Jakob, Thinam / Mederer, Wolfgang — Kommentar zum Europäischen Wettbewerbsrecht, Baden-Baden 2001.

Schumann, Jochen / Meyer, Ulrich / Ströbele, Wolfgang — Grundzüge der mikroökonomischen Theorie, Berlin, Heidelberg, New York, 1999.

Schumpeter, Joseph A. — Kapitalismus, Sozialismus und Demokratie, aus dem Englischem von Susanne Preiswerk, Winterthur 1946

Schwalbe, Ulrich — Die Airtours/First Choice Entscheidung, in FIW Heft 196, 17.

Schwarz, Dieter — Zur Philosophie einer europäischen Fusionskontrolle in: FIW Skript 12 Abgrenzungsfragen einer Europäischen Fusionskontrolle und nationales Recht.

Schwintowski, Hans Peter — Die Abwägungsklausel in der Fusionskontrolle, Göttingen 1983 (Diss. zugl.: Göttingen 1983).

Selvam, Vijay SV — The EC Merger Control Impasse: is there a solution to this Predicament?, European Competition Law Review 2004, 52.

Siebke, Jürgen — Preistheorie in: Velkens Kompendium der Wirtschaftstheorie und Wirtschaftspolitik, München 1999, 65.

Smith, Adam — Der Wohlstand der Nationen, aus dem Englischen von Horst Claus Rechtenwald, München 1974.

Stockenhuber, Peter — Die Europäische Fusionskontrolle (Diss. zugl.: Wien 1995).

Strohm, Andreas — BASF/Pantochim/Eurodiol: Richtungswechsel in der Europäischen Fusionskontrolle?, WuW 2001, 1203.

Temple Lang, John — Oligopolies and Joint Dominance in Community Antitrust Law, Fordham Corporate Law Institute 2001, 269.

Tolksdorf, Michael — Dynamischer Wettbewerb, Wiesbaden 1994.

Väth, Andreas — Die Wettbewerbskonzeption des Europäischen Gerichtshofs, Bayreuth 1987.

Veelken, Winfried — Aspekte der Europäischen Fusionskontrolle in: Die Europäische Fusionskontrolle, Tübingen 1992.

Venit, James S. — The Evaluation of Concentration under Regulation 4064/89: The Nature of the Beast, Fordham Corporate Law Institute 1990, 519.

Vickers, John — Competition Economics and Policy, Rede vom 2. Oktober 2002 in Oxford, (zitiert: Vickers 2002 I).
Abrufbar auf den Internetseiten der Office of Fair Trading unter:
http://www.oft.gov.uk/News/Speeches+and+articles/2002/index.htm

Ders. — How to reform the EC merger test, Rede bei der EC/IBA Konferenz zur Fusionskontrolle am 8. November 2002 in Brüssel (zitiert: Vickers 2002 II).
Abrufbar auf den Internetseiten des Office of Fair Trading unter:
http://www.oft.gov.uk/News/Speeches+and+articles/2002/index.htm

Völcker, Sven B. — Mind the Gap: Unilateral Effects Analysis Arrives in EC Merger Control, European Competition Law Review 2004, 395.

Vonnemann, Wolfgang	Die neue Europäische Fusionskontrolle, DB 1990, 569.
Weitbrecht, Andreas	Zusammenschlusskontrolle im Europäischen Binnenmarkt, EuZW 1990, 18.
Ders.	Drei Jahre Europäische Fusionskontrolle – eine Zwischenbilanz, EuZW 1993, 687.
Wiedemann, Gerhard	Handbuch des Kartellrechts, München 1999.
Williamson, Oliver	Economies as an Antitrust Defense: The Welfare Tradeoffs, The American Economic Review Nr. 58 (1968), 18.
Wirtz, Markus	Wohin mit den Effizienzen in der europäischen Fusionskontrolle?, EWS 2002, 59.
Ders.	Der Mitteilungsentwurf der Kommission zur Beurteilung horizontaler Zusammenschlüsse, EWS 2003, 146.
Wish, Richard	Substantial Lessening of competition / creation or strengthening of competition, Rede auf der Konferenz des International Competition Network in Napoli, 28/29 September 2002. Abrufbar auf den Seiten des ICN unter: http://www.internationalcompetitionnetwork.org/whish_icn_naples.pdf
Wolff, Hans. J.	Verwaltungsrecht: ein Studienbuch, München 1999.
Wu, Lawrence / Hofer, Paul / Williams, Mark	The Increasing Use of Empirical Methods in European Merger enforcement - Lessons from the Past and a Look ahead, Nera Economic Consulting: Paper for the UCLA Law First Annual Institute on U. S. and E. U. Antitrust Aspects of Mergers and Acquisitions, Los Angeles, California, February 18, 2004.

Stellungnahmen zum Grünbuch:
Die Stellungnahmen zum Grünbuch der Kommission sind im Internet auf den Seiten der Kommission abrufbar unter: http://www.europa.eu.int/comm/competition/mergers/review/comments.html

Stellungnahmen zum Mitteilungsentwurf:
Die Stellungnahmen zum Mitteilungsentwurf der Kommission sind im Internet auf den Seiten der Kommission abrufbar unter:
http://www.europa.eu.int/comm/competition/mergers/review/contributions.html

Auf die angegebenen Internetadressen wurde zuletzt am 25. 12. 2004 zugegriffen.